U0954079

台湾研究

两岸经济制度性合作与一体化发展研究

唐永红 著

2007年度国家社科基金项目（项目批准号：07CJL024）

九州出版社 JIUZHOUPRESS | 全国百佳图书出版单位

图书在版编目（CIP）数据

两岸经济制度性合作与一体化发展研究／唐永红著.
—北京：九州出版社，2010.6
ISBN 978－7－5108－0527－1

Ⅰ.①两… Ⅱ.①唐… Ⅲ.①一国两制－经济合作－研究－中国 Ⅳ.①F124

中国版本图书馆 CIP 数据核字（2010）第 098717 号

两岸经济制度性合作与一体化发展研究

作　　者	唐永红　著
出版发行	九州出版社
出 版 人	徐尚定
地　　址	北京市西城区阜外大街甲 35 号（100037）
发行电话	（010）68992190/2/3/5/6
网　　址	www.jiuzhoupress.com
电子信箱	jiuzhou@jiuzhoupress.com
印　　刷	三河市东方印刷厂
开　　本	720 毫米×1020 毫米　16 开
印　　张	16
字　　数	260 千字
版　　次	2010 年 6 月第 1 版
印　　次	2010 年 6 月第 1 次印刷
书　　号	ISBN 978－7－5108－0527－1
定　　价	38.00 元

★ 版权所有　侵权必究 ★

目　录

导 论

第一节 研究背景、目标与意义

国际区域一体化（Regional Integration），是利益诉求相同或相似的国家或地区，基于其内外政治经济结构与环境的变化，特别是不断强化的且又非均衡发展着的全球化与相互依赖趋势，寻求一种有效的、和平的、共赢的区域双边或多边方式（特别是在全球多边方式难以启动或作用不力的情况下），来解决单边方式难以解决的彼此间互动关系与共同事务问题，并应对区域外部因素带来的压力与竞争，以实现自身利益最大化。区域一体化在内涵上包括区域经济一体化、安全（政治）一体化、社会（文化）一体化三个方面，体现为国家或地区间政策、制度不同程度的协调与统一，以及区域层面制度性框架与组织机构（国家间性质的或超国家性质的）的建立（肖欢容，2002）①。众所周知，区域一体化已经成为当今世界政治经济中最引人关注的现象之一，与全球化一起展示着今后世界政治经济的发展趋势，并因此赋予了当前深入研究区域一体化理论及实践问题的重要现实意义。

自祖国大陆采取改革开放与和平统一政策以来，海峡两岸的经济交流与合作，在经济全球化力量的推动下，不断突破两岸政治关系的约束并日益加强。当前，两岸经济体在贸易、投资、分工方面有着较为密切的联系，并在发展上形成了一定的相互依存性。两岸经济功能性一体化正在自发形成和深

① 本书所称的区域一体化，除非特别指明，指的是与区域功能性一体化（Functional Integration）相对应的区域制度性合作与一体化安排（Institutional Integration）。所谓区域功能性一体化，指的是区域内政治、经济、社会三方面这样一个互动的过程，在经济层面体现为特定区域内的市场自主的经济过程导致更高层次的经济相互依存；在社会（文化）面表现为观念、政治态度和思维方式凭借区域内的经济联系、人员流动等复杂的跨境交往网络在区域内跨境扩散，形成不同层次的认识论共同体；进而在安全（政治）层面产生了对区域间和平与安全的共识，希望一个稳定的有利于区域跨境交往的秩序。

化之中，为制度性合作与一体化构成了一个内在需要及基础条件①。与此同时，近30年来的两岸经济交流与合作，又是在有限制的经贸政策环境的约束下，由市场机制主导进行的，呈现出单向、间接、民间的状态，不仅本身未能实现其可能的发展规模，而且远未充分发挥其对两岸经济发展的促进作用。两岸经济体在基于互补性的交流交往中呈现了竞争性态势，在相互依存性的发展中呈现了不对称性特征，需要制度性的协调与合作。另一方面，在当前同为世界贸易组织（WTO）成员的两岸经济体都面临着如何在WTO约束下进一步增强两岸经济交流与合作，如何在世界经济全球化与区域经济一体化深化发展中进一步谋求各自最大化利益，增强国际竞争力，防止边缘化，并有效应对全球化的不确定性与风险的问题。

因此，变革与创新两岸经济交流与合作方式，进一步破除交流与合作的障碍与壁垒，增强两岸经济交流与合作，成为当前两岸经济体进一步参与全球化进程和实现再发展的必然要求。一个可以选择的方式就是两岸经济体利用WTO关于一体化的例外规定实行某种程度及形式的制度性一体化安排。而且，两岸经济制度性合作与一体化显然也对密切两岸联系、稳定两岸关系、促进两岸和平与发展乃至统一有着重大的现实意义。而2003年内地分别与港、澳签署的《更紧密经贸关系安排》（CEPA）又进一步促使了有识之士对两岸经济制度性合作与一体化的呼吁。正是在上述背景下，2005年4月和5月连、宋大陆行期间，两岸正式提出了“两岸共同市场”及“两岸

---

① 所谓功能性经济一体化是指由经济活动本身的高度密切关系为基础的若干关税区（经济体）经济整体联系性（专业化分工合作关系）的增强，但并不依赖于协定或组织保证。相对应的制度性经济一体化是指不同关税区（经济体）以一定的协定和组织形式为框架的一体化。功能性经济一体化代表了经济一体化的实质性内容，其形成与发展主要来自于各经济体市场机制自发的内在力量与要求，并要求一定程度的制度性一体化予以保障和促进。制度性经济一体化可谓功能性经济一体化的阶段性标志，具有经济一体化的形态性意义，可以为功能性经济一体化的深化发展提供助力和保障。

自由贸易区”的制度性合作与一体化议题①。但这显然受制于当时两岸政治关系僵局与岛内政治经济生态尚未实现。换言之，当前迫切需要探索两岸经济制度性合作与一体化的切实可行的路径与模式。

事实上，自20世纪80年代初两岸经济合作与一体化倡议的最初提出，20多年来，随着世界经济形势与格局，以及两岸政治经济形势与关系的不断演变，两岸经济合作与一体化的倡议在不断地提出，研究工作也在不断地深化之中，大致经历了20世纪80年代的以一体化概念与设想提出为主的研究起步阶段、90年代的以功能性一体化研究为主的研究发展阶段、21世纪初两岸加入WTO前后的以制度性一体化研究为主的研究深化阶段。

归纳起来，学者们主要是从经济全球化与区域化、两岸经济结构与发展、两岸政治关系与和平统一、WTO法律体系以及周边国际关系等不同的立场、角度和层面，对两岸经济合作与一体化的意义与效应、条件与可行性、设想与前景等问题进行了一定的分析与探讨，取得了一些研究成果，并引起了有关方面的高度关注。这些研究有助于深化对两岸经济合作与一体化问题的认识，也构成进一步研究的起点。

但从总体上看，现有的研究文献大多只就两岸经济合作与一体化问题的某一方面或者只从某种立场、角度和层面出发进行的探讨，少有从理论到实践同时进行经济、政治、法律、文化等方面的综合性分析和全面、系统、深入的研究，更缺乏超越经济层面而从区域一体化理论高度与两岸对外政治经

---

① 后来，2008年马萧竞选白皮书对这一议题的称谓改换为“综合性经济合作协议（CECA)”。CECA是马英九竞选台湾地区领导人过程中，鉴于早先大陆不赞同“自由贸易区（FTA)”的提法而提出的“更紧密经贸关系安排（CEPA)”被岛内各方认为有矮化或港澳化台湾之嫌，而先前“泛蓝”阵营提出的“两岸共同市场”在当前不具备经济条件又遭到岛内“泛绿”阵营污名化为“一中市场”，而提出的所谓“第三条道路”或“第三模式”。马英九希望以如此的创意安排回避内地与港、澳CEPA五项原则之首的“遵循‘一国两制’的方针”，既规避两岸政治的敏感性，又规避岛内政治的敏感性，找到各方都可以接受的用语，并符合当前两岸经济关系发展对正常化交流与制度化合作的需要。然而，2008年底自“胡六点”正式提出可以考虑商签“CECA”议题以来，岛内掀起了一场至今仍在咆哮的政治风暴，争议不断。“泛绿”阵营表示坚决反对商签CECA，担心会有损于台湾传统产业，并加深台湾经济对大陆的依赖而不利于台湾谋求“独立”，更认为会使台湾“丧失主权”。2009年2月，台湾新当局又改称“经济合作架构协议（ECFA)”。事实上，从协议提出的经贸自由化与便利化的程度与领域看，“CECA”实质上就是包含经贸关系正常化以及部分行业经贸活动自由化与便利化的广义自由贸易协议，“ECFA”实质上也就是迈向自由贸易的协议。

济发展战略以及政治关系与经济关系之关系角度的深度分析，因此不能很好地回答两岸经济制度性合作与一体化的动因与必要性、条件与可行性、动力与路径、机制与模式等问题，更未能提出在当前两岸关系状态下切实可行的一体化路径与模式。所以，鉴于当前两岸政治关系的制约和现有研究的局限，显然有必要以两岸经济制度性合作与一体化问题作为专门的研究对象，综合学界现有的研究方法与研究成果，对其动因与必要性、条件与可行性、动力与路径、机制与模式等问题，进一步从理论到实践同时进行经济、政治、法律、文化等方面的综合性分析和全面、系统、深入的研究，特别是探索在两岸政治经济关系发展态势与 WTO 规则制约下的一体化动力与路径、机制与模式，提出切实可行的两岸一体化路径与模式安排。

综上可见，对本论题的研究，不仅与当前世界政治经济发展的趋势与要求相呼应，有助于深化区域一体化理论研究，而且与当前两岸经济体的发展形势与需要以及两岸政治经济关系发展态势相呼应，有助于深化对两岸经济合作与一体化的认识，较准确地把握其发展进程；有助于两岸经济合作与一体化理论研究的深化和实践的推进；对“一国两制”内涵与外延的丰富、制度与政策的创新，以及国家的和平统一等方面也有着一定的理论与实践价值。

第二节　分析框架与研究方法

一般而言，对一个问题的系统研究需要有一个综合性的理论分析框架。随着两岸功能性经济一体化的不断强化，当前，越来越多的学者运用经济一体化理论来研究两岸经济制度性合作与一体化问题。笔者认为，这种做法有其一定的合理性，但在当前的两岸关系情势下，仅仅从经济层面来研究两岸经济制度性合作与一体化问题，会有其严重的局限性。而一些人士有意无意地完全照搬国际区域一体化理论与模式来论述、设计、规划两岸经济制度性合作与一体化，将两岸一体化问题与欧盟一体化相提并论，意图把两岸关系定位为一种“国家间关系”，则只能把问题复杂化，而无助于问题的解决。

一方面，大陆与台湾同属一个中国，两岸政治经济关系不能简单地等同于“国家间”的政治经济关系。由于这一特殊性，两岸经济制度性合作与一体化问题至今没有已成熟的理论可以套用。更何况，作为一种思想理论的区域主义一体化，在实践中形成了各有其自身范式局限的众多理论与不同流派，至今也没有一个统一的、系统的理论分析框架。另一方面，区域一体化理论的对象虽然通常是国家间的政治经济关系，但从研究的具体内容来看，它研究的是相对独立或自治的政治经济实体间的政治经济关系，特别是经济一体化理论主要研究的是具有对内、对外经贸政策自主权的不同经济体或关税区之间的经济关系。因此，笔者认为，在当前两岸尚处于分治状态的情形下，基于和平统一的目的，对两岸一体化问题的研究，特别是对一国内的、同为 WTO 成员方的不同关税区之间的经济一体化问题研究，虽然不能完全照搬现有的各种国际区域一体化理论，但显然可以吸取各家之长，建立一个综合性的、系统的理论分析框架，以此为两岸经济制度性合作与一体化问题研究提供参考和借鉴。此外，还可以从正在进行中的内地与港澳的一体化实践（CEPA），归纳出 WTO 下两岸四地间经济一体化安排的基本特征与共性。

基于上述认识，本书首先试图通过对各种国际区域一体化理论的回顾与评述，扬弃与整合各种区域一体化理论的内容和观点，从区域一体化的动因与必要性、条件与可行性、动力与路径、机制与模式等方面，归纳总结出一个可以系统研究区域合作与一体化问题的综合性的理论分析内容框架；进而试图借鉴这一理论分析框架，从区域一体化理论高度与两岸对外政治经济发展战略以及政治关系与经济关系之关系角度，超越单纯经济层面的分析，对两岸经济制度性合作与一体化的动因与必要性、条件与可行性、动力与路径、机制与模式等方面的问题，进行经济、政治、法律、文化等方面的综合性分析和全面、系统、深入的研究，以便较准确地把握两岸经济制度性合作与一体化进程，并为其实践进行理论与方案准备。

在具体研究方法上，鉴于海峡两岸关系在政治、经济、文化、历史等方面的特殊性，本书将主要从区域一体化理论与实践的视角，并借鉴相互依存论、国际政治经济学等理论的方法和观点，以经贸分析为主兼及政治、法律、文化与国际经济关系等因素，对两岸经济制度性合作与一体化问题进行归纳与演绎相结合、实证与规范相结合、定性与定量相结合、静态与动态相结合、理论与实例相结合的综合性分析。特别是基于区域一体化的共性与两岸一体化的特殊性，综合运用比较分析法，探讨在两岸政经关系互动中的两岸经济制度性合作与一体化的发展路径与模式选择问题。

第三节 研究内容与结构安排

根据上述研究目标、思路与分析框架，本书除导论部分之外，围绕两岸经济制度性合作与一体化这一主题，总体上分六章展开论述。

第一章通过对有关代表性研究文献的历史回顾，揭示现有研究的贡献与不足，把握学界研究的发展脉络，探索进一步研究的思路与方向，为进一步探析提供一个研究基础、逻辑起点与分析线索，并阐明进一步研究的目标与意义、思路与框架。

第二章首先对国际区域一体化实践与理论的发展历程进行了简要概述，以便从总体上把握区域一体化的发展脉络；进而对国际关系学、国际经济学中的区域一体化理论及其发展分别做了回顾与评述，以便于进一步的理论探讨；最后对各种区域一体化理论内容和观点进行了扬弃与整合，从区域一体化的动因与必要性、条件与可行性、动力与路径、机制与模式等方面，归纳总结出一个可以系统研究区域一体化问题的综合性的理论分析内容框架，为随后研究两岸经济制度性合作与一体化问题提供参考和借鉴。

第三章借鉴第二章中关于区域一体化的动因与必要性理论的归纳与分析，在对近 30 年来两岸经济关系的发展演变及其影响因素进行简要回顾与归纳总结的基础上，分别从两岸政治经济关系发展的内在需要特别是当前两岸经济体的相互依存性与功能性一体化发展态势、经济全球化的不确定性与风险、区域一体化的竞争与边缘化效应以及 WTO 下两岸经济关系发展面临的挑战等角度，考察和评估了当前两岸经济制度性合作与一体化的内、外部动因与必要性。

第四章主要借鉴第二章中关于区域一体化的条件与可行性理论的归纳与分析，分别从当前两岸经济制度性合作与一体化的经济条件、相关国际法与国内法、当前两岸当局的政治意愿与共识等层面和角度，探讨了当前两岸经济制度性合作与一体化在经济、法律、政治层面的可行性问题，特别是阐明了 WTO 下两岸经济制度性合作与一体化的法律性质定位、法律依据与法律途径等问题。

第五章主要借鉴第二章关于区域一体化的动力与路径理论的归纳与分析，探讨两岸经济制度性合作与一体化的动力与路径问题。首先，主要基于两岸各自内部利益主体之间以及两岸当局之间的互动关系，阐明了两岸经济制度性合作与一体化的动力系统的构成及其运作问题；在此基础上，并综合此前关于当前两岸经济制度性合作与一体化的动因与必要性、条件与可行性的研究结论，进一步探讨了在两岸政治经济关系与 WTO 多边贸易体制规则约束下的两岸经济制度性合作与一体化的实现路径与发展进程问题。

第六章借鉴区域一体化机制与模式的理论思想与实践经验，并主要基于两岸特殊的政治经济关系、合作与一体化的法律性质定位和可能的发展进程，探讨了 WTO 下两岸经济制度性合作与一体化的机制与模式问题。首先根据 WTO 下两岸经济制度性合作与一体化的法律性质定位，并借鉴实践中国际区域经济一体化机制与模式安排的一般原则，提出并阐明了两岸经济制度性合作与一体化机制与模式安排应遵循的基本原则；在此基础上，着眼于两岸经济制度性合作与一体化的特殊性与阶段性，对国际区域经济一体化实践中的各种法律机制与模式的适应性与适用性进行了比较分析，进而，基于合作与一体化的可能进程，提出了两岸经济制度性合作与一体化的机制与模式安排建议。

第四节　研究创新与局限

一、研究创新

本研究的创新之处主要有以下几个方面：

一是新的研究视角与思路。本研究从区域一体化理论与实践的政治经济学视角，特别是超越经济层面从区域一体化理论高度与两岸对外政治经济发展战略以及政治关系与经济关系之关系角度，对两岸经济制度性合作与一体化问题进行经济、政治、法律、文化等方面的综合性分析和全面、系统、深入的研究。

二是新的理论分析框架。本研究对各种区域一体化理论的主要内容和观点进行了扬弃与整合，从区域合作与一体化的动因与必要性、条件与可行性、动力与路径、机制与模式等方面，提出了一个可以系统研究区域合作与一体化问题的综合性的理论分析内容框架，为全面、系统、深入研究两岸经济制度性合作与一体化问题提供参考和借鉴。

三是新的研究方法。鉴于海峡两岸关系在政治、经济、文化、历史等方面的特殊性，在具体研究方法上，本研究主要从区域一体化理论与实践的视角，并借鉴相互依存论、国际政治经济学等理论方法和观点，采取以经贸分析为主兼及政治、法律、文化与国际经济关系等因素，对两岸经济制度性合作与一体化问题进行归纳与演绎相结合、实证与规范相结合、定性与定量相结合、理论与实例相结合的综合分析。

四是新的观点与结论。除了理论研究中通过对各种区域一体化理论的内容和观点进行扬弃与整合，归纳总结出了一个可以系统研究区域一体化问题的综合性的理论分析内容框架之外，在随后借鉴这一分析框架对两岸经济制度性合作与一体化问题的研究中，本研究提出了一些新的观点与结论：

1. 在对两岸经济制度性合作与一体化的动因与必要性的研究中提出：①近30年来两岸经济交流与合作，是在台湾当局限制性的大陆经贸政策环境空间的约束下，由市场机制主导下自然进行的，不仅本身呈现出单向、间接、民间的状态，未能实现其可能的发展规模，而且使得两岸经济体在总体层面的相互依存与一体化程度尚处于较低水平（个别单一性指标除外），在相互依存性的发展中呈现了不对称性依赖特征（台湾经济体对两岸经贸往来的依赖程度明显高于大陆经济体），在基于互补性的交流交往中呈现了竞争性态势，从而远未充分发挥其对两岸政治经济发展的促进作用。②两岸经济关系发展中的这种格局与不对称相互依存性的存在，一方面表明两岸经济体在交流与合作方面有着进一步提升的空间，另一方面也可能使得台湾当局在两岸经贸往来与两岸政治经济关系中具有较高的敏感性与脆弱性，进而影响到台湾当局对进一步发展两岸经贸交流与合作的态度。③两岸经济制度性合作与一体化在当前两岸方面有着不完全一致的政治经济动因：祖国大陆方面旨在进一步密切两岸经济关系，增进相互依存性与功能性一体化程度，遏制分离主义倾向，最终为两岸和平统一构筑坚实而且必要的经济、社会和政治基础与动力，而在台湾，此前的民进党当局则企图利用两岸经济制度性合作与一体化彰显其所谓的对等政治地位，实现其“台独”目的，国民党新当局则企图利用两岸经济制度性合作与一体化在促进经济发展与转型、提升国际竞争力的同时，彰显对等地位，拓展国际空间，避免边缘化。

2. 在对两岸经济制度性合作与一体化的条件与可行性的研究中提出：①从国际法与国内法的角度看，WTO 下两岸经贸关系既是作为 WTO 平等成员方之间的经贸关系，同时又是同一主权国家内部不同关税区之间的经贸关系，所谓“国内经贸关系论”与“泛国际化论”都是难以成立的；援引 WTO 的“一体化例外”规定，既是 WTO 下两岸经济制度性合作与一体化安排的法律依据，也是其现实选择。②当前两岸政治关系构成了两岸经济制度性合作与一体化的一个瓶颈，迫切需要寻求突破，需要探索能为两岸同时接受的、既符合 WTO 规范又能超越两岸政治关系约束的两岸经济交流与合作形式，特别是能促进两岸经济制度性合作与一体化进程的新形式与新途径。

3. 在对两岸经济制度性合作与一体化的动力与路径的研究中，提出了在两岸政治经济关系与 WTO 多边贸易体制规则约束下，当前两岸经济制度性合作与一体化实现与发展路径应遵循的一套基本原则，以及一体化的一个可行的实现路径和一个可能的发展进程。①可借鉴国际上的次区域经济合作方式的成功经验，在两岸临近的有条件的局部区域率先进行经济合作与一体化安排，以开放性的次区域自由经贸区导向全面性的两岸经济一体化，既是顺应经济全球化与一体化以及两岸政治经济关系深化发展的趋势与要求，更是在当前两岸社会政治经济文化条件约束下的两岸经济制度性合作与一体化的一个现实路径。②由于一体化外溢发展的客观逻辑、执政当局掌控一体化进程的主观偏好以及两岸政治关系的现实约束等因素的作用，预期两岸经济制度性合作与一体化将呈现循序渐进的发展进程，在经过探索试验阶段实现两岸经贸关系正常化与部分领域自由化之后，大致会经历“两岸自由贸易区”、“两岸关税同盟”、“两岸共同市场”、“两岸经济与货币联盟”等发展阶段，最终可能以“完全的两岸经济一体化”形式走向两岸经济社会的全面统一。

4. 在对两岸经济制度性合作与一体化的机制与模式的研究中提出：①实践中的两岸经济制度性合作与一体化法律机制与模式安排选择，应在

WTO 规则、一个中国的国家主权架构、合作与一体化深化发展要求三者构成的约束空间中进行。②特定的一体化发展程度仍然是实践中两岸经济制度性合作与一体化机制与模式性质的一个主要决定因素，而 WTO 下两岸经济制度性合作与一体化的法律性质定位，乃是确立实践中两岸经济制度性合作与一体化机制与模式原则的根本依据，因为它对两岸经济制度性合作与一体化机制与模式安排有着明确的规范：既要体现两岸经济体作为 WTO 平等成员方之间的经贸关系，又不得突破两岸同属一个中国的国家主权架构。③两岸经济制度性合作与一体化机制与模式安排，除了要符合 WTO 规则之外，还须坚持一个中国原则、平等互利原则、经济合作与政治合作暂时分离最终结合原则、灵活简便与循序渐进原则；在此基础上，借鉴区域经济一体化国际实践中的各种管理机制与模式的合理的因素，结合两岸的具体情况，根据一体化发展进程的不同阶段，选择相应的机制与模式安排，建立相应的协商、运行机制与组织机构。④随着两岸政治关系的发展演变以及合作与一体化进程的深化发展，两岸经济制度性合作与一体化的法律机制与模式安排先后大致可能出现类似亚太经济合作组织、北美自由贸易区、东盟一体化模式和欧洲联盟模式的四种阶段性形态。

二、研究局限

本研究存在的不足与需要改进之处在于：

其一，本研究借以考察两岸经济制度性合作与一体化问题的理论分析框架主要是定性的综合分析，加之研究能力、技术手段等方面的限制，本研究对两岸经济制度性合作与一体化的动因与必要性、条件与可行性的探析，主要局限于分别从经济、政治、价值等单一层面的考察评估，未能从总体层面建立一个定量的综合评估模型，对各因素进行赋权后做总体层面的综合评估。事实上，如理论研究指出的，区域合作与一体化的利益最大化动机包括经济、安全、价值三方面的内容，而实践中，对这些各方面的利益需要进行权衡与综合考虑，甚至交换与取舍，并且只有当合作与一体化的收益大于合作与一体化的成本，而且无论是区域整体还是区域内部各成员方都具有这一成本—收益条件的情形下，合作与一体化才有可能产生。

其二，本研究的对象与目标主要是从宏观层面考察两岸经济制度性合作与一体化的动因与必要性、条件与可行性、动力与路径、机制与模式问题，因此，对不同程度的两岸经济制度性合作与一体化形式可能带给微观层面的各个经济主体和中观层面的各个行业的具体影响与效应未加细致深入分析。事实上，这种影响与效应在很大程度上取决于实施特定合作与一体化安排时这些微观经济主体、中观行业在当时的竞争力，因此，基于当前的经济状况分析特定合作与一体化形式的影响与效应有助于选择适宜当前的合作与一体化形式。

第一章　两岸经济合作与一体化研究现状及进一步研究方向

自20世纪80年代初两岸经济合作与一体化倡议的最初提出，两岸经济合作与一体化问题的研究工作就开始了。20多年来，随着世界经济形势与格局以及两岸政治经济形势与关系的不断演变，两岸经济合作与一体化的倡议在不断地提出，研究工作也在不断深化之中。本章旨在通过对有关代表性研究文献的历史回顾，揭示现有研究的贡献与不足，把握学界研究的发展脉络，探索进一步研究的思路与方向，为进一步探析提供一个研究基础、逻辑起点与分析线索；在此基础上，阐明进一步研究的目标与意义、思路与框架。

第一节　两岸经济合作与一体化问题研究现状回顾

一、两岸经济合作与一体化倡议的提出

两岸经济合作与一体化倡议的提出，最早可追溯到20世纪80年代初。早在1980年，香港学者黄枝连就提出了“中国人共同体”概念（黄枝连，1980）。由于那时众所周知的两岸四地（中国大陆和作为单独关税区的台湾、香港、澳门）政治经济状况等因素，这一新概念当时未能在两岸四地及国际社会中引起较大的反响。但20世纪80年代中后期以来，随着中国大陆改革开放发展进程的深化以及两岸四地经贸关系的发展，两岸经济合作与一体化问题逐渐成为一个相当热门的话题，各种有关两岸经济合作与一体化问题的设想及概念层出不穷，异彩纷呈，计有数十种之多①。比较著名的有

① 中国社会科学院李家泉教授在《李登辉主政台湾之后》曾就此做过统计；各种设想与概念的主要内容、提出时间及文献出处参见曹小衡（2002），第93－96页。

1988 年美国印第安那州博尔大学经济系郑竹园提出的“大中华共同市场”（郑竹园，1988）、美国威斯康辛大学经济系高希均提出的“亚洲华人共同市场”（高希均，1988）、1989 年福建省社会科学院亚太研究所金泓汎提出的“海峡两岸经济圈”（金泓汎，1991）。

20 世纪 90 年代以来，随着世界经济的全球化与区域化发展，特别是随着中国大陆市场经济体制的初步确立，两岸四地总体经济规模的不断增长以及彼此经贸关系的日益紧密，海内外各界意识到两岸功能性经济一体化正在形成，有关两岸经济制度性合作与一体化的呼声也日益高涨。

台湾方面，两岸经济合作与一体化问题自 20 世纪 90 年代以来已成为台湾地区甚为关注的一个热点议题，许多有识之士或发表支持性意见，或直接呼吁并积极推动。1990 年，时任台湾“行政院长”的李焕认为：“不论中华经济共同市场、大中华国协，均植基于共同利益和理想”。1991 年，当时的台湾“经济部部长”萧万长曾建议两岸三地组成“中国共同市场”，以便整合大陆在自然资源与人才、香港和台湾在资本与技术等方面的互补性优势，提升两岸三地在全球市场的竞争能力。1992 年初，时任台湾“行政院长”的郝柏村对“建立中华经济圈”构想作了充分肯定，认为是“国统纲领”远程应走的方向。时任台湾“陆委会副主委”的马英九也表态说，“行政院”和“陆委会”对建立“大中华共同体”持乐观态度，但因客观条件限制，暂时无法实施。在 1993 年 3 月底台北举行的“海峡两岸人才资源开发研讨会”上，时任台湾“行政院经建会副主委”的叶万安明确表示“大中华经济圈”构想可行，关键在于开放两岸直航。当时的台湾“中华经济研究院”院长于宗先在研讨会上也认为，两岸经济体具有互补性，建立“中华经济圈”可以取长补短，实现共赢①。面对世界经济三大区域一体化的发展与世界贸易组织（WTO）多边贸易体制的建立，1993 年末，台湾“行政院经建会”在提出“南进政策”与推行“北上政策”的同时，提出了“西进政策”，拟定了一项整合祖国大陆共同形成一个“亚洲经济联盟体”的设想，意在把大陆作为台湾未来经济发展的腹地，实现台湾的“亚太营运中

① 以上事例转引自曹小衡（2001），第 243－244 页。

心”计划（王建民，1994a）①。

2000年5月20日主张“台独”的民进党上台执政后，政治方面由于台湾当局不承认“一个中国”原则，导致台海局势陷于危机状态，经济方面则因继续实行李登辉时期的“戒急用忍”限制性政策，使已具相当规模的两岸经贸关系迟迟无法正常化。面对两岸关系日趋紧张复杂，岛内政经局面混乱的形势，萧万长从台湾立场出发，在其先前的“中国共同市场”倡议基础上提出建立“两岸共同市场”构想，希望通过加强两岸经济关系的整合来化解两岸关系的僵局，摆脱岛内政治经济的困境，为新世纪台湾的生存与发展寻求可行之路。2001年3月底，萧万长进一步将“共同市场”倡议与构想付诸行动，建立了“两岸共同市场基金”，旨在通过这一民间性质的研究论坛推动两岸经济合作与一体化实践，并引起了海内外的关注（参见王铭义，2001；邓利娟，2001）。

进入21世纪，顺应经济全球化与一体化深化发展的趋势和自身经济发展的需要，海峡两岸经济体（中国大陆和作为单独关税区的台湾）在新世纪初始相继加入WTO，全面参与了以现代市场经济体制为前提和基础、以经济全球化为主要特征和内容、以多边经济贸易协定为核心的世界经济体系，并与作为单独关税区的香港、澳门在WTO中形成了“一国四席”格局。在当前世界经济的全球化与区域化并行发展潮流中，在同一多边贸易体制的约束下，两岸四地及其经贸关系的发展面临新的机遇和挑战，经济交流与合作方式面临着变革的要求，需要在WTO框架下探索经济交流与合作的新形式。一个可以选择的方式就是两岸四地在WTO框架下实行某种形式的经济一体化安排。显然，在此背景下，两岸四地制度性经济一体化问题已不仅仅是学界研究的事情了，而已在实践中有了其一定的必要性与紧迫性。于是，在两岸四地当时的政治现实条件下，便诞生了2003年的内地与香港、

① 但随着向来复杂的两岸关系的演变，台湾当局为消减两岸不确定性因素对经济发展的影响并避免受制于大陆，不顾经济发展的内在规律与趋势，于1996年年中明确提出“亚太营运中心”不以大陆为腹地，接着以“戒急用忍”作为其大陆政策的总体方针，开始启动“非大陆化”的两岸经贸政策。然而，后来的实践表明，台湾当局的这种完全基于主观意图的政策措施不仅徒劳无功，而且阻碍了“亚太营运中心”的形成和台湾经济的发展。参见王建民（1994b；1997）、石正方（2003）。

内地与澳门的《更紧密经贸关系安排》。这又进一步促使了海峡两岸的有识之士对两岸经济制度性合作与一体化的呼吁与研究。正是在这种背景下，2005年4月和5月连、宋大陆行时两岸正式提出了“两岸共同市场”及“两岸自由贸易区”的制度性一体化议题。

当然，自两岸经济合作与一体化的倡议诞生以来，也有一些人士对其持怀疑甚至反对态度（参见梁国树，1998①；周添成，1995②），认为两岸四地特别是大陆与台湾不仅经济制度与经济自由化开放程度不同，经济发展水平差距过大，而且政治制度明显不同，意识形态迥异，加之历史宿怨犹在，敌对情绪未消，缺乏基本的互信，难以接受对方提出的“特定”交流与合作方式。即便结成某种制度性一体化形式，也会有损于香港的国际经济中心地位，也不利于台湾开放自由的外向型经济发展，而且也会引起国际社会，特别是美国、日本及东南亚一些国家的疑虑甚至反弹。这些怀疑与反对意见在一定程度上阻碍着两岸经济制度性合作与一体化实践的启动。

上述关于两岸经济制度性合作与一体化的对立性态度的存在，在一定意义上表明两岸经济合作与一体化论题还有待进一步深入研究。然而，综观两岸四地及海内外的有关言论与研究，赞成与主张两岸经济制度性合作与一体化的观点明显占多数，总体上位居主流。

二、两岸经济合作与一体化研究文献回顾

两岸经济合作与一体化倡议的最初提出，启动了两岸经济合作与一体化问题的研究工作。20多年来，随着世界经济形势与格局以及两岸政治经济形势与关系的不断演变，两岸经济合作与一体化研究也在不断地深化之中。纵观两岸经济合作与一体化问题研究文献，基本上可以划分为这样三个历史性的研究阶段：20世纪80年代的以一体化概念与设想提出为主的研究起步阶段、90年代的以功能性一体化研究为主的研究发展阶段、21世纪初两岸加入WTO前后的以制度性一体化研究为主的研究深化阶段。

---

① 该文是梁国树1991年12月针对20世纪80年代末90年代初提出的“中华经济圈”或“大中华经济共同体”类的构想向台湾当局的建言。

② 该文原发表于“后冷战时期亚太战时情势展望研讨会”，台湾三军大学战争学院兵学研究所、淡江大学国际事务与战略研究所，1993年5月18日。

（一）20世纪80年代的代表性研究文献回顾

如前所述，两岸经济合作与一体化倡议的提出，开启了两岸经济合作与一体化问题的研究。伴随两岸经济合作与一体化问题的研究，20世纪80年代中后期，各种概念、设想层出不穷，异彩纷呈。其中，比较具有代表性的研究是美国印第安那州博尔大学经济系郑竹园教授1988年6月提出的“大中华共同市场”构想。

郑竹园根据当时海峡两岸与世界经济情势，分析了两岸统一的可行路径与成立“大中华共同市场”的意义与必要性，认为：二战以来，世界经济发展的基本趋势是国际化与区域一体化并行，对峙多年的海峡两岸应以西欧国家为范例，寻求可以共存共荣的途径；鉴于两岸现阶段政治经济制度迥异，全面性的统一不可能达成，唯一可行的道路是依照欧洲国家的先例，成立“大中华共同市场”；“大中华共同市场”的成立，将有助于两岸未来的统一和现阶段经济的发展，这是由两岸经济体共同面临的困境和各自具有的优势所决定的。郑竹园还进一步提出“大中华共同市场”的组织模式与原则，认为，“大中华共同市场”的构成条件已基本具备；为促进中华民族的大团结，“大中华共同市场”应以中国人为主体，包括中国大陆、中国香港、中国台湾与新加坡；在开始阶段可完全依照欧洲共同市场体制模式，遵循的原则：一是共同市场各成员方维持原有政治经济体制，不相统属；二是共同市场现阶段的功能仅在于追求经济互助合作，不求政治上的统一（政治统一作为未来目标）；三是共同市场总部可设在香港或新加坡，轮流在北京、香港、台北及新加坡举行年会（初期以促进贸易、投资机会为目的）；四是共同市场各成员方相互减少贸易限制，提供优惠贷款，但不包括资金、劳力的直接交流。

实际上，同一时期的海峡两岸学界方面也提出了类似设想（参见曹小衡，2002）①。早在1988年1月，台湾辅仁大学国际贸易系主任林邦充就提出了一个海峡两岸从经济入手，成立“华人共同市场”，分四个阶段实现和平统一的方案：一是开放间接通商；二是开放直接通商；三是组建共同市场；四是实现“中华联邦”。其中的“华人共同市场”也由中国大陆、中国

① 这些设想事例转引自曹小衡（2002），第94-95页。

香港、中国台湾及新加坡组成。同年，香港大学经济金融学院教授张五常也提出“两岸经济大循环”模式，认为基于现阶段两岸关系的政治统一目标实难达成，可考虑此模式，试行经济途径，从而相互得益，减少敌视，再逐步走向统一。

综上可见，这一时期，学者们主要是基于两岸现实关系，从和平统一角度，在以欧洲共同市场为代表的国际区域一体化实践的启迪下，提出了两岸和平统一路径与经济一体化的建议与设想。这些建议与设想虽然有其一定的创新与现实参考意义，但基本上仅是一种初步的构想，缺乏从理论层面的深入考察，尤其是在经济基础条件与政治现实可行性方面的研究明显不足。

（二）20 世纪 90 年代的代表性研究文献回顾

20 世纪 90 年代以来，世界经济的全球一体化与区域一体化并行发展，中国大陆的市场经济体制初步确立、中华经济区总体经济规模在不断增长、两岸四地经贸关系日益紧密。面对这种情势，这一时期的学界方面加强了对两岸经济合作与一体化问题的研究与探讨。

已故台湾大学经济系教授、台湾“中央银行”原总裁梁国树，1991 年 12 月针对 20 世纪 80 年代末 90 年代初提出的“中华经济圈”和“大中华经济共同体”类的构想向台湾当局发表了自己的看法（参见梁国树，1998）。梁国树从不同程度与形式的区域经济一体化组织的建立条件、当时两岸的政治经济发展状态及其关系、台湾的政治经济安全等方面批驳了“大中华经济共同体”类的构想，认为这类构想虽在言论上颇具吸引力，但实际上是出于一些观念上的错位，不仅不切实际，同时也可能对两岸关系的正常发展产生不必要的困扰，甚至影响台湾地区安全。梁国树认为，目前所提各类经济圈的构想，多未能了解世界上各种经济整合方式的含意和限制，而仅从字面上的意思提出建议，而且没有理清合作方式、程度及可行性；从目前乃至可预见的两岸各自的经济发展阶段及经济制度与政策来看，两岸没有建立制度性一体化组织形式的经济基础条件，更不要说政治关系条件；华人间的经济合作的确是台湾经济可以利用的一种重要资源，但这种合作通过市场力量及贸易与投资关系即可达成，并不需要任何进一步的“政府”间的制度性经济整合。在目前经济全球化背景下，台湾应该且有条件与各主要经济圈都保持密切关系，要以环太平洋经济圈的重要成员以及东亚与东南亚经济圈的主要领导者之一的多重身份，扮演经济圈之间的中介和枢纽角色，不宜偏重与大陆的关系。目前更不宜引进大陆劳工，以免增加两岸人民冲突的机会，甚至使得大陆有机会在台湾渗透或制造事端，取得进犯台湾的借口。对大陆的投资、贸易与文化交流，以及发挥中介与催化作用，借助平等互惠的国际经贸活动把国际影响力引入大陆，并使大陆融入国际市场，才是协助大陆进步的最有效的办法。全世界的区域经济整合都是政治友好国家间的整合，绝无敌对地区间经济整合者，两岸政治上成为“国协”或“邦联”等的可能性以及文化上的合作不宜与经济整合混为一谈，以免在美丽而不切实的经济幻想下采取政治上不利的做法”。

1992年1月，两岸四地学界人士聚集香港，召开了首次“中华经济协作系统研讨会”，会议以“中华经济协作系统”的理论与模式为主题，并对两岸四地经济协作与一体化的可行性进行了研讨①。台湾“民主文教基金会”董事长关中概括了两岸三地经济一体化的制约因素与可能出现的产业分工困境。关中认为，当前两岸三地经济一体化面临四大制约因素：一是海峡两岸的政治分歧与对立势必有碍两岸推动与筹组任何形式和程度的经济合作方案，成为经济一体化的最大困境；二是当前两岸经济制度与资源配置方式的不同，致使价格机制失灵，比较优势利益无可依循，从而区域一体化的自然分工体系无从建立，难以实现区域资源配置优化目的；三是当前两岸贸易开放与自由化程度不同，而且都坚持出口导向为主的经贸政策，经济一体化构想将不易实现；四是当前两岸经济体的发展水平悬殊，发展目标不同，经贸政策将难以协调一致以符合区域整体利益。具体而言，在当前的经济条

① 自1992年以来，“中华经济协作系统研讨会”已在两岸四地及日本等地连续举办了9届，并编印或出版了多本书集，会议主题先后涉及“中华经济协作系统”的理论与模式（1992年1月19－22日香港会议）、中华经济协作与大陆沿海地区的发展战略（1993年11月25－28日海口会议）、两岸四地的产业交流与协作（1996年10月15－16日台北会议）、金融风暴冲击下的中华经济协作（1998年2月20－22日澳门会议）、东亚经济再出发与中华经济协作（1999年2月25－27日海口会议）、“新经济”与两岸四地的经济协作（2000年11年26－29珠海会议）、东亚区域一体化进程中的中华经济协作系统和中国、日本、东盟的交流协作（2001年11月2－4日东京会议）、区域协作与两岸关系（2002年11月14日台中会议）、区域协作与城市群（2004年1月9－11日上海会议）。这些研讨会紧跟时代形势的变化，对大中华经济协作与一体化问题进行了或多或少或深或浅的研究，虽未有具体结论，但加强大中华经济协作与一体化的倡议显然已备受关注。参见南开大学台湾经济研究所（2005）网站文章。

件下，基于比较优势原理的两岸产业分工体系（劳动力密集型与资本密集型或技术密集型的垂直分工）可能不能吻合大陆的产业政策导向目标，也就是说，当前两岸经济合作与一体化可能面临区域内产业分工难以协调的矛盾。

鉴于国际经济区域化与集团化趋势日益明显，而“中华共同市场”仍只停留在概念阶段，缺乏具体的蓝图，郑竹园在其1988年提出的“大中华共同市场”初步构想基础上，于1992年7月再撰文《“大中华共同市场”的构想与实践》，进一步阐述了这一构想的时代背景、经济潜力、发展阶段、未来功能与创立条件（参见郑竹园，1994）。郑竹园认为，在国际经济区域化潮流下，以华人为主的新加坡和中国及中国台湾、中国香港若不能结合，只能依附其他集团并成为附庸。若能在既有的人力、外汇、资金资源以及外贸总值与技术水平基础上，推诚合作，抛弃前嫌，可能形成一个极具经济潜力与前景的共同市场，一个庞大的经济力量。从贸易与投资角度看，两岸四方已经发展成为日益紧密的互求互补关系，初步具有建立共同市场的经济基础。郑竹园认为，涉及人员、资金、商品与劳务自由流动（如欧洲共同市场）的区域性经济整合，在现阶段两岸四方不同的经济水平与政治体制下没有可能实现，构想中的“大中华共同市场”的主要功能是消除成员间的贸易障碍，实现两岸直接三通。通过“四方协议”对成员间的投资给予适当保障。结集成员间的资金、技术，合组巨型跨国公司，以与欧美日跨国公司争雄，合作开发大陆，作为经济发展的腹地。郑竹园坚持成立一个开放型组织，并在现阶段纳入与两岸均维持良好关系的新加坡，以作为桥梁和中间缓冲力量。郑竹园认为，建立“大中华共同市场”的阻碍，不在于东南亚国家的反弹，而是来自两岸领导阶层的心态与政治对立；建议双方拓展胸怀，放宽视野，以国家民族的前途为重，仿效朝鲜和韩国模式，推行“一国两府两制”，在未实现统一之前，双方维持现状，大陆宣布不以武力解决争端，台湾宣布不容许独立与分裂运动，从而可以就扩大经济贸易文化交流，建立共同市场等事宜进行具体规划，以此为中国未来的和平统一奠定基础。

台湾“经济部贸易调查委员会”与“产业咨询委员会”委员、中兴大学经济研究所所长、经济系主任周添成教授（1993）的《亚太地区经济整合之展望》一文在论及华人经济圈时认为（参见周添成，1995），有关各种华人经济圈的构想与主张多少带有现实性与理想性。所谓“现实性”，是指以现有的投资贸易为基础，强调台、港、澳与大陆不同地方间逐渐形成较为紧密的经济区域，即一种自发的经济整合；所谓“理想性”，是指希望由现实的基础进一步向自由贸易区或共同市场类的制度整合推进。周添成指出，若是作为自然经济整合的一种描述与强调，固然无可厚非；若作为区域整合的目标去推动，将遭到来自政治层面的层层障碍：除了两岸关系能否突破之外，大陆可能会担心沿海局部地方与港台进行共同市场类的整合会助长“诸侯经济”向“诸侯政治”演化；而台湾在追求与大陆对等的原则下可能不会愿意与大陆的局部地区建立经济整合组织或协议。

世界银行1993年发表的年度报告《全球经济展望和发展中国家》，首次把大陆、香港和台湾（即两岸三地）合称为“中华经济区”（Chinese Economic Area，CEA），作为一个分析单元加以研究①，确认了“中华经济区”的形成，并分析了其可能产生的影响。报告认为，两岸三地正在形成一个整体的经济区域，即“中华经济区”。其依据：一是经济规模极大而且增长迅速，并日渐明显地影响着其他国家或地区；二是在外部环境影响的情况下仍然能够保持中期增长；三是可以维持长远的增长势头。报告还认为“中华经济区”将成为继美、日、欧之后的第四个增长极，对世界经济产生深远的影响：其一，“中华经济区”作为一个重要的经贸集团，将有助于提高其经贸伙伴的增长潜力。其二，“中华经济区”在低工资和低技术的出口方面享有比较优势，将迫使其当前的国际竞争对手如泰国和马来西亚向重工业与技术密集产品方面调整其产业结构；长期上会进一步迫使其潜在的竞争对手（当前的工业国家）向高科技与高附加值产业转型。其三，与20世纪60年代的日本崛起一样，“中华经济区”的崛起将促使世界经济进行重大调整，“中华经济区”不仅将大大拓宽世界市场，而且将成为工业世界出口高技术与资本品的一个主要市场。报告也指出，在世界经济的这一新格局中，中华经济区、美、欧、日四个增长极之间的合作性政策是极其重要的，需要

① 自此以后，世界银行与国际货币基金会在历次的统计分析中，都将两岸三地作为一个整体单元来对待。

有一个相互的、自由与开放的贸易政策。世界银行 1994 年发表的研究报告《东亚贸易与投资》进一步认为：两岸三地的经贸一体化，已使这一地区的经济成长超越全球各主要经济体，不但带动了邻近东亚各国的成长，并提供了投资机会，而且其较强的产品竞争力将迫使美国、东盟等这一地区出口商品的重要市场或竞争者不得不进行市场与产业结构调整。报告同时指出，不论是东亚区域还是两岸三地，都不可能仅靠区域内的贸易与投资机会维持长期增长，而且对工业化各国的巨大贸易顺差在政治及经济上也不可能被允许长期存在，必须同步对外开放其市场，进行包括贸易与投资体制的自由化改革。

美国布鲁金斯学会前高级研究员、华盛顿大学国际事务学院院长哈里·哈丁（Harry Harding）在《脆弱的关系：1972 年以来的美国和中国》一书中论及了“大中华经济圈”的性质与前景、作用与影响，特别是对美国制订对外政策的影响。哈丁（1993）认为，“大中华”确是两岸三地经济关系的一种新形式，但不大可能出现一个结合得极为紧密而且封闭的华人经济集团，或者一个真正的统一的中国。不过，哈丁还是积极乐观地评价“大中华”的影响，认为两岸三地三个华人经济体之间的基于互补性经济条件形成的紧密经济关系，使得它们中的每一个比没有这种关系时都更加欣欣向荣。作为美国政府的一名高级智囊，哈丁还认为，“大中华”的紧密经济关系，使得美国在制订对其中任何一个社会的政策时，都必须虑及该政策对美国与另外两个华人社会之间关系的影响。

美国普林斯顿大学经济学教授邹至庄 1993 年发表的《中国与亚洲其他国家进入世界经济一体化》一文，将“大中华”置于亚太经济发展与世界经济一体化层面上考察，对两岸三地经济一体化的基础条件与现状作了初步分析。邹至庄认为，在中国大陆与台湾的经济成长过程中，具有 5 个可以构成“大中华”区域经济一体化的共同性：一是两岸都在减少政府干预，鼓励私人创业；二是在经济发展初期都重视农业部门的发展；三是都将扩大出口作为经济发展的一个重要因素；四是都强调一般物价的稳定；五是都在逐步放松进口限制，并将汇率官价定在接近自由市场汇率水平。邹至庄还根据当时“大中华”区域的对外贸易在世界贸易中的比重和“大中华”区域内贸易流量、要素流动、思想观念与生活形态的转移等情况，认为经济一体化正在两岸三地特别是大陆沿海省份、香港、台湾之间发展着①。

原国家计划委员会经济研究所徐棣华（1994）在《发展海峡两岸经贸合作的展望和建议》一文中结合世界经济格局的变化与两岸经济发展的客观要求，研究了20世纪90年代和21世纪初海峡两岸经贸交流与合作的发展走势、前景与对策。徐棣华认为，随着90年代区域性分工与合作的演化，以及亚太地区特别是东亚经济的崛起，海峡两岸有必要加快经济一体化进程，建立比较紧密的经济联合，以增强国际竞争力。两岸经济结构功能的变化和互补关系的提升，将为经贸合作的扩大与深入提供较大的发展空间及潜力。而两岸经济体在加入GATT过程中加速自由化与国际化将为双方经贸往来的扩大铺平道路。两岸经济体间现行民间的间接、单向的交流方式向半官方的直接、双向交流过渡不可避免，两岸间的经济合作将由市场推动的生产单位间的低层次合作进入由政府规划与整合下的两岸地区间的高层次合作。徐棣华指出，两岸经贸合作不断扩大与深入的客观趋势能否实现，仍将取决于双方政治关系以及以此为基础而制定的经贸政策能否顺应潮流而互动。从目前看，两岸经贸关系政治化将会持续，台湾经贸政策在服从其政治斗争需要的前提下，迫于内外经济形势的需要和工商界的强烈呼吁，将会大幅调整。但由于两岸政治取向的不同，和美、日等国际势力的态度，两岸三地建立“大中华经济圈”的愿望，近期内将难以实现，因为建立一定形式和程度的区域经济合作，需要以政治上的合作为前提，通过官方签订某种协定，建立合作与协调机制。在两岸政治对话尚有困难的情况下，可通过半官方和民间组织进行具体沟通，也可成立某种较松散的地区或部门合作组织，先行低层次的局部的经济整合，为两岸走向经济区域化与集团化奠定基础。

循着这一思路，福建特色研究会课题组（1997）的《建立台湾海峡经济区的战略构想》一文提出了建立台湾海峡经济区②的战略构想。课题组认为，20世纪80年代以来，顺应世界经济区域化、集团化的发展趋势及中国改革开放政策的实施，两岸经贸关系发展迅猛，台湾海峡区域经济一体化趋

① 转引自曹小衡（2001），第241－243页。

② 在地理空间上是指由台湾海峡两岸毗邻的闽台两省以及粤东、赣南和浙南的部分地区所组成的区域。

势已显露端倪。香港的回归及闽台直航为台湾海峡经贸关系的发展提供了新的动力与契机，以经济一体化的海峡经济区作为今后海峡两岸经济合作的目标与架构应成为我国区域经济发展的合理选择。课题组提出了海峡经济区的战略目标与功能定位，认为海峡经济区以和平与发展为宗旨，通过扩大两岸经贸交流，形成合理的产业分工体系，促进海峡两岸产业的升级，构建以国际市场为导向的制造业和现代农业及发达的服务业组成的产业体系，促进海峡两岸经济的共同发展，建成一个能与粤港经济区、大上海经济区相媲美的经济区，并使之成为中国新的经济增长极、两岸“三通”先行区、海峡两岸经济一体化的衔接区、“一国两制”的试验区与和平统一的结合部、海峡两岸乃至祖国大陆与世界经济接轨的中介地。课题组认为，海峡经济区的现实模式选择应是建立经济协作区①，以促进海峡区域内产业互补化、基础设施网络化、市场运行机制趋同化、经济政策协调化，逐步淡化经济边界，最终实现“一国两制”架构下的区域经济一体化为目标模式。课题组还认为，构筑海峡经济区应坚持“一国两制”原则、经济为主轴原则、比较优势原则、共同发展原则、开放性原则、互利互信原则等基本原则。课题组还提出了建立海峡经济区的总体思路：抓住闽台定点试航的契机，推动两岸全面“三通”，促进以闽台为核心、以浙南和粤东为两翼、以赣南为腹地的海峡区域经济的全面合作与发展。通过贸易与投资便利化措施，促进两岸产业、市场、体制与基础设施的全面接轨，实现海峡区域经济一体化发展。将海峡经济区建成中国版图内经济发达且最具活力的经济区域，推动大陆经济的发展和两岸和平统一进程。

美国加州大学国际关系与和平研究院教授巴里·诺顿（Barry Naughton）1997年组织的一项研究课题“经济圈——中国大陆、香港、台湾的经济和科技”（参见诺顿，1999）②，第一个及时深入地对“中国圈”形成与发展的经济动力因素进行了全面研究，主要从政府政策与企业决策角度描述与分

① 即在各自保持对外独立的经济体系的情况下，相互给予优惠，加强区域合作，促进生产、贸易、金融的相互渗透和信息与市场的沟通，并建立相应的促进机构和咨询服务机构，确立必要的制度和法规。

② Naughton, B. (1997), *The China Circle: Economics and Technology in The PRC, Taiwan and Hong Kong*, Brooking Institution Press.

析了中国圈经济区域的出现，特别是检视了各经济体的演化发展和政府经济政策的相应调整，并对蓬勃发展的中国圈的未来发展方向作了简要评估。诺顿认为这三个政治体制完全不同的地区，尽管存在着政治和外交方面的紧张，以及长期的、根深蒂固的猜疑与不信任，但近年来的经济关系却明显发展，并超越政治边界形成了一个越来越密切的重要的经济区域（体现在劳动分工的出现、发展中的贸易与投资模式等方面）；在形成这种经济区域方面，政府政策和私人行动之间显现出一种互动关系：作为根本驱动力的经济因素与市场力量，不断促使三方政府调整有关政策，放松管制，以容忍所出现的经济关系，并为其进一步发展提供机会；经济关系一直在两岸政治对抗中不断发展，并不断被撕裂，迫使中国圈处于休眠状态，压抑着各个组成部分间的相互作用；中国圈的未来将决定于中国大陆经济政策的演变，进一步的改革开放将为“中国圈”进入一个增长阶段创造条件。

黄范章、常修泽、曹小衡、徐忠（1998）的《对海峡两岸经贸关系的思考》一文在对两岸经济实力、两岸经贸现状、发展前景及世界经济发展趋势进行分析的基础上，认为由于两岸经济的发展、经济实力的消长、经济联系的日趋紧密以及世界经济发展的区域化与集团化趋势，深化两岸产业分工、发挥各自比较优势、逐步实现经济整合已是大势所趋，并提出了一个推进两岸三地经济整合进程的三阶段路径模式：第一阶段为自发发展阶段，这时期两岸经济联系以“间接、单向”为特征；第二阶段为经济政策对话与协作阶段，这时期两岸经济关系以全面“三通、双向”为特征，通过两岸官方部门或授权单位进行政策性对话，并在条件成熟时成立磋商、协调机构；第三阶段为经济整合完成阶段，将两岸三地经济发展纳入长期规划之中，进行全面协调。他们认为当前两岸经济关系正处在从第一阶段向第二阶段过渡过程中，建议成立一个民间“经济论坛”组织，吸收专家及有关人士研讨两岸三地经济合作问题，以推进一体化进程。

日本东京经济大学教授刘进庆（1999）的《亚洲经济危机对两岸经济之影响和两岸经贸协作的新形势》一文，实证分析了亚洲经济危机对两岸经济的影响以及两岸经贸协作的新形势，认为：在经济危机中两岸外贸动态消长，大陆的经贸优势远超过台湾，台湾产业再升级离不开大陆市场，经济出路和前途在祖国大陆，两岸中华经济势必一体化。

综上可见，20 世纪 90 年代的学界研究，加强了对两岸经济合作与一体化问题的理论探讨，在对两岸功能性经济一体化问题的实证分析基础上，开始从世界经济格局的演变与两岸经济体自身发展的需要角度，尝试运用区域经济一体化理论来研究两岸经济合作与一体化的意义与必要性、条件与可行性、效应与影响等问题，并初步论及两岸经济制度性合作与一体化的模式与路径问题。

（三）两岸加入 WTO 前后的代表性研究文献回顾

进入 21 世纪，顺应经济全球化与一体化深化发展的趋势和自身经济发展的需要，海峡两岸经济体在新世纪初始相继加入 WTO，并与作为单独关税区的香港、澳门在 WTO 中形成“一国四席”格局。在当前世界经济的全球化与区域化并行发展潮流中，在同一多边贸易体制的约束下，两岸四地及其经贸关系的发展面临新的机遇和挑战，两岸四地经济交流与合作方式面临着变革的要求。在此背景下，两岸四地制度性经济一体化问题在实践中有了其必要性与紧迫性，并进一步促使了海峡两岸有识之士的呼吁与研究。事实上，两岸经济体加入 WTO 前后，包括笔者在内的许多学者对 WTO 下两岸经济合作与一体化问题诸方面进行了一定的探讨和研究，为推动两岸经济制度性合作与一体化实践进行理论与方案准备。

曹沛争、徐栩（2000）的《中国“入世”与“中国经济一体化”的发展》一文对“中国经济一体化”（即两岸四地经济一体化）的决定因素与效应以及两岸加入 WTO 后的发展进行了分析，指出不同政治制度与经济体制的两岸四地形成紧密的经济联系与合作，是由经济利益需求、优势互补需求、国际市场压力与贸易保护主义、传统文化与血缘、大陆的改革开放等五大因素决定的，具有必然性，是不可逆转的历史趋势。面临被区域集团边缘化的危险，及时构建两岸四地次区域集团有其必要性，并有助于经济互补互利与持续增长、扩大规模效应与市场容量、取得显著的贸易创造与转移效应、优化资源配置与调整产业结构、加速中国统一进程。而两岸加入 WTO，将自然削减两岸壁垒，从而将从商品市场、技术经济、劳动力市场、服务市场、金融市场等五个方面，对“中国经济一体化”的形成与发展具有强力的推动作用。

曹小衡（2001）的《东亚经济格局变动与两岸经济一体化研究》一书

试图在东亚经济格局变动的背景下把握两岸经济关系的前景，寻找两岸共同战略利益的交汇点以及中长期两岸经济一体化的可行性、必要性、对接点，探讨了两岸经济一体化的前景。作者在对当前东亚经济格局的基本态势与产业结构变动的分析基础上，认为：1997 年东亚金融危机以来出现的以日本经济的不振、中国经济的崛起、两岸经济联系的不断深化为标志的东亚经济格局变化，有利于推动两岸经济一体化进程，特别是中国大陆经济在东亚区域中的核心化乃是两岸经济一体化的原动力，而由功能性一体化走向制度性一体化是两岸经济一体化的最优和必然选择。在该书中，作者还探讨了国际经济一体化理论对两岸经济一体化的适用性，一国两制的经济涵义与两岸经济一体化的关系等理论问题。作者在回顾一体化理论的来龙去脉基础上，认为理论界研究的一体化理论的对象虽是国家间的关系或国家间的经济关系，但从研究的具体内容而言，经济一体化理论研究的是不同关税区之间的经济关系，因此应适用于海峡两岸间的作为一个中国内的互不隶属关税区之间的一体化问题。作者认为，一国两制是两岸经济一体化的基础与前提，因为在经济意义层面，它表明了两岸间的两种经济体系长期共存性，并提供了一个稳定或确定的两岸经济关系前景，为推动两岸经济一体化搭建了一个现实平台。作者由此推导出两岸经济一体化的定位应是一个中国之内的两个不同的经济体系，两个单独的关税区之间的经济一体化。

郭万达、冯苏宝（2002）的《在 WTO 框架内建立两岸四地自由贸易区》一文在概述全球化背景下建立双边或多边自由贸易区的国际浪潮基础上，分析了中国单独关税区间建立自由贸易区的必要性与障碍，并提出了中国单独关税区间建立自由贸易区的操作步骤。作者认为，WTO 没有处理属于一国多席的成员之间关系的案例，用自由贸易区的模式来界定彼此的关系，没有相关的规章可循，因此，两岸四地在 WTO 内建立自由贸易区，是一个创举，既要能体现“一国”又能反映“四席”的单独关税区经贸互动关系，而又与一般的 WTO 成员之间的关系相区别。作者认为，两岸四地建立自由贸易区，有利于两岸四地经贸关系的发展，发挥产业分工和互补作用，实现资源的最优配置；有利于贸易争端的解决；有利于保护并促进港澳台在内地的投资；有利于港澳台依托内地持续高速的增长背景，率先走出经济困境。作者还认为，两岸四地建立自由贸易区的障碍，从台湾来看，主要来自政治因素，台湾和祖国大陆的“三通”问题没有解决，就谈不上建立自由贸易区；从港澳来看，其障碍主要来自于“自由港”的定位及其技术因素。中国单独关税区间自由贸易区的建立需要一个过程，需要影响各方因素的时机成熟。据此，提出建立中国单独关税区间自由贸易区的三个步骤，即应依据三条原则：一是先港澳后台湾、先双边后多边的原则；二是侧重服务贸易的原则；三是授权地方政府先在次区域试点原则。

陈向聪（2002）的《两岸经济合作机制的选择及制度框架》一文基于国际区域经济合作的实践，对两岸经济合作机制的选择及制度框架做了初步设想。陈向聪认为，两岸经济合作机制的选择与定位应根据不同的阶段选择不同的目标和模式。两岸的经济合作大致应分三个阶段：第一阶段，两岸突破政治僵局，建立有效的协商机制，解决当前急需解决的两岸经贸问题，携手推动两岸经贸关系正常化。这一阶段主要借鉴 APEC 的较松散、非正式的组织模式和灵活简便的合作机制。第二阶段，建立自由贸易区，推动贸易和投资的自由化和便利化，可借鉴北美自由贸易区的模式，签署两岸自由贸易区协定，建立有效的执行和监督机制。第三阶段，建立两岸共同市场和经济联盟，实现商品、服务、生产要素的自由流动及两岸税收和货币等经济政策的协调。陈向聪还提出两岸经济合作的制度框架，包括以两岸经济合作的原则框架、协商机制框架、运行机制框架、组织机构框架与主要内容框架等。陈向聪认为，当前两岸经济合作应坚持一个中国原则、经济合作与政治统一暂时分离并最终结合原则、互不歧视原则、协商一致原则、灵活简便与循序渐进原则。要建立多层次的协商机制，吸收两岸现行的行业对行业、公司对公司的协商机制，同时建立两岸高层（如部长级会议）协商机制，两岸合作委员会的协商机制。两岸经济合作的内容涉及的领域应不仅包括贸易问题，同时可涉及服务业和投资问题，两岸的农业、通航、基础设施建设、技术、两岸经贸争端的解决机制等问题。

林媛媛（2003a、b）在《构建海峡两岸自由贸易区的可行性分析》、《关于海峡两岸自由贸易区目标模式的研究》两篇论文中对建立海峡两岸自由贸易区的必要性、难点、可能性、目标模式进行了分析与研究。林媛媛认为，建立海峡两岸自由贸易区的必要性在于：区域经济一体化趋势不断加强，客观上要求两岸进一步加强合作与交流；为突破各自发展的“瓶颈”，两岸需要产业互补；两岸功能性的经济联系向制度性经贸关系的转变要求更大的发展空间；建立海峡两岸自由贸易区的难点在于两岸在“一个中国原则”把握上有极大的隔阂与分歧，谈判会相当困难。两岸间贸易及投资往来，基本处于“一边倒”之势。两岸外部环境差异较大，还有待进一步改善。但是，建立海峡两岸自由贸易区还是有着可能性的：两岸入世是海峡两岸自由贸易区建立的先决条件，将极大地促进海峡两岸自由贸易区的建立；两岸经贸发展迅速，投资日益增多是海峡两岸自由贸易区建立的有利条件；两岸文教，社会交流广泛是海峡两岸自由贸易区建立的文化底蕴；“三通”的实现将为两岸自由贸易区的构建打下坚实的基础。林媛媛还认为，构建海峡两岸自由贸易区的目标模式应是在淡化政治的前提下，分步骤且有重点地一步一步向前推进，争取在两岸直接“三通”的基础上，实现两岸特定区域之间全面、直接、双向的经济交流，在条件成熟时，通过签订促进区域经济合作的临时协议做出贸易优惠安排，为自由贸易区的过渡期创造条件。可尝试先在厦门和金门建立区域性自由贸易区，然后进一步建立台湾与闽东南地区自由贸易区，最后形成海峡两岸自由贸易区①。

王红霞（2003）在其博士论文《建立中华自由贸易区的可行性及框架安排研究》中，通过分析香港、澳门、台湾经济发展面临的挑战，以及两岸四地的现实经济依存关系，得出两岸四地自发的经济一体化已经发展到相当水平，迫切需要在政策层面进行协调和制度安排，为现实的经济一体化深化发展提供制度保障。王红霞指出，中华自由贸易区的创建是符合两岸四方经济发展规律的现实选择，应成为新世纪中国区域经济一体化战略的重中之重，台湾区域经济一体化战略最佳伙伴是大陆与港澳，港澳区域经济整合的最佳对象是大陆与台湾。在分析必要性的基础上，进而针对现存的各种疑虑进一步分析了建立中华自由贸易区的可行性问题，包括与 WTO 规则及“一国两制”原则的符合，对港澳“自由港”制度的影响，以及不同政治体制

① 这与笔者的主张有些相似。笔者近年来曾就当前两岸制度性经济合作与一体化的必要性与可能性、法律依据与准绳、基本原则与内容、实现路径与模式，以及建立厦－金自由经贸区的意义与必要性、条件与可行性等问题进行了初步研究。参见唐永红（2003、2004、2005a、2005b、2005c、2006a、2006b、2007a）；唐永红、邓利娟（2005a、b）；（邓力平、唐永红，2003）；赵玉榕、唐永红（2005）。

下各地政府功能的协调等问题。最后，借鉴其他区域贸易协定的经验和做法，结合两岸四方经济贸易关系的现实和特点，对中华自由贸易区的框架安排提出了建议和初步设计，并重点研究了中华自由贸易区的货物贸易、服务贸易安排及原产地规则的制定和实施。

朱兆敏（2003）的《论“入世”后中国各单独关税区间建立紧密经贸合作关系的法律基础和框架》一文对 WTO 下两岸四地间建立紧密经贸合作关系的法律依据与基础、法律途径与框架进行了研究，认为：在 WTO 框架下两岸四地建立紧密经贸合作关系存在两个方面的法律依据和基础：一是四个单独关税区在一个主权国家之下，本质上属于一国内的经贸关系；二是四个单独关税区可以通过自由贸易协定游离于 WTO 多边最惠国待遇原则之外，形成更加紧密的经贸关系。因此，两岸四地之间更加紧密的经贸合作可以通过两个管道进行：其一，主张中国各单独关税区之间的贸易为国内贸易；其二，援引《关税与贸易总协定》和《服务贸易总协定》中关于自由贸易区例外的规定，建立中国各单独关税区间的自由贸易区。也就是说，两岸四地之间开展紧密经贸合作的法律框架应当通过确立国内贸易体制或建立中国各单独关税区间的自由贸易区来达成。

曾华群（2003）的《两岸四地建立更紧密经贸关系的法律思考》一文在论述 WTO 体制中“一国四席”的形成及其影响的基础上，对两岸四地建立更紧密经贸关系的法律模式及其法律特征提出了自己的见解。作者认为：WTO 体制中“一国四席”的形成，是由《WTO 协定》有关成员资格的规定、中国独特的历史发展进程和“一国两制”的政策取向所决定的；“一国四席”的重要意义首先是确立了两岸四地新的法律地位，这是建立两岸四地更紧密经贸关系必须面对的前提性、基础性问题；作为 WTO 体制中“一国四席”的法律后果，两岸四地相互之间的经贸关系安排以及两岸四地与其他 WTO 成员之间的经贸关系安排，在未适用非歧视原则的例外规定情况下均须一体适用非歧视原则，这对两岸四地建立更紧密经贸关系的法律模式的选择将产生重要影响；在 WTO 体制下，部分成员之间建立更紧密经贸关系须寻求非歧视原则的例外，作为 WTO 成员的两岸四地尽管同属一个主权国家，在建立更紧密经贸关系的安排中，亦应循此通例，选择符合 WTO 规则和中国国情的法律模式；由于在法律上修改 WTO 规则，规定“一国多席”情况下适用非歧视原则的例外，即规定“同一主权国家的例外”尚难预期，两岸四地建立更紧密经贸关系在法律模式上的现实选择就是根据GATT（关贸总协定）第24条建立关税同盟或自由贸易区，或者签订形成关税同盟或自由贸易区所必需的临时协定。作者还指出，由于非主权实体参与缔结条约或参加国际组织并不能改变其法律地位，WTO下的香港、澳门、台湾仍然只是作为单独关税区的非主权实体；作为WTO成员，同属一个主权国家的国家主体（中国）与非主权实体（中国香港、中国澳门、中国台北）之间签订的导向自由贸易区所必需的临时协定，既是符合GATT第24条的成员之间的协定，实际上又不是国际条约，而是受国际条约规范和调整的一国国内的法律安排，是在GATT和WTO体制下的关税同盟或自由贸易区安排的一个创举，其实质是一国国内的经济一体化安排，而不是区域性国际组织的经济一体化安排。

李非（2005）的《建立“两岸共同市场”问题研究》一文对建立“两岸共同市场”的经济背景、基本构想、试行区域等问题进行了初步探讨，并就促进两岸经济合作的政策机制提出了个人看法。李非认为，建立“两岸共同市场”是台湾经济在国际经济区域化趋势与区域经济发展浪潮中调整产业结构、获取竞争优势、避免边缘化的需要，也是祖国大陆区域经济发展的客观需要；建立“两岸共同市场”应遵循一个中国原则、国际经济规则、互利互惠原则；“两岸共同市场”的近期发展目标是在“试点直航”和“金马直航”的基础上，以两岸直接“三通”为突破口，对两岸经济交流与合作做出某种类似CEPA的贸易优惠和投资便利化的安排，实现更紧密的经济联系；中期发展目标是通过建立某种经济联系机制、协调经济政策、统一关税，以提高两岸经济合作水平，实现两岸全面、直接、双向的经济交流；远期发展目标是通过建立统一的市场，逐步统一货币，实现两岸区域经济一体化，从而为社会与政治的整合奠定坚实的经济基础；从地域关系、人文关系、经济条件、政策优势看，海峡西岸经济区应是“两岸共同市场”的首推试行区域，在条件成熟时逐步扩大到其他区域；当前应进一步落实“同等优先、适当放宽”的政策，在海峡西岸经济区中发挥资本开放机制、经贸交流机制、民间交流机制方面的对台“政策试验”功能。

此外，庄宗明、张启宇（2005）也就建立“两岸共同市场”的可行性原则和步骤提出了类似李非（2005）的看法和主张，并基于类似的理由提出以“闽台共同市场”为“两岸共同市场”试验区的一种设想。黄绍臻（2005）提出，海峡两岸功能性经济一体化已经形成并不可逆转，以此为基础的制度性一体化是台湾经济发展的客观要求；海峡两岸经济制度性合作与一体化要从低级向高级逐步发展，从贸易正常化开始，经“更紧密经贸关系安排”，再发展到共同市场模式。

综上可见，21世纪初海峡两岸加入WTO前后的学界研究在继续对两岸功能性经济一体化问题的实证分析基础上，继续从世界经济格局的演变与两岸经济体自身发展的需要角度，继续运用区域经济一体化理论研究两岸经济合作与一体化的意义与必要性、效应与影响等问题的同时，主要对WTO下两岸经济制度性合作与一体化的条件与可行性、法律依据与准绳、原则与内容、模式与路径问题进行了一定的探讨。

第二节　对现有研究的简要评价与进一步研究方向

上节对两岸经济合作与一体化有关研究及其代表性文献的历史回顾，显然有助于我们把握学界研究的发展脉络，探索进一步研究的思路与方向，并为进一步的探析提供一个研究基础、逻辑起点与分析线索。

一、对现有研究的简要评价

如上述文献回顾显示的，自20世纪80年代初两岸经济合作与一体化倡议的提出，20多年来，随着世界经济形势与格局以及两岸政治经济形势与关系的不断演变，国内外学术界对两岸经济合作与一体化问题的研究工作在不断深化之中，大致经历了20世纪80年代的以一体化概念与设想提出为主的研究起步阶段、90年代的以功能性一体化研究为主的研究发展阶段、21世纪初两岸加入WTO前后的以制度性一体化研究为主的研究深化阶段。归纳起来，学者们主要是从经济全球化与区域化、两岸经济结构与发展、两岸政治关系与和平统一、WTO法律体系以及周边国际关系等不同的立场、角度和层面，对两岸经济合作与一体化的意义与效应、条件与可行性、设想与前景等问题进行了一定的分析与探讨，取得了一些研究成果。这些研究有助于深化对两岸经济合作与一体化问题的认识，也构成进一步研究的起点。

但从总体上看，现有的研究文献大多只是就两岸经济合作与一体化问题的某一方面或者只是从某种立场、角度和层面出发进行的探讨，少有从理论到实践同时进行经济、政治、法律等方面的综合性分析和全面、系统、深入的研究，更缺乏超越经济层面而从区域一体化理论高度与两岸对外政治经济发展战略以及政治关系与经济关系之关系角度的深度分析，因此不能很好地回答两岸经济制度性合作与一体化的动因与必要性、条件与可行性、动力与路径、机制与模式等问题，更未能提出在当前两岸关系状态下切实可行的一体化路径与模式。当然，这主要是由于两岸经济合作与一体化存在的问题太多，并过于复杂，而制度性安排的实践活动又尚未启动，缺少直接的实践经验，许多理论问题仍需探讨，由此增加了研究的难度。

二、进一步研究的目标、思路与意义

如前所述，关于当前两岸经济制度性合作与一体化仍然存在较大的认识分歧，并鉴于当前两岸政治关系僵局的制约和现有研究的局限，显然有必要以两岸经济制度性合作与一体化问题作为专门的研究对象，综合学界现有的研究方法与研究成果，对其动因与必要性、条件与可行性、动力与路径、机制与模式等问题，进一步从理论到实践同时进行经济、政治、法律、文化等方面的综合性分析和全面、系统、深入的研究，特别是探索在两岸政治关系瓶颈与 WTO 规则制约下的一体化动力与路径、机制与模式，提出切实可行的两岸一体化路径与模式安排。

一般而言，对一个问题的系统研究需要有一个综合性的理论分析框架。随着两岸功能性经济一体化的不断强化，当前，越来越多的学者运用经济一体化理论来研究两岸经济合作与一体化问题。笔者认为，这种做法有其一定的合理性，但在当前的两岸关系情势下，仅仅从经济层面来研究两岸经济合作与一体化问题，会有其严重的局限性；而一些人士有意无意地完全照搬国际区域一体化理论与模式来论述、设计、规划两岸经济合作与一体化，将两岸一体化问题与欧盟一体化相提并论，意图把两岸关系定位为一种“国家间关系”，则只能把问题复杂化，而无助于问题的解决。

一方面，大陆与台湾同属一个中国，两岸政治经济关系不能简单地等同于国家间的政治经济关系。由于这一特殊性，两岸经济合作与一体化问题至今没有业已成熟的理论可以套用。更何况，作为一种思想理论的区域主义一体化，在实践中形成了各有其自身范式局限的众多理论与不同流派，至今也没有一个统一的系统的理论分析框架。另一方面，区域一体化理论的对象虽然通常是国家间的政治经济关系，但从研究的具体内容来看，它研究的是相对独立或自治的政治经济实体间的政治经济关系，特别是经济一体化理论主要研究的是具有对内、对外经济政策自主权的不同经济体或关税区之间的经济关系。因此，笔者认为，在当前两岸尚处于分治状态的现实情形下，基于和平统一的目的，对两岸一体化问题的研究，特别是对一国内的、同为WTO成员方的不同关税区之间的经济一体化问题研究，虽然不能完全照搬现有的各种国际区域一体化理论，但显然可以吸取各家之长，建立一个综合性的、系统的理论分析框架，以此为两岸经济合作与一体化问题研究提供参考和借鉴。此外，还可以从正在进行中的内地与港澳的一体化实践（CEPA），归纳出WTO下两岸四地间经济一体化安排的基本特征与共性。

基于上述认识，本书首先试图扬弃与整合各种区域一体化理论的内容和观点，从区域合作与一体化的动因与必要性、条件与可行性、动力与路径、机制与模式等方面，归纳总结出一个可以系统研究区域合作与一体化问题的综合性的理论分析内容框架；进而试图借鉴这一理论分析框架，从区域一体化理论高度与两岸对外政治经济发展战略以及政治关系与经济关系之关系角度，超越单纯经济层面的分析，对两岸经济制度性合作与一体化的动因与必要性、条件与可行性、动力与路径、机制与模式等方面的问题，进行经济、政治、法律、文化等方面的综合性分析和全面、系统、深入的研究，以便较准确地把握两岸经济制度性合作与一体化进程，并为其实践进行理论与方案准备。

在具体研究方法上，鉴于海峡两岸关系在政治、经济、文化、历史等方面的特殊性，本书将主要从区域一体化理论与实践的视角，并借鉴相互依存论、国际政治经济学等理论的方法和观点，以经贸分析为主兼及政治、法律、文化与国际经济关系等因素，对两岸经济制度性合作与一体化问题进行归纳与演绎相结合、实证与规范相结合、定性与定量相结合、静态与动态相结合、理论与实例相结合的综合性分析。特别是将基于区域一体化的共性与两岸一体化的特殊性，综合运用比较分析法，探讨在两岸政经关系互动中的两岸经济制度性合作与一体化的发展路径与模式选择问题。

综上可见，对本论题的研究，不仅与当前世界政治经济发展的趋势与要求相呼应，有助于深化区域一体化理论研究，而且与当前两岸经济体的发展形势与需要以及两岸政治经济关系发展态势相呼应，有助于深化对两岸经济合作与一体化的认识，较准确地把握其发展进程，并有助于两岸经济合作与一体化理论研究的深化和实践的推进，对“一国两制”内涵与外延的丰富、制度与政策的创新，以及国家的和平统一等方面也有着一定的理论与实践价值。

第二章　国际区域一体化问题及其理论分析框架

国际层面的区域一体化（Regional Integration），无论作为一种思想理论还是作为一种实践运动，自其诞生以来就在争论中发展着，至今已形成了众多的理论与不同的流派，但却没有一个统一的系统的理论分析框架。本章旨在对各种国际区域一体化理论内容和观点进行扬弃与整合，归纳总结出一个可以系统研究区域一体化问题的综合性的理论分析内容框架，为两岸经济制度性合作与一体化问题研究提供参考和借鉴。第一节对区域一体化实践与理论的发展历程进行简要概述，以便从总体上把握区域一体化的发展脉络。第二节对国际关系学、国际经济学中的区域一体化理论及其发展分别进行简要回顾与评述，以便于进一步的理论探讨。第三节进而从区域一体化的动因与必要性、条件与可行性、动力与路径、机制与模式等方面，扬弃与整合各种区域一体化理论的内容和观点，归纳总结出一个综合性的理论分析内容框架。

第一节　国际区域一体化发展历程概述

区域一体化理论的发展是与现实世界中的区域一体化实践运动的发展紧密相连的。因此，在深入研究的开始有必要对区域一体化实践与理论的发展历程做简要的回顾，以把握区域一体化发展的脉络。总体上看，区域一体化主要是国际关系学与国际经济学研究的问题，虽然这两门学科关注的主题重点不完全相同，在区域一体化的历史起源与分期方面也有差异，但它们的研究存在着相当的互补性，共同推进着区域一体化实践和理论的发展。

一、国际关系学视角的区域一体化发展历程

国际关系学视野中的区域一体化包括经济一体化、安全（政治）一体化、社会（文化）一体化三个方面①，主要关注一体化的政治动因、条件、过程与结果等问题，因此常被称为一体化的政治学。代表性的理论解释主要有联邦主义（Federalism）、功能主义（Functionalism）、交往主义（Transactionalism）、新功能主义（Neofunctionalism）、政府间主义（Intergovernmentalism）、自由政府间主义（Liberal Intergovernmentalism）、新自由制度主义（Neoliberal institutionalism）、建构主义（constructivism）等②。

区域一体化纳入国际关系视角基本上是二战后期的事。鉴于两次世界大战的惨痛代价，20世纪初以来，国际社会面临的一个主要问题就是如何营造一个和平世界。在寻找答案的过程中，区域一体化进入了国际关系的视野。并且，伴随二战后欧洲一体化实践运动的开始，出现了区域一体化理论。由于在普世主义理念基础上建立的国际联盟在维护世界和平与安全方面的失败，联合国制宪会议上出现了区域主义与普世主义的争论③，并最终在联合国框架下确立了区域组织在维护和平与安全中的从属地位和区域主义国

---

① 正如肖欢容（2002）指出的，通常许多学者把政治一体化单列出来，但事实上，政治一体化无法与其他方面一体化特别是安全一体化这样的高级政治领域的一体化明显区分开来：一方面，政治一体化嵌入在其他一体化之中，体现的是国家的决策转移到更高级的共同制度；另一方面，共同的制度，共同对外政策以及共同防务等方面的中央机制（国家间的或超国家的）的建立又体现了共同的政治一体化。在本质上，政治一体化所体现的是主权的让渡，在各个层次的一体化中特别是安全一体化中都得以体现。

② 关于联邦主义一体化理论可参阅 Mackay（1961）、Harrison（1974）、Pentland（1975）、Wistrich（1991）、Mutimer（1994）、王浩昱（1997）、王丽萍（2000）；关于功能主义一体化理论可参阅 Mitrany（1943、1948、1975）、多尔蒂、普法尔茨格拉夫（1987）；关于交往主义一体化理论可参阅 Deutsch（1957、1964）、多伊奇（1992）；关于新功能主义一体化理论可参阅 Haas（1958/1968、1964）、Lindberg（1963）、Schmitter（1971）、Nugent（1999）；关于政府间主义一体化理论可参阅 Hoffmann（1966、1982）；关于自由政府间主义一体化理论可参阅 Moravcsik（1993a、b、1998）；关于新自由制度主义一体化理论可参阅 Keohane（1989）；关于建构主义一体化理论可参阅 Wendt（1999）、温特（2000）。本章第二节将对这些理论做简要回顾与评述。

③ 普世主义（Ecumenism）原指通过更多合作与增进理解而使全球宗教大联合的运动，在国际关系中主要是指通过在全球范围内传播普遍认同的真理或共同的价值理念以实现国际和平与安全目的。普世主义的存在必须有两大基础：一是有一个被普遍认同的真理或价值，二是能够得到最广泛和长久的传播。

际作用的合法性，为后来区域组织在经济社会方面作用的发展和区域意识的形成奠定了法理基础。

国际关系学现有关于区域主义一体化的研究很大程度上是对欧洲一体化的历史发展的理论探讨，并把其历史进程粗略地划分为20世纪80年代中期以前的旧区域主义和80年代中期以来的新区域主义两个阶段。肖欢容（2002）结合欧洲一体化与发展中国家区域主义的发展进程，认为二战以后区域主义一体化的缘起与发展可分为三个阶段。笔者认为，从历史发展进程视之，战后国际区域一体化大致经历了以下四个发展阶段。

第一阶段是二战以后至20世纪50年代末的区域一体化萌芽与初始阶段。两次世界大战的浩劫以及欧洲民族国家之间的争夺，给国际社会以极大震撼。如何建构战后国际关系及维持世界和平成为世界各国特别是欧洲政治家与思想者的首要课题。在普世主义之外，区域一体化提供了一种改变国家间关系的可能途径与方法，加之战后初期要求欧洲统一的欧洲观念已经出现并深入人心。在此背景下，欧共体应运而生，并且伴随欧洲煤钢共同体的诞生，出现了功能主义、联邦主义与交流主义对欧洲一体化的早期理论解释。这些思路不同且彼此争论的理论都认为，各国间相互更加紧密地联合和彼此联系的不断增加可以带来积极的政治结果。

第二阶段是20世纪50年代末至60年代末的区域一体化多样化发展阶段。这一时期，在欧洲一体化继续发展的同时，非殖民化运动中诞生的第三世界新兴民族国家为加强政治独立和发展本国经济，也开始模仿欧共体模式，走上区域一体化道路。此外，两极对峙中超级大国领导的区域性军事同盟在这个时期也获得快速发展。这一时期，对欧洲一体化的理论解释主要是新功能主义，而发展中国家区域一体化的理论基础主要是以中心－外围论为基础的结构主义发展理论。

第三阶段是20世纪70年代至80年代初期的区域一体化曲折发展阶段。这一时期，由于两极对抗的缓和，世界政治的多极化发展以及国际经济相互依赖性的不断强化，国际政治的关注重心逐渐由高级政治转向低级政治，区域主义也主要从和平安全事务转向经济社会事务。相应地，欧洲区域一体化在国际动荡中曲折发展；综合性区域组织与超级大国领导的军事同盟则日渐衰落；同时又出现了东南亚国家联盟类的次区域性安全框架；第三世界国家的区域一体化特别是区域经济一体化运动经历了70年代的高潮与80年代的停滞阶段，由于成员方经济发展水平、规模与结构的限制，发展战略、政策、措施的失当，加之严重的债务和经济危机而少有成功范例。在这种背景下，区域一体化理论有了重要发展，但也出现了理论解释效能问题。新功能主义无法解释欧洲一体化的新现象，对欧洲以外的区域一体化也缺乏解释力。政府间主义自60年代末挑战新功能主义，在继续发展，并与新功能主义一起形成了欧洲一体化理论解释的主流理论。而激进主义的国际依附论成为第三世界国家解释不发达，要求变革和以区域合作方式走集体自力更生之路的主要理论。

第四阶段是20世纪80年代中期以来的区域一体化新兴发展阶段，即所谓的“新区域主义（New Regionalism）”① 阶段。这一时期，两极体系对抗的缓和与消融、世界政治民主化与自由化的发展、世界经济力量与格局的变动、发展中国家经济体制与发展模式的变革、以乌拉圭回合谈判为代表的全球主义进展的缓慢、欧洲单一法案的出台与实行、国际社会对欧洲“堡垒”及边缘化效应的担心以及美国对区域一体化态度的转向等因素，使70年代以来一度停滞的区域一体化号角重新响起②。特别是80年代中期以来以欧共体为典型的功能性组织的不断演进和区域主义内容重心向经济社会事务的不断倾斜，强化了区域主义在全球主义中的地位，将区域一体化推向一个新阶段；而90年代以来的两极体系的终结、全球化浪潮的涌起及其对民族国家的挑战，更是进一步推动了区域一体化的多维、纵深发展。事实上，这一时期各个层次的区域主义（从跨国区域主义到一般区域主义合作以及区域一体化）都获得了充分发展，不仅数量增加、范围增大，而且在内涵上不再局限于狭隘的安全与经济目标，所关注的内容和目标在不断增加，涉及建立在区域基础上包括人权、民主、环境和社会正义的跨国社会和文化网络等

---

① “新区域主义”一词最早出现在诺曼·D·帕尔默（Norman D. Palmer）的书名中（Palmer，1991），此后对新区域主义的研究蓬勃发展。由于研究的角度与方法不同，学者们的界定并不完全一致，但普遍认为新区域主义可以界定为一种多层次的一体化形式，包括经济、政治、社会和文化等层面，其深远的目标是建立以区域为基础的自由贸易制度或安全联盟，而且特别强调区域内聚力和区域认同等政治理念的建构。

② Fawcett，1995/1997；Wyatt-Walter，1995/1997

方面，体现了对国家内部事务的介入性（肖欢容，2002）。而突破冷战对抗约束获得快速发展的经济区域主义，作为参与全球化的一种途径和方式，不仅以符合 GATT/WTO 规则、超越多边主义组织的目标内容等方式表现了融入世界经济的开放性特征，顺应并促进了全球化趋势，而且出现了北美自由贸易区类的跨越南北界限的发达国家与发展中国家间的区域一体化形式，为解决南北问题提供了一种新的思路。理论层面，随着实践的发展，一体化理论开始吸收不同理论观点，出现了一定程度的混合与演进。在新功能主义注重借鉴其他流派理论观点和政府间主义向自由政府间主义演变的同时，出现了新自由制度主义与建构主义等理论，这些理论对区域一体化虽然各有一定解释力，但又无力完全解释。而先前的发展中世界结构理论走向衰落，在探索新的区域一体化特别是超越南北界限的区域一体化的过程中，迫切需要寻求新的发展合作与区域一体化理论。

显然，区域一体化在全球范围的发展，日益要求从更为广泛的国际关系视角进行理论分析，要求结合国际关系学、国际经济学、国际政治经济学等理论对整个区域一体化进行综合性解释。

二、国际经济学视角的区域一体化发展历程

国际经济学视野的区域一体化，即区域经济一体化，主要关注的是一体化的经济动因、效应和条件。区域经济一体化的历史渊源可追溯到 1850 年的奥地利关税同盟和 1860 年的英法贸易协定。由此可认为区域经济一体化的发展至今已经历了五个阶段，而在二战以来出现了三次高潮，成为当前世界经济中与全球化并行发展的一个主流趋势。

19 世纪后半叶至第一次世界大战是区域经济一体化第一阶段。19 世纪后半叶经济区域主义开始出现在世界经济中，但在很大程度上只是一种欧洲现象，后来随着工业革命、技术进步和资本主义的全球扩展而成为全球商业的重要组成部分。第一次世界大战中断了经济区域主义的发展。

20 世纪一战结束后到二战爆发前是区域经济一体化第二阶段。这一阶段的经济区域主义以主要发达国家为中心，以区域性的互惠安排为主要形式，但对外高筑壁垒，歧视性比先前更甚，使世界经济分裂为几个相互排斥的经济集团，直接引发并深化了世界经济的大萧条。

20 世纪 50—60 年代是区域经济一体化第三阶段，也是二战后的第一次高潮。鉴于二战前贸易壁垒导致世界经济大危机的教训，当时许多国家纷纷建立符合关贸总协定（GATT）规范的区域性贸易集团，以实现区域内的贸易自由化。例如：法国等西欧六国 1951 年建立了欧洲煤钢共同体，1957 年建立了欧洲经济共同体和欧洲原子能共同体，1967 年合并为欧洲共同体，1968 年发展成为关税同盟；英国等七国 1960 年建立了欧洲自由贸易联盟。发展中国家在学习欧洲一体化经验基础上也于 20 世纪 60 年代建立了一些区域性经济组织，例如：亚洲的东南亚国家联盟（1967 年），非洲的中部非洲关税与经济同盟（1964 年）、南部非洲关税同盟（1969 年），拉美的中美洲共同市场（1961 年）、安第斯条约集团（1969 年）等。

20 世纪 70 年代至 80 年代初期是区域经济一体化第四阶段，也是二战后的第二次高潮。两次世界石油危机后，世界贸易保护主义抬头，面对多边贸易体制的失灵，各国再次寄希望于能够实现内部贸易自由化的区域性经贸集团。这一时期，发达国家间的区域经济一体化稳步发展。欧共体经过两次扩大，在 1986 年成员国达到了 12 个，旨在货币联盟的欧洲货币体系在 1973 年开始运作；澳大利亚和新西兰在 1983 年建立了自由贸易区。这一时期，发展中国家间的区域经济一体化发展显著，出现了许多新的规模较大的一体化组织，例如：亚洲的海湾合作理事会（1981 年），非洲的西非国家经济共同体（1975 年）、南部非洲开发共同体（1980 年），拉美的拉美自由贸易区（1973 年）、加勒比共同体（1973 年）、拉美一体化协会（1981 年）等。

20 世纪 80 年代中期至今是区域经济一体化第五阶段，也是二战后的第三次高潮，被如前所述的国际关系学者称为“新区域主义”。80 年代末，GATT 乌拉圭回合谈判进展艰难，使世界各国深感失望并更加重视区域性的贸易自由化，就连向来奉行单一多边主义原则的美国也开始改变战略，转而重视经济区域主义的实践。由于区域贸易协定（Regional Trade Agreements，RTAs）较之 GATT/WTO 多边贸易体制易于达成协议并产生实效，而区域经贸合作机制化可以较深入地挖掘经贸合作的潜力，进一步发挥经贸合作的地缘优势，增强参与经济全球化与多边经贸体制的实力，加之已有的大多富有成效的区域贸易协定（如北美自由贸易区）的强烈示范效应和20世纪90年代一再发生的地区性经济危机的教训，世界各国更加重视区域经济合作的机制化，致使20世纪90年代中期以来区域贸易协定浪潮高涨不衰，区域经济一体化组织遍及全球。当前，WTO的绝大多数成员都参加了一个或更多的区域贸易协定。根据WTO统计①，1948—1994年期间GATT收到通知的区域贸易协定总计65个。而截至2008年12月15日，GATT/WTO已收到约420个区域贸易协定的通报，其中，355个区域贸易协定的通报是在1995年1月之后收到的，229个区域贸易协定现在施行中。这些区域贸易协定的成员方及其全球背景完全不同于早期的一体化计划，在经济全球化深化发展的背景下，大都决心削减贸易壁垒，致力于从高贸易壁垒保护下的内向型进口替代工业化发展模式转向于促进出口的外向型政策。这些遵循WTO的一体化例外规定的、蓬勃发展的区域经济一体化安排，作为经济全球化的一种实现形式，与WTO为代表的全球性多边经贸体制相辅相成、相互补充，对推动世界经济发展与各国经贸关系发展发挥了重要作用。图2－1显示了1948—2008年间通知GATT/WTO并在实行中的区域贸易协定（RTAs）的逐年累计数量及其增长态势。

值得注意的是，一方面，这一阶段的经济区域主义发展表现为既有一体化组织的深化与扩大。例如，欧洲一体化的发展：在1986年扩大到12国的欧共体，从1987年生效的《单一欧洲法案》所要求的共同市场发展为1993年生效的《马斯特里赫特条约》所要求的欧洲联盟②，又经过1995年、2004年、2007年的三次扩展，成员国增加到了现在的27个；欧元于1999年作为非现金交易货币在欧盟中的11国开始流通使用，并于2002年完全取代11国货币，标志着欧洲经济与货币联盟的基本完成；2004年10月29日，欧盟25个成员国的领导人在罗马签署了旨在保证欧盟的有效运作以及欧洲

① 参见http://www.wto.org/english/tratop_e/region_e/summary_e.xls。

② 《马斯特里赫特条约》（又称《欧洲联盟条约》）宣告，在欧洲共同体基础上建立欧洲联盟，同时实行“共同外交与安全政策”和“司法与国内事务领域的合作”。此后二者与欧洲共同体一起成为欧盟的三大支柱。

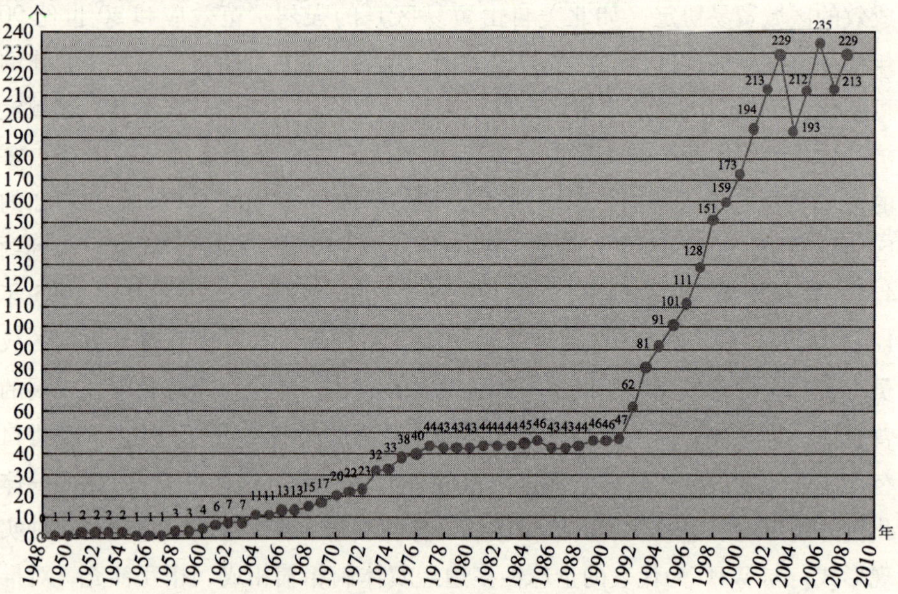

图 2-1　通知 GATT/WTO 并在施行中的区域贸易协定（RTAs）逐年累计数量及其增长态势：（1948—2008 年）

资料来源：根据 WTO 统计数据（参见 http：//www. wto. org/english/tratop _ e/region _ e/summary _ e. xls）绘制。

一体化进程的顺利进行的《欧盟宪法条约》①。另一方面，这一阶段的经济区域主义发展还表现为以自由贸易区为主的区域一体化的广泛发展，不仅在地理邻近、经济发展水平相似的国家间形成了很多自由贸易区（如 1989 年的阿拉伯马格里布联盟、1992 年的东南亚国家联盟自由贸易区、1993 年的中欧自由贸易区、1994 年的波罗的海自由贸易区、独联体），还出现了经济发展水平不同的国家间的自由贸易区（如 1992 年的北美自由贸易区、1996 年智利与加拿大签订的自由贸易协定）、跨越不同地域的自由贸易区（如 2000 年美国与约旦、新加坡与墨西哥、新加坡与新西兰、欧洲自由贸易联盟与墨西哥、2003 年欧盟与墨西哥结成的自由贸易区），以及超越贸易安排而在经济、社会、文化等领域建立广泛合作关系的自由贸易区（如 1999 年

① 《欧盟宪法条约》由欧盟宪法、欧盟公民基本权利宪章、欧盟政策和欧盟条约基本规定 4 个部分组成。条约必须在欧盟全部成员国根据本国法律规定通过全民公决或议会投票方式批准后方能生效。

的“欧盟－南非框架协议”、2002 年的“新时代日本－新加坡经济联合协定”等)①。当然，这一时期也出现了一些其他形式的一体化组织，如 1994 年成立的西非经济与货币联盟，作为共同市场的安第斯共同体（1988 年）、东南非洲共同体（1994 年），实质是关税同盟的南方共同市场（1991 年）、欧亚经济共同体（1997 年）等。事实上，上述区域经济一体化的广泛发展与自由贸易区成为一体化的主要形式是有着内在一致性的，反映了一体化程度与形式的经济决定性。图 2－2 显示了截至 2008 年 12 月 15 日通知 GATT/WTO 并在施行中的 229 个区域贸易协定（RTAs）的类型及其所占比重。

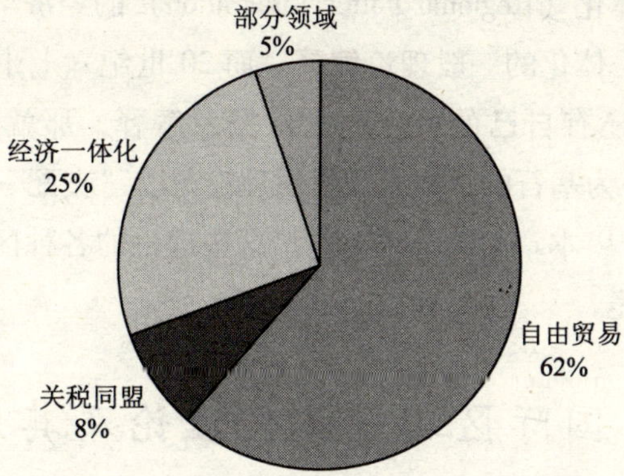

图 2－2　截至 2008 年 12 月 15 日通知 GATT/WTO 并在实行中的 229 个区域贸易协定（RTAs）的类型及其所占比重

资料来源：根据 WTO 统计数据（参见 http：//www. wto. org/english/tratop _ e/region _ e/summary _ e. xls）绘制。

国际经济学中的区域一体化理论，即区域经济一体化理论，主要关注的是经济一体化的经济动因、效应与条件，多是从成员方福利角度来解释经济一体化的形成，探讨经济一体化各种形态对成员方福利的影响，很少关注一体化问题背后的非经济因素、非经济过程与非经济后果，因此常被称为一体化的经济学。尽管以关税同盟为代表的区域经济一体化实践在 19 世纪就出现了，但以瓦伊纳（Viner，1950）关税同盟理论的成型为标志的国际区域

① “新时代日本－新加坡经济联合协定”的内容不仅包括商品贸易自由化，还包括服务贸易自由化、相互投资自由化，以及经济合作、技术共同开发等丰富内容。从协定的项目数看，有关关税、非关税壁垒的项目仅占 20% 多，其余 60%－70% 是传统的自由贸易协定所没有的新内容，诸如经济技术合作、制度政策协调等。

经济一体化理论的诞生却是20世纪上半叶的事情。经过约20年的发展，这一理论大致在20世纪60至70年代才形成了以关税同盟理论为核心的较为明晰的基本框架，但至今尚不成熟，未能形成一个能够很好解释整个世界范围内的经济区域主义，特别是新区域主义运动的系统的理论。当然，众所周知，在其若干方面还是形成了比较系统的观点，如关于区域市场一体化（Regional Market Integration）的关税同盟理论（Customs Union Theory）与共同市场理论（Common Market Theory）、关于区域货币一体化（Regional Monetary Integration）的最优货币区理论（Optimal Currency Areas Theory）、关于区域政策一体化（Regional Policy Integration）的经济学解释等，它们构成了对区域经济一体化的一般理论解释。而20世纪六七十年代的发展中国家间经济一体化还有自己的特殊理论依据及解释，那就是众所周知的以“中心－外围论”为基石的结构主义发展理论与以“支配－依附论”为基石的国际依附理论。① 本章第二节将对包括这些理论的各种区域一体化理论做必要的回顾与评述。

第二节 国际区域一体化理论及其发展述评

主张在区域趋同的基础上建立政府间合作与超国家强制相结合的组织机制的国际区域一体化是当代国际社会中的一个最引人瞩目的现象。那么，区

① 关于关税同盟的理论探讨可参阅 Viner（1950）、Meade（1955）、Tinbergen（1957）、Scitovsky（1958）、Lipsey（1960）、Johnson（1962、1965）、Balassa（1962、1975）、Cooper & Massell（1965）、Williamson（1971）、Corden（1972a）、Krauss（1972）、kemp & Wan（1976）、Mayes（1978、1983）、Smith & Venables（1988a、b）、Helpman & Krugman（1989）、P. Wonnacott & R. Wonnacott（1981、1984、1992）、Berglas（1979、1983）、Robson（1998）、小岛清（1987）；关于共同市场的理论探讨可参阅 Meade（1953）、Wooton（1988）、Robson（1998）；关于区域货币一体化的理论探讨可参阅 Scitovsky（1958）、Mundell（1961）、Kafka（1969）、Lutz（1972）、Johnson（1971）、Fleming（1971）、Corden（1972b）、Hirsch（1972）、Arndt（1973）、Mckinnon（1963）、Ingram（1962、1969）、kenen（1969）、Tower & Willett（1970）、MacDougall（1975）、Allen（1982、1983）、Vaubel（1978）、Gros & Thygesen（1990）、Baldwin（1990）、Robson（1998）；关于政策一体化的理论探讨可参阅 Musgrave（1969）、Oates（1972、1977）、Gatsios & Seabright（1989）、CEC（1993）、Goodhart & Smith（1993）、Robson（1998）；关于结构主义发展理论可参阅普雷维什（1987、1988）；关于国际依附论可参阅 Frank（1966、1967）、Cardoso（1972）、Amin（1975）、多斯桑托斯（1999）。

域一体化的动因与必要性、条件与可行性、动力与路径、机制与模式是什么？换言之，其背后有着何种理论支撑？事实上，如上节关于区域一体化发展回顾显示的，区域一体化主要是国际关系学与国际经济学关注的问题，随着区域一体化运动的发展，学者们围绕着这些问题做出了各自不同的解释，并形成了众多的理论与不同的流派。作为进一步研究的基础与起点，有必要对这些理论的观点、方法与局限进行简单的回顾与评述。

一、国际关系学中的区域一体化理论及其发展

国际关系学视野中的区域一体化包括经济一体化、安全（政治）一体化、社会一体化三个方面，主要关注一体化的政治动因、条件、过程与结果等问题，因此常被称为一体化的政治学。代表性的理论解释主要有联邦主义、功能主义、交往主义、新功能主义、政府间主义、自由政府间主义、新自由制度主义、建构主义等等。

（一）联邦主义一体化理论

联邦主义（Federalism）既是一种观念又是一种制度。王丽萍（2000）指出，作为观念形态的联邦主义主张建立统一的国家，强调一定程度的权力集中，实际上是一种特殊形态的民族主义，其目的是建立统一的民族国家。王浩昱（1997）认为，作为国家政治组织形式的联邦主义制度是指政治上介于中央集权和松散的邦联之间的一种制度①。在联邦制度下，将原先的内政、外交上自主的各邦融合在统一的联邦国家中。建立在成文宪法基础上的联邦政府与组成联邦的各个邦，根据宪法的规范分权而治，从而形成国家权力至少在两级政府中进行分配的独特的组织形式，中央层次的统一性和地方层次的多样性并行不悖。而且，联邦的公民也因不同的管理领域，服从于两个不同的统治权威。事实上，有关联邦主义的界定很多，其核心是权力在不

① 所谓邦联（Confederalism）是指若干个保留独立主权的国家，出于某种特定的（如经济的、军事的）目的而组成的一种联盟。成员国除了根据协议而明确表示让渡或委托给邦联机构的权力以外，仍保留各自的政府机构和立法、行政、外交、财政等方面的主权，并可以自由退出。邦联的中央机构通常只是一种协商性的议事机构，如成员国首脑会议，不设统一的立法和行政机构，邦联议事机构的决定只是在成员国一致同意的基础上才能实施。这种联盟的本质是政府间合作，其联合的程度要低于联邦制。参见王鹤（1994）。

同层次政府组织中的分配。麦凯（Mackay，1961）曾针对欧洲一体化指出，联邦主义是一种分配政府权力的方法，使得中央和地方政府在一个有限范围内是独立的但却又是相互合作的。检验这项原则是否实施的方法是看中央和地方权威是否相互独立①。维斯蒂里希（Wistrich，1991）认为，联邦主义的实质在于权力的非集中化，以便满足离公民更近的较低层次政府的需要。显然，维斯蒂里希的这个定义并没有把联邦主义限定在两个层次组织国家权力，而是强调了联邦多层分权的可能性。事实上，哈里森（Harrison，1974）早就指出，真正的联邦主义是权力在许多层次不同的经济、社会、文化利益之间的极端的分散和再分配。

20世纪四五十年代，受到美国、加拿大和澳大利亚等国联邦制成功实践的启发，欧洲的联邦主义者试图将联邦模式应用于欧洲各民族国家间的区域一体化实践。他们主张在欧洲应采取较激进的方式，通过建立一个具有超国家（Supranational）性质的联邦国家，自上而下将欧洲各国统一起来。这一联邦国家一方面应拥有足够的政治权力与强制力，以满足成员国的集体防卫、内部安全和经济发展的需要；另一方面允许各成员国存在差别，保持各自特点，并在某些政策领域行使自治（Pentland，1975）。就一体化进程的次序而言，联邦主义者认为政治一体化应先行，理由是政治一体化可促进经济一体化，而经济一体化却不一定能促成政治一体化。在联邦主义者看来建立一个超国家的中央机构对一体化建设至关重要（Harrison，1974）。他们认为，由于各国对一体化的态度不尽相同，如果缺乏超国家权威，各国在相互合作过程中所享有的否决权将大大降低合作的效果，一体化也将因此难以实现。进而主张先建立欧洲民主政治机构，将各国的行政、立法和司法机关的某些权力转授予超国家的欧洲机构。这些机构运作的法律基础将来自具有欧洲民意基础的议会，而不是各国政府，各国无权干涉。在他们看来，在欧洲一体化过程中，欧洲联邦主义的倾向是否明显，将取决于超国家组织功能的强弱，或欧洲议会民意基础的深浅和功能的大小。

实践中，联邦主义者相信某种形式的宪法能起规范与约束作用，认为起

---

① 美国、加拿大、澳大利亚和瑞士通常被认为是联邦制的典型，较好地体现了这一原则。参见 Mackay，R. W. G.（1961）。

草并通过成文宪法是实现一体化的手段，政府间谈判因而占据一体化进程的核心地位。穆特默（Mutimer，1994）认为联邦主义者有两种实现宪法的方法：第一种方法是以美国经验为模式的制宪会议，认为应该由一个选举产生的制宪大会起草联邦宪法。战后初期的欧洲联邦主义一体化运动选择了这种方法，试图通过欧洲委员会实行制宪会议的功能并制定宪法①。第二种方法是政府间协定，即直接通过政府间的协定来实现联邦式的联盟。联邦国家的建立要求成员向中央政府转移部分主权，并通过政府间的讨价还价来实现。欧洲理事会与部长理事会因此成为关注中心。政府间的方法为20世纪80年代欧洲一体化的两大重要进展——欧洲单一法案和马斯特里赫特条约所证实。

联邦主义一体化理论是历史最久的一体化理论，作为欧洲早期政治一体化理论的主要流派之一，明确提出了欧洲一体化的政治目标。但它在某种意义上与其说是一种理论，不如说是为了避免战争，实现和平而希望导向单一的政治单位的一种共识及其制度化安排（成员单位与超国家机构之间的权力分配）。与其他一体化的政治理论不同，联邦主义一体化的最终目标比实现这一目标的手段更为重要。作为一种国际一体化理论，联邦主义的最终目标是建立一个联邦国家，用一个全球联邦代替松散的联合国，但现实情况只能始于并限定为建立区域性联邦。联邦主义一体化理论的提出者主要是参与欧洲一体化进程的政治家而不是学者。由于政治家们更加关注一体化的最终结果特别是联邦机构的组建，而不是对一体化进程动力的理解，因此联邦主义一体化理论明确了一体化的最终目标，但缺少为达到目标的过程分析，没有解释回答为什么主权国家会同意建立一个超国家的权力机构。而且，对于一体化形成的新的联邦国家的治理等问题也缺乏分析。此外，联邦主义的逻辑属于国家体系的逻辑，不能摆脱现实主义的窠臼，即使形成了区域性联邦国家，国际体系仍然是以民族国家为基础的国际体系，只不过其成员规模更大罢了，在世界性联邦国家形成之前国际安全问题并未得到解决。从战后欧

① 后来由于欧洲委员会未能实现目标，1979年成立的欧洲议会便被寄予希望行使制宪会议的功能并起草欧洲联盟条约。尽管条约并未被成员国批准，但它促进了欧洲单一法案和后来的《马斯特里赫特条约》的进程。

洲一体化实践过程来看，以联邦主义来实现欧洲的统一阻力太大，建立超国家中央机构的设想在以民族国家占主导地位的国际关系体系中是不现实的，因为它意味着成员国丧失部分主权，并在很大程度上意味着民族国家的终结，所以从共同体产生之初就受到了各成员国政府和相当数量民众的反对。然而，联邦主义一体化理论对欧洲一体化建设的作用是不应被低估的，在当前的欧洲一体化过程中特别是欧洲联盟的制度建构中仍然占有重要地位。

（二）功能主义一体化理论

功能主义（Functionalism）一体化理论是战后欧洲一体化理论的另一流派，是在反对联邦主义者建立世界政府的主张中出现的。与联邦主义“自上而下”完成一体化的政治主张相反，功能主义视一体化为一个过程，认为只有从各成员国的共同利益出发，通过不断加强相互间的合作，一体化才有可能“自下而上”逐步完成，公众对一体化的态度也才会日趋积极。如果说联邦主义一体化理论侧重对欧洲一体化未来目标的设计，那么功能主义一体化理论则侧重对欧洲一体化发展的动力机制与路径的解释。

功能主义的创始人米特兰尼（Mitrany，1943）在思考如何改变国家间关系、消除战争的原因、建构一个和平世界体系过程中认为，国家间联盟组织的形式过于松散而难以完成这一使命，而区域化联邦又过于紧密也难以真正实现；必须敢于冲破旧有的法律观念，尝试新的和平实现既定目标的方法。米特兰尼在其代表作《有效的和平制度》一书中为国际一体化提出了另一种替代方法——“功能化选择”（Functional Alternative）。主张基于解决共同性问题的需要，首先加强各国在技术和非政治性职能部门方面实行跨国界的功能合作，将先前属于国家功能领域内的某些实践事务的管理，委托给功能性的政府间合作组织，然后通过自动扩展效应逐步实现一体化的最终目标，直至建立一个与国际性问题相一致的国际政府。因为，功能主义认为这种跨国界的功能合作会自动地从一个部门向另一个部门扩展，而随着国际活动及机构网络的扩展，政治分歧将会得到消弭，所有国家的利益和社会将会因此而逐渐走向一体化。功能主义还认为，区域一体化不是要消除主权国家的所有权力去实现一个统一的政治联盟，而是允许它们保持其权威以在较小的范围内实现相应的管理与服务职责；一体化的最终结果是按照功能分别组织起来的技术化管理的国际社会，即一种非政治化的功能性组织的集合体；虽然也许会最终发展为某种形式的世界性联邦，但它既不是必然的也不是必要的；最终的国际社会是一个由功能组织和民族国家共同组成的网络性社会。

在米特兰尼（Mitrany，1975）看来，国家之间通常有三种途径可避免战争，实现和平：一是成立国家联合，例如一战后的国际联盟和二战后的联合国；二是建立区域性的联邦体系；三是经由功能合作途径来建立和平。然而，国家联合虽可兼顾国家间合作，使会员国可保留自己的政策，但其目标并非向一体化发展；区域性的联邦体系会使世界分成几个较民族国家更大的不同的竞争实体，但并不能消除民族主义；而功能性的合作既可避免所建立的国际机构过于松散，又可以在共同生活的某些领域建立较广泛且稳定的权威。因此，米特兰尼（Mitrany，1948）主张建立一些独立的国际性功能机构，各国可自由选择加入或退出，并在此过程中不允许有任何政治安排。

功能主义的一个重要观点是合作会自动扩展（Ramification），认为某一部门的功能合作会有助于其他部门的合作，即一个部门的合作既是另一部门合作的结果，又是另一部门合作的动因。早期功能主义的战略就是要避开国家主权，把注意力转向那些没有争议的技术性问题，让各国分享功能性合作成果，然后通过扩展效应，逐渐扩大合作领域，渗透、同化政治部门，或为政治领域的合作奠定基础，最后争取实现全面的合作或一体化。比如：当几个国家在经济领域建立了共同市场后，就会产生一种内在压力与要求，推动它们在价格、投资、运输、保险、税收、工资、社会保障、银行以及货币政策等方面进行合作。这些功能部门的合作将会形成一种功能性的互赖网，逐渐渗透到政治部门。从根本上说，“经济统一”即使不使政治协议成为多余，也将为政治统一打下基础（多尔蒂、普法尔茨格拉夫，1987）。功能主义认为，在日益增长的功能性机构的好处面前，人们会将原来对国家的忠诚转变为对功能性组织的效忠，因而，功能性的合作将有利于一体化的完成。

功能主义理论认识到相互依赖与多元性并存基础上的国际一体化是一个必要的、渐进的过程，认识到经济和社会行为体在一体化进程中的重要作用，试图找出一些共同的国际经济和社会问题并创立解决这些问题的功能性区域或全球组织，从而引入了可以改变国际制度体系的新的组织模式，设计了可以导致主权受到侵蚀，观念得到改变的功能方法。功能主义作为国际关系中占主导地位的现实主义的一种替代选择，被用来解释欧洲经济共同体并作为欧洲一体化的一种理论。事实上，它对欧洲一体化的过程与观念产生了十分重要的影响，20 世纪 50 年代初期欧洲煤钢共同体的建立就是按照这种方式进行的。此外，当代一体化理论家的思想在很大程度上得益于功能主义概念（多尔蒂、普法尔茨格拉夫，1987）。功能方法开始是作为一种和平的革新方法，其后的贡献在于对国际组织和一体化研究，它代表着一种走向现代全球政治的较为广泛的理论方向（肖欢容，2002）。然而，作为一种一体化理论，功能主义同样有着自己的局限：一是对国家政府在一体化中的角色与作用认识不足，没有解决功能一体化进程中如何克服国家主权障碍问题；二是对高级政治与低级政治的差异认识不足，夸大了自动扩展效应的作用；三是对作为理论基础的政治与技术的严格区分未必科学，并受到了严厉的批评。例如，哈里森（Harrison，1974）指出，大多数功能化服务最终将会涉及资源的配置，而对这些资源配置的决定必然是政治性的。

（三）交往主义一体化理论

以多伊奇（Deutsch）为代表的、作为一体化理论的交往主义（Transactionalism）又称沟通理论（Communications）或多元主义（Pluralism），是欧洲区域主义早期理论流派之一，也是在解决战争问题的背景下出现的。在探索实现永久和平的过程与条件中，交往主义者（Deutsch，1957）整合社会、经济、心理等各项因素，用沟通理论来研究共同体的建构，认为一体化的方法在于发展社会与人的关系，提出了建构共同体的方法以及一体化实现的标准、条件与过程。

多伊奇（Deutsch，1964）认为，不同形式的交往（Transactions）与社会沟通（Communications）是人们相互联系程度的表现。当人们在交往中的共同获益（Rewards）显著而损失（Penalties）较小时，人们就会喜欢这些交往；当这些交往很明显（Visible）、容易认同（Identify）和区分（Differentiate），涉及这些交往的人们就可能形成共同体或集团意识（Images）；当这种交往是获益的，这种共同体意识就是积极的，共同体中的“我群意识（We-feeling）”将会形成；如果人们的交往程度很高，并得到了实质性的共同获益，那么他们在其后的交往中也愿意接受一些共同损失（Deprivation），只要仍然可以得到较多的共同获益，即便是长期上的；在先前共同获益中形成的相互认同，在以后的共同获益与共同损失中会得到强化，并导致更大的凝聚力和习惯力量。

多伊奇（Deutsch，1957）将沟通理论应用到国际一体化，形成了交往主义一体化理论的代表作——《政治共同体和北大西洋地区》。多伊奇认为，一个安全共同体就是已经一体化的一群人；一体化是在一定领土范围内的某种“共同体意识”（Sense of Community）和制度及其实践足够强大与广泛，以至可长久确保其居民实现“和平变化”的稳定预期；共同体意识是指一个群体内的每个个体的一种信念，这种信念至少达成了一个共识：即共同的社会问题必须而且能够通过“和平变化”的进程来解决；和平变化是指社会问题通常通过制度化的程序而不是诉诸大规模的暴力来解决。多伊奇还把安全共同体分为两种类型：一是“混合共同体”（Amalgamated Community），指各个单位（如国家）通过某种形式的制度性融合正式合并成一个更大的单位，在合并之后形成某种共同的政府，这种共同的政府可以是单一制的，也可以是联邦制的；二是“多元安全共同体”（Pluralistic Community），即各个组成政府仍然保持它们各自的法律身份，不存在制度的合并或者创立超国家的权威。前者与联邦主义、新功能主义谈及的一体化类似，后者以区域性邦联及传统国际组织为代表。这两种安全共同体的建立就是一体化的两种道路。

进而，多伊奇指出了国际一体化与国际共同体建构的路径与条件。认为国际一体化与共同体建构的路径就是建立共同沟通与交往的网络。国家之间的交往越多，存在的互惠重要性（Reciprocal Importance）就越大。交往可以获益的观念将促进信任的形成，而信任反过来会促进进一步的交往。随着国际交往程度与互惠重要性的提升，共同体意识与共同的反应性（Mutual Responsiveness）将会形成与强化，事实上的一体化将会出现。在共同反应性出现过程中重要的环节就是培养作为制度建设基础的共同体意识。共同体意识体现在多伊奇为两类安全共同体的建构提出的一系列的条件之中。

多伊奇为混合共同体的形成列出了 12 个必要条件（参见 Deutsch，1957；多伊奇，1992）：（1）与政治行为相关的主要价值的相互适应性；（2）与众不同并有吸引力的生活方式；（3）期望较有利、收益好的经济关系或共同报偿；（4）至少其中一些参加单位的政治和行政能力有显著增长；

(5) 至少某些参加单位的经济有较大增长（与预期的一体化地区之外的临近地区相比较）；(6) 地理上不同的地域之间和社会上不同阶层之间，都有不间断的社会沟通上的联系；(7) 至少在某些政治单位内部不断加入政治精英，并争取形成广泛的政治社会；(8) 至少在政治上相关的阶层之中，人员应有相对高度的地域和社会流动性；(9) 相互交流与交往范围的多样化；(10) 在即将一体化的安慰中对交流和交往的报偿给予某种全面补偿；(11) 各政治单位中某些集团角色频繁互换的重要性；(12) 相当程度上行为的可预测性。这些重要的背景条件合在一起，即为混合安全共同体所要求的政治条件提供了必不可少的社会、经济和心理环境。对于多元安全共同体，多伊奇认为三个条件很重要（Deutsch，1957）：一是各个参与单位主要价值的相容性；二是各个参与单位行为的相互可预测性；三是各个参与单位对相互间的需要、信息和行为做出反应的能力，这种政治反应能力要求参与国有许多利于共同沟通和咨询的既定的政治习惯和功能性政治制度。

在提出了实现安全共同体的条件后，多伊奇对共同体实现过程进行了分析（Deutsch，1957），认为一体化共同体的实现过程主要体现在三个典型的过程：核心区与社会学习、起飞（Take-off）与一体化发展、跨越“门槛(Threshold)”与一体化形成。多伊奇认为，一体化进程往往起源于某一个核心地区，通常就是一个核心化的过程，这一过程是在上述背景条件下通过两个层次的社会学习来实现的：一是普通公众在交往中使一些特定的政治行为习惯得以整合；二是核心地区的政府与政治领导人（即将出现的政治体系的精英）使社会集团和政治单位的特定传统与制度得以整合①。进而，多伊奇认为，以至少有一个主要的社会或政治集团或政治机制承诺致力于一体化事业为标志，一体化的政治运动发展过程进入起飞阶段，各种小的、零散的、无力的变化汇成了背后有着显著力量支持的更大的、更协调的变化：一体化从起飞前的也许只是一部分理论家、政治家或一小部分压力集团的事，一种理论问题，变成了起飞后的一种广泛的政治运动，成为政府或主要利益

① 核心区由一个或若干个较强、较高度发展以及在一些重要领域如政治、管理、经济和教育等比其他地区更先进、更具吸引力的政治单位构成。参见多伊奇（1992）、Deutsch，K. W.（et al.）(1957)。

集团的议题，成为大部分政治精英或重要政治阶层有组织的集团说服和集团反应的事，成为一种政治力量。最后，多伊奇认为，一体化的实现可以用跨越“门槛”——战争是否是决策者或者公众作为解决国家间关系或政治单位之间关系的一种手段来表示：当某一特定区域内公众和政治决策者或政治上的重要阶层存在某种坚定的共同体意识，当共同体内政治精英相信和平变化成为长期上的一种确定性，当一个区域内的国家不再进行战争准备来对付他国，可以认为已经跨过一体化的门槛，实现了一体化。

多伊奇（Deutsch，1957）还运用负荷、能力、反应以及平衡等观念来探讨稳定的安全共同体的条件①。多伊奇认为，相互反应的习惯和社会制度的产生与维持是任何稳定的政治一体化的基本条件，也是稳定的一体化通向安全共同体的可能道路。安全共同体的维持与稳定依赖在日益增长的交往负荷和潜在摩擦背景下的和平调节能力。共同体的成功维持的可能性大小取决于成员国之间一体化的负荷与一体化的能力之间的平衡程度。

以多伊奇为代表的交往主义一体化理论撇开国家间互动的狭隘的范围，研究更为普遍的社会和人的关系，从而不仅跳出了联邦主义的国家体系逻辑和现实主义窠臼，而且较之于联邦主义和功能主义明确地提出了一体化实现的标准、条件与过程。但是首先，正如交往主义者自己承认的，他们提出的一体化条件并非是精确的，一体化的充分必要条件仍有待进一步澄清（Deutsch，1957）。其次，交往主义认为共同体意识就是在背景条件不断成熟和过程不断推进中培养起来的，一体化的过程是其他政治和社会变化过程的产物，但作为一体化背景条件的社会沟通与交往本身又是一个过程，因此，一体化的实现过程与背景条件的这种紧密结合也使得交往主义理论的量化观念中出现了模糊性。此外，交往主义理论对一体化过程中非正式的交往如何产生正式的制度建构和社会心理变化等主要过程与核心问题的阐述也不

① 一体化负荷（Integration load）是指一体化产生的一种负担（Burden），其程度取决于某一时间内社会交往的项目与范围，以及在交往发生的特定的政治、经济和文化状况下的竞争、冲突和不安全等方面的条件。一体化能力是指维持和平调节和变化的习惯、制度与资源，它包括的不仅仅是共同体中央制度的能力、所有的或大部分成员享有的共同行为或信号（Symbols），而且包括各个成员自治的资源与能力，以及某个成员在必要时维护和平调节所需要的敏感性、速度和范围的自主性反应。参见 Deutsch，K. W.（et al.）（1957）。

详尽（肖欢容，2002）。

（四）新功能主义一体化理论

新功能主义（Neofunctionalism）是在对以欧洲煤钢共同体为代表的欧洲一体化实践和早期一体化理论进行思考的基础上，于20世纪50至60年代发展起来的直接针对欧洲区域主义一体化的理论。哈斯（Haas，1958）首先在其理论著作《欧洲的统一》中提出了新功能主义理论。随后，林德伯格（Lindberg，1963）的《欧洲经济一体化的政治动力》与哈斯（Haas，1964）的《超越民族国家》以及60年代一些重要论文构成了新功能主义理论的重要文献。经济与政治的相对区分、多元主义行为体的观念和行为体与超国家制度的互动构成了新功能主义的理论假设与逻辑内容（肖欢容，2002）。在此基础上，哈斯提出了学习、外溢、效忠转移三阶段假说，阐析了一体化的动力机制与实现路径。

其一，作为理论的基础，新功能主义一体化理论修正了功能主义关于经济与政治的绝对区分假设，认为经济与政治的区分应是相对的（Haas，1964）。哈斯指出，政治权力与经济福利是难以分割的：任何经济福利活动的承诺都产生于基于权力考虑基础的政治决定的范围；特定的功能层次不可能离开普遍的关注；总体的经济决策必然先于功能主义者描述的任何具体的功能部门的演进；政治与技术、政治家与专家之间的截然区分并不存在，因为事务性的决策是建立在先前的政治决策基础上的。与此同时，哈斯也肯定了功能主义这种区分的积极方面，认为它澄清了被现实主义者混淆的问题，即试图将所有的国际关系从属于国家军事安全的考虑。因此，在哈斯看来，经济虽然不能如功能主义理解的那样完全与政治分离开来，但仍然有一种可以作为政治一体化基础的相对区分。在此假设基础上，新功能主义对欧洲一体化的动力与机制进行了解释，认为一体化是几个不同国家的政治行为体被说服将其效忠、期望和政治活动转移到一个拥有或要求拥有高于现存国家管辖权的新的中心的过程（Haas，1958），是一个各国放弃独立推行对外政策和关键性国内政策的愿望和能力，转而寻求做出共同决策或将决策活动委托给新的中央机构的过程（Lindberg，1963）。新功能主义不仅强调经济领域一体化的重要性和必要性，而且强调一体化发展的逻辑在于行为体及其互动，主张一体化是一个能动的过程，其最终目标是追求超越民族国家之上的新的政治实体，认为一体化的动因不仅仅来自功能性的需求或技术的变化，而且还来源于各种政治力量（利益集团、政党、政府、国际机构）因追求各自利益施加压力而产生的相互作用。

其二，新功能主义接受功能主义关于福利和物质需要重要性的观点，采纳了功能主义的路径分析，以社会多元论、利益集团间竞争为前提。新功能主义考虑的行为体不是国家，而是集团（包括各个政党、利益集团）和政府，认为这些行为体是在一个多元主义的政治环境中追求各自的利益，国家及其公共政策屈从于这些集团的竞争性要求，一体化形成的共同体具有国内政治体系的特点（Lindberg，1963）。首先，现代欧洲由于其工业化、多元主义和官僚政治的性质不可避免地存在许多利益集团，这些集团的行动以自我利益为中心并具有很强的目的性，其明显的组织和资源优势使它们在共同问题面前产生一体化反应，并便于建立有效的跨国网络。这种联系很快形成习惯，并导致集团态度和战略的变化，最终导致新的行为模式的产生：一方面，这些集团将其忠诚转移到新的超国家层次；另一方面，为了进入或影响新的决策中心，这些集团将改变它们的政治组织形式和策略。进而，政府不得不调整自身行为以适应这些变化。各个政府，如同上述集团，本着共同解决问题的精神，通过事务间的联系，为共同利益相互妥协从而实现一致，接受共同体的存在及其对共同体的承诺。哈斯注意到了政府的这种变化：政府间关系中出现的新的行为规范与程序，甚至是某种超国家的态度，构成了一致和某种合作、妥协与退让的氛围。

其三，新功能主义认为社会因素和超国家机构是一体化进程的两个最重要的组成部分与动力因素，行为体与超国家制度之间存在互动关系，区域一体化过程既是一个功能自主的过程，又是一个有意识地寻求一体化的行动过程，从而把一体化的过程与成员方国内政治过程联系起来（Haas，1964）。新功能主义认为一体化过程中的获益会使地方利益集团游说政府支持一体化，进而使国家政府认识到区域交往与区域机制安排的重要性，愿意谈判一体化协定并向区域制度让出必要的主权，形成所谓的超国家性（Supranational）的中心机构。按照新功能主义的理解，这种超国家机构并非国家主权的替代物，而是与成员国政府共享主权，其自主性对一体化的发展十分重要，是一体化的推动力量和催化剂。它能够代表走向联合的成员国的共同利益，并能协调相互间的利益冲突，可以促使政治精英将政治忠诚转向共同体层次上，因而它一方面可增加区域层次制度化权威，另一方面可在更广泛的经济部门提出实现更深经济一体化的战略。在哈斯看来，超国家机构是决定欧洲一体化进程的重要因素之一，是欧洲国家向新的政治共同体发展的一块基石。

在上述理论假设与逻辑内容基础上，哈斯提出了学习、外溢、效忠转移三阶段假说，阐析了一体化的动力机制与实现路径。哈斯所谓的学习包括三方面的含义：其一，当行为体认识到他们的利益通过采取新的途径将会更好地得到实现，而这些途径又包含对更大组织的承诺，这时学习对一体化的作用就体现出来。为了更好地进行一体化，有关参与者会在制度、任务或其他方面的内容上扩展他们的组织。其二，当新的行为方案出现后，行为体对原来的福利观念与行为等将会发生变化。行为体在一体化过程中会以一种新的方式来认识它们的利益和福利。其三，新的规则在一体化实践中出现（Haas，1964）。

外溢（Spillover）是新功能主义的一个核心概念，是对功能主义合作自动扩展、情感与忠诚转移思想的进一步发展，用来描述驱动区域一体化的过程机制，可谓实现一体化的重要途径。新功能主义认为从关键经济部门开始的合作会自动“外溢”到相关的部门，并使更多的行为体卷入其中，逐步扩大超国家职能机构的活动以至最后包括所有部门。由于这样的扩展逻辑，一体化就由经济领域“外溢”到政治、社会领域，并产生进一步一体化的政治压力，从而使一体化逐步发展、深化。新功能主义的外溢包含功能外溢（Functional Spillover）、政治外溢（Political Spillover）、地理外溢（Geographical Spillover）三类。功能外溢是指一体化不可能局限于特定的经济部门，一定领域的合作活动会外溢到相关的部门，并使更多的行为体卷入进去。哈斯（Haas，1958）指出，外溢是指某一经济部门一体化的产生和深化将使该部门和其他经济部门产生更大程度一体化的压力，而在欧洲层次则产生更大权威能力。这一定义包含三层含义：一体化在本部门进程的深化、在其他部门范围的扩展和在共同体制度层次权威的增加。日益加深的经济卷入将产生制度后果。更深的经济一体化需要超国家规制（Supranational Regulatory）能力，功能外溢过程要求直接地从更高的权威层次进行协调，由此导致政治外溢过程。政治外溢是指在超国家制度行为的影响下，国家精英的利益和期望趋同，并导致效忠的转移，它意味着民族精英将其注意力转向超国家层次的活动及决策，支持一体化进程和日益增多的共同利益；超国家机构与非政府行为体在一体化进程中的影响增大，相应地，民族国家与政府影响力减弱；而且，一体化的重要性日渐形成压力，要求在超国家层次上实行政治控制并承担责任（Nugent，1999）。此外，哈斯还（1958）认识到一组成员国之间的合作很可能对非成员国产生某些影响，这些影响不仅仅是改变现存的贸易模式；相反，非成员国的反应也可能影响一体化的进程，这就是所谓的地理外溢。在此基础上，施密特（Schmitter，1971）针对行为者面临的各种选择对外溢概念进行了补充和修正，认为外溢是通向建立一个新的政治共同体的最有效的战略途径之一，但行为体的战略也可能是外溢和其他选择的混合，指出在外溢之外还存在环溢（Spill-around）、强化（Build-up）、紧缩（Retrenchment）、返溢（Spill-back）等多种可能性。外溢是指行为体承诺在范围和层次上加深一体化；环溢是指增加一体化过程的功能范围，但不增加其相对的权力；强化是指一体化组织决策的自治性及权威性增加，但并不扩张一体化的领域；紧缩是指一体化组织的权威减小，提高成员国之间联合仲裁的水平；返溢是指一体化组织的功能范围及权力都收缩到扩溢前的状况。

效忠是哈斯早期界定政治一体化的一个核心观念，是政治一体化得以实现的一个重要标志。哈斯认为一体化是几个不同国家的政治行为体被说服将其效忠、期望和政治活动转移到一个拥有或要求拥有高于现存国家管辖权的新的中心的过程，而在效忠转移的背后隐藏的首先是利益观念的变化。哈斯认为，随着一体化进程的继续发展，价值将发生改变，利益将根据区域而不是单纯以国家为基础重新界定，从前的各个国家集团的价值将逐渐被新的更大地理范围的信仰体系取代。一旦认识到可以从一体化中获益，超国家和国家政治精英会更支持一体化进程。哈斯认为，通过超国家和国家层次信仰体系的互动，信仰和抱负会被改变，对先前各个国家政府的效忠和预期将会相对减少，对超国家权威机构的效忠和预期将相应地增加；建立在利益变化基础上的观念转变、政治精英的效忠向超国家机构的转移、他们的预期和政治行为的趋同将加强发展新的政治共同体的动力，这一过程就是通常所指的政治外溢。因此，哈斯认为，正是不相干的各种利益的趋同驱动一体化的进程，导致新的政治共同体的建立（Haas，1958）。

从上可见，作为一种一体化理论，新功能主义是对早期功能主义的继承、修正和发展，是介于联邦主义和功能主义之间的一种折衷理论，在很大程度上是对联邦主义和传统功能主义的融合。新功能主义混合了利益集团理论、系统论和经济学，在社会和经济行为者的重要性（与国家中心范式相对）、事务间联系作用和外溢、功能政治精英面对诱因的最初合作的探求等方面继承和发展了功能主义；既承认了国内政治发展的重要性，又承认了有助于一体化发展的超国家机构与制度的重要性，而且把一体化的过程与成员方国内政治过程联系起来，从而超越了传统的国内国际政治两分法，提供了一种与现实主义相对的新范式。事实上，新功能主义关于外溢与超国家性的思想在欧洲一体化实践中有着明显体现，它不仅解释了欧洲一体化，且一度被奉为欧洲一体化的官方哲学，而且促进了欧洲一体化进程。但是，新功能主义一体化理论仍然存在诸多不足，并遭到批评。政府间主义代表霍夫曼（Hoffmann，1966）等学者指出：首先，新功能主义过分强调了超国家机构的作用。实际上，民族国家及其政府在一体化中发挥着主导作用，超国家机构的作用十分有限，特别是在涉及至关重要的国家利益的领域，成员国政府不愿以其他领域所得来补偿在一些领域的损失，他们将会试图降低不确定性，并对关系到核心利益的决策过程严加控制。在欧洲一体化进程中，成员国政府的作用依然十分强劲而不是已经过时了；而作为一个超国家机构，欧共体委员会发挥的作用还比较有限。其次，新功能主义忽略了高级政治与低级政治之间的差别。实际上，功能性一体化不一定必然导致政治一体化，溢出效应是有限的；功能性联系并不像新功能主义者设想的那么有决定性，滚雪球效应不会自动出现；新功能主义所预期的溢出效应会受到多样性逻辑作用的限制。溢出效应在低级政治领域（经济、福利政策）较为适用，但在高级政治问题（外交、安全与防务政策）上国家政府将要求获得明确一致的目标，溢出效应是很难发挥作用的，国家间关系不会超越政府间合作而发展到高级政治上的超国家一体化。最后，效忠转移并不一定是绝对和永久的，多层次的效忠可以继续存在。效忠并非仅仅源于单纯的利益交换，而是在长期历史发展中形成的，具有文化和政治内容。即使一体化可以满足人们的某些利益需要，人们也可能在受惠于共同体的同时，仍然效忠于各自的民族国家。因此，公众等行为体的支持和忠诚并未真正从成员国转向共同体，民族国家精英关注的是国内政治而非共同体层次的政治。成员国政府对共同体的政策取决于其国内政治的需要，而不是如新功能主义者所设想的本着解决问题的精神进行合作。即使是关系到成员国共同利益的重大问题也还需要由成员国政府决定（盛夏，2000）。

（五）政府间主义一体化理论

从20世纪60年代中期起，继承了大量现实主义传统的政府间主义（Intergovernmentalism），在对新功能主义的上述批评中出现在欧洲一体化理论中，并在70年代初期获得了大发展，与新功能主义一起成为欧洲区域主义一体化理论解释的主流理论。霍夫曼（Hoffman）是政府间主义的主要代表人物之一。

政府间主义遵循现实主义的“国家中心论”传统，明确坚持以主权国家作为分析单位（Hoffman，1966）。政府间主义重视国际体系（外部因素）对一体化的影响，认为欧洲的现实是一体化与多样化的共存，坚持一体化逻辑与民族国家自主性逻辑并存的多样性逻辑观点；强调民族国家乃是国际关系与一体化的主要行为体，政府的主要日的是保护其地缘政治利益，如国家安全和国家主权；国家利益决定一体化进程的范围和深度，各国政府保持着对一体化进程及相关机构的控制；一体化只有在符合各参与国利益的条件下才能获得推动，而其每一次实际的进展都源于成员国之间讨价还价的交易。简言之，一体化是国家的理性行为和政治决策的结果。

政府间主义也重视国内因素在一体化进程中的作用（Hoffman，1982）。霍夫曼批评新功能主义不仅没有考虑外部国家对不同成员国的影响，而且低估了主要行为体阻止或减缓一体化的力量和国家官僚机构反对权力转换的能力。霍夫曼认为，由于每一国都有其利益、社会力量和制度，由此导致不同的一体化诱因，因此在考虑国家自主的时候，应该结合国家中心的、多元主义的和结构的方法来考察国家与社会的多样性。霍夫曼进而认为，一体化理论应该考虑国家目标的国内形成问题以及优先性问题，这些目标的相容性和合作实现的可能性，环境对各个行为体的影响以及共同体机构与国家之间的互动。

政府间主义还认为政治与经济是两个相对自治的领域，坚持高级政治与低级政治存在分野的观点。霍夫曼（Hoffman，1966）认为，各国政府愿意在低级政治领域进行合作，但是在高层政治领域，由于涉及国家的根本利益、政府的自决权和民族认同问题，国家不会接受既无保障又失去控制的状况。政治领域的一体化只能通过政府间的磋商和协调以及持续的讨价还价来进行。根据政府间主义，一体化中的国家利益、政府间讨价还价以及欧盟进一步改革所受各种限制将是欧洲一体化速度和方向上的主流，反映了成员国领导人对欧盟的自主权和影响。

从上可见，政府间主义主要是关于国家间讨价还价的理论，把成员国尤其是其政府当作首要的行为体，强调政府的偏好和政府间的谈判；通过分析成员国政府采取的决策和行动，对欧洲一体化进程的方向和速度做出较好解释：在一体化作为一种国家利益的正数和（Positive Sum）合作游戏的情况下，新功能主义所谓的外溢可能得到实现，一体化可能深化发展。而当这种正数和并不确定，成员国将为此承担较大风险时，一体化可能会停顿甚至返溢（例如法国反对联邦主义的机构改革，坚持国家的否定权）。政府间主义的贡献在于重新肯定了国家及国家利益的中心地位，认定政治和经济是两个相对自治的领域。而其局限性也就在于其对高级政治和低级政治的划分，因为许多经济技术领域的事务在国家主义盛行的现实世界中，会因国家安全的理由而在所谓的高级政治和低级政治两个领域间可上可下。政府间主义虽然较好地解释了20世纪70年代欧共体的发展状况，但对80年代以来欧洲一体化的发展无法做出有力的分析。1986年欧洲单一法案的签署和1992年共同市场计划的施行引发了新一轮的一体化理论研究，新自由制度主义与自由政府间主义应运而生。

（六）自由政府间主义一体化理论

冷战结束后，欧洲一体化经由1992年签署的《马斯特里赫特条约》和1997年签署的《阿姆斯特丹条约》而继续深化和扩大。美国哈佛大学教授穆拉维斯克（Moravcsik）把关于偏好形成的自由主义理论同对成员国之间艰难讨价还价的政府间关注进行了全新的综合，对霍夫曼等人的政府间主义进行了一定修正，创立了自由政府间主义（Liberal Intergovernmentalism），以解释在欧盟框架下进行的政府间讨价还价的性质和欧盟的发展演变。自由政府间主义理论主要体现在穆拉维斯克1993年的《欧洲共同体中的偏好与权力：一种自由政府间主义路径》一文（Moravcsik，1993a）和1998年的专著《欧洲的选择：从墨西哥到马斯特里赫特的社会目标和国家力量》（Moravcsik，1998）中。

同政府间主义一样，自由政府间主义强调民族国家的重要作用，但其理论假定具有很强的自由主义色彩。自由政府间主义在继承了政府间主义的国家是国际体系中最主要的行为体的假定之外还有三个基本假定（Moravcsik，1993b）：其一，政治中的基本行为体是理性的、自主的个人和集团，这些个人和集团在自利和规避风险的基础上相互作用；其二，政府代表的只是国内社会中的一部分人，在国际交往中这些人的利益制约着国家的利益和身份；其三，国家的行为以及冲突与合作模式反映了国家利益的性质与结构。基于这些假定，自由政府间主义的核心内容有三个：一是认为国家是理性的、自利的行为体，其行为是理性的。但与现实主义不同的是，穆拉维斯克认为理性国家行为并不来自固定的偏好，而是源于国内政治体系中的动态政治过程。理性行为意味着国家会采取最适宜的方式来实现其目标，经济相互依存的成本与收益是国家偏好的首要决定因素。二是认为国家偏好的形成取决于国内政治因素。只有通过国内政治路径才能解释国家的目标如何受到国内压力和相互作用的型塑，而这经常要受源于经济相互依存的制约因素和机遇的影响。穆拉维斯克认为，理解国内政治是分析国家间战略互动的前提条件而不是补充；国家的行为反映了在国内受到社会制约、在国外受到所处战略环境制约的政府的理性活动；国家偏好（即国家利益和国家在国际谈判中的立场）主要是由国内社会力量——主要社会集团的身份、这些集团利益的性质及其对国内政治的影响决定的，是国家政府与社会行为体互动的结果；对偏好和战略机遇的需求与供给之间的相互作用型塑了国家的对外政策行为（Moravcsik，1993a）。三是认为成员国政府在国家间关系中发挥着核心作用。一体化不是自动成长的过程，而是成员国政府理性选择和相互交易的结果，欧洲一体化即是在成员国政府间交易的推动下进行的。这是穆拉维斯克运用交易成本理论和非合作博弈理论对国家间谈判进行的政府间主义分析的主要论点。

在上述理论背景下，穆拉维斯克提出了用以分析欧洲一体化进程的双层博弈模型，即认为欧洲一体化进程中存在两个层次的博弈：一个是在成员国国内政治层面的国家偏好的形成过程；另一个是在欧洲层面的政府间讨价还价战略的形成过程。据此，自由政府间主义将一体化解释成涉及一系列不同因素的三个阶段：国家偏好（National Preference）的形成、国家间的讨价还价（Inter-state Bargaining）、制度选择（Institutional Choice），探究国家选择将政策制定委托或共集于国际机构的原因。自由政府间主义认为，国内利益集团间竞争形成了国家偏好；当各国政府认识到通过国际协议而采取集体行动比单边行动更能实现国家偏好时，就会选择通过国家间谈判进行国际合作；国家偏好限定了达成潜在可行协议的空间，但最终的谈判结果（利益分配）反映的是由不对称的相互依赖所决定的国家间谈判相对实力；为了增强国家间承诺的可信性，各国选择了国际制度来执行所达成的协议。可见，自由政府间主义强调政府间谈判在欧洲一体化中的首要地位和成员国国内政治的重要性，但并不否认制度的作用，认为制度是正数和（Positive Sum）讨价还价的推进器，在欧盟决策中发挥着一定作用，只是超国家机构对讨价还价的最终结果影响是有限的。

自由政府间主义是欧洲一体化进程和一体化理论发展的自然结果。从理论角度看，自由政府间主义一定程度上是对政府间主义和新功能主义等理论的扬弃，在研究欧盟内的政府间讨价还价时运用了政治方法和经济方法，一定意义上可谓研究一体化的一种国际政治经济学理论。从实践角度看，自由政府间主义对政府间讨价还价的分析是有效的，对欧洲一体化进程有着很强的解释力。从过去到现在的欧盟都主要是一种政府间机制，主权国家仍然是欧盟活动中的主角，国家利益而非欧盟共同利益是成员国的首要考虑；欧洲一体化只有符合参与各方的利益才能获得推动。自由政府间主义对当代欧洲联盟研究产生了很大影响，促进了学者对区域一体化理论的反思，成为一体化研究的主流路径之一。另一方面，自由政府间主义也存在一些缺陷与不足（Sandholtz & Sweet，1998）①：其一，自由政府间主义依赖于国家理性假定，过于强调国家的作用。实际上国家的行为并不总是理性的，国家的政策形成

① 如90年代出现的以跨国交流、超国家组织和规则概念为核心，强调制度化在一体化进程中的重要作用的交易理论对自由政府间主义提出了全面批判。参见 Sandholtz，W. and Sweet，A. S.（eds）（1998）。

过程中时常会有“黑箱操作”。其二，自由政府间主义对一体化进程中的许多重要因素没有给予应有的重视：一是在解释欧洲一体化时只注意了经济相互依存这一促动因素，而忽视了政治方面的影响；二是没有充分注意欧盟对战略选择的影响，也没有把安全政策包括进去，对外部的关注明显不够；三是在对欧盟决策过程的分析中虽然涉及欧盟制度的作用，但仅仅视之为依赖变量，没有重视超国家组织和跨国行为体在政策制定过程中的重要性，使得其分析无法充分反映欧盟制度的实际作用，也低估了一体化进程中超国家行为体（如欧盟委员会、欧洲法院）和跨国行为体（如跨国公司）所施加的影响；四是过于重视正式的、最后阶段的决策，忽视了非正式的一体化及其对正式决策者施加的限制。其三，自由政府间主义的理论体系缺少了反馈这一必要环节，未能论述欧盟系统中作为决策结果的政策反馈的重要意义，也没有论及欧盟机构和一体化进程本身对行为体的利益和偏好的影响。

（七）新自由制度主义一体化理论

如前所述，由于对超国家制度与超国家机构作用的忽视，政府间主义无法对20世纪80年代以来的欧洲一体化发展做出有力分析。事实表明，制度的确立会鼓励现存政策的连续性，而不完全依赖决策者的意志。为了更好地理解国际合作的可能性及其持久性，20世纪70年代末出现的新自由制度主义（Neoliberal institutionalism）开始成为欧洲一体化理论中的一个主流。基欧汉（Keohane）是这一理论的主要代表人物之一。

新自由制度主义（Keohane，1989）接受了新现实主义的国家是统一的理性行为体的前提假设①，承认国际政治是无政府状态，但同时认为，这并不意味着这个世界就缺乏模式；世界既是非中心化的，也是制度化的；制度赋予无政府世界以一定的秩序，是理解国际合作的关键；国际制度是国家为了降低交易成本、便利国际合作、实现共同利益而造就的，但其一旦存在，就成为制约国家等行为体的一个独立存在的因素，即便是建立国际制度的主

① 新自由制度主义与新现实主义都接受理性主义的国家是统一的理性行为体的假定，认为国家有持续、稳定的偏好；偏好的变化源于外部性（即外部环境）；为了将效用最大化，国家根据偏好计算行动的成本与收益。但新自由制度主义强调共同利益作为国家合作和国际制度的动力，而新现实主义强调权力与相对获益的考虑对合作与制度的影响。有关理性理论的探讨，可参见王逸舟（1998）。

要国家，也不会对业已形成的国际制度产生决定性的影响。新自由制度主义的关注重点是制度如何影响国家。基欧汉指出，世界政治制度化中的变量对政府行为施加了重要影响，制度有助于解释国家行动的重要性及其意义，冲突与合作的模式只有在制度的背景下才能得到解释。

新自由制度主义强调制度的重要作用（Keohane，1989），认为有效的国际制度可以减少国际关系中的不确定性，稳定人们的预期，使人们看到保持连续性的价值，从而成为国际稳定的重要原因；促进国家在不同事务领域互动联系，产生相互依赖，使国家很难进行欺诈；提供信息，赋予国家间相互监督遵守和执行承诺的能力，利于监督；降低交易成本，有助于国际合作；解决囚徒困境，实现共同利益。在新自由制度主义看来，国家沟通和合作的能力依赖于人们构建的制度；制度会对政府行为产生重要影响，制度构造会深刻地塑造政治竞争的模式，在一个政治制度中的角色，无论是个体还是群体，都会被限制在这个结构之中，从而限定甚至决定他们对自身利益和政治资源的观念。但制度要起作用，至少要满足两个条件：一是行为体必须有一些相互的共同利益，可以潜在地从合作中受益；二是制度化程度上的变化会对国家行为发生实质性的影响。显然，这两个条件在国际政治中是能够成立的。

从上可见，新自由制度主义理论拓展了一体化研究的关注视野，从新旧功能主义只集中于功能性的国际组织，到把国际体制、规范、规则、惯例等内容也纳入了研究的范围。但新自由制度主义理论仍有其不足与局限（肖欢容，2002）：一是强调共同利益作为国家合作和国际制度的动力，但既没有解释相互博弈的共同利益的来源及其变化，又看不到互动对利益和认同的影响；二是认为制度是独立的变量，可以改变国家偏好和行为，有能力使国家远离战争，但没有充分论述制度是如何改变国家偏好或利益变化的；三是忽视了非物质动因对国家利益行为、偏好变化和国际权势的影响。这些不足正是20世纪90年代兴起的建构主义试图解释的地方。

（八）建构主义一体化理论

20世纪90年代兴起的以温特（Wendt，1999）为代表的建构主义（constructivism），是在吸收包括新现实主义在内的理性主义理论基础上形成的一种体系理论（参见温特，2000；肖欢容，2002）。建构主义认同新现实主义对国际政治所做出的基本假设：国际政治处于无政府状态；国家是理性的行为体；国家追求的目标是权力、安全和财富；国家利益和行为动机总是自利的；国家间不能完全确保了解对方的真实意图；武力是解决国家间冲突和危机的最后手段等等。建构主义也认为国家是国际关系研究的主要分析单位，也强调从体系层面对世界政治进行理论探讨的必要性，并且接受和采纳实证或经验的研究方法。但建构主义在吸收新现实主义理论范式中某些基本成分的同时，批评新现实主义没有能够对国际政治现象做出足够而系统的说明。建构主义在世界政治方面提出了三个核心的理论命题：一是强调观念而不是物质被放在首位，即重视规范或观念的结构而不是物质的结构；二是强调行为体的社会认同如何构成它们的利益和行为，认同是以制度化的含义体系来界定的；三是强调行为体和结构之间存在着相互构成的关系。建构主义认为，这些结构的存在不能脱离社会行为体之间在社会文化层面上的实践，社会结构只是实践的结果。总之，建构主义试图提出一套从社会学角度解释世界政治现象的研究方法。

建构主义为区域一体化问题的研究提供了一个新的视野。与仅集中于物质刺激动因的解释不同，建构主义充分重视共同的知识、学习、观念力量以及规范和制度结构的重要性。建构主义强调区域意识和区域认同，强调属于某一特定区域共同体的共同感觉，认为区域的内聚力在很大程度上依赖于基于相互感应、信任和在高层次上的所谓“认知的相互依赖”（Cognitive Interdependence）而形成的持久的共同体意识，并认为各方的利益和认同会随着时间的推移和新的合作方式的产生而变化，共同体会因之而形成。建构主义指出，两个国家在从来没有交往的情况下是没有共同认知的，因此也就没有结构（结构是国际体系中的观念分配或称为国际文化体系）①；双方一经交往，初始行为通过互应机制会使互动中的双方产生并加强一些观念，并开始

① 温特指出，国际体系中存在三种角色结构：敌人、对手、朋友，不同的主导角色结构产生不同的主导国际体系文化：敌人角色结构建构霍布斯文化，对手角色结构建构洛克文化，朋友角色结构建构康德文化。不同的国际体系文化有着不同的行动逻辑，相应存在着三种国际体系模式：把其他成员视为敌人的霍布斯国际体系（Hobbesion International System）、把其他成员视为对手的洛克式国际体系、把其他成员视为朋友的康德式国际体系。参见 Wendt（1999）或温特，亚历山大（2000）。

共同拥有这些观念，于是便产生了文化；文化使人们产生独特的身份认定，身份认定影响人们的利益取向，从而决定人们的实践行为；实践过程也是国家行为体的一个“学习”过程，行为体之间能够依照自身的认知——实践的特殊性形成相互的合作机制；国际合作机制是一个动态的、进化的、学习的过程。

根据建构主义，在国际关系领域里，规范和制度等是文化的表现形式，是国家之间的互动实践造就的。建构主义认为，在实践中产生出来的行为规范、原则以及共同信仰，不仅影响和规定着国际政治中国家行为体的具体行为、利益、偏好以及实现对外政策目标的工具，而且可以帮助行为体理解什么是重要的或有价值的，以及如何运用合法手段去获取它们。与理性主义把制度看作是物质主义规定的利益之上的协定不同，建构主义认为制度与行动者的知识观念和利益等是互相构成的；制度是赋予行为体行动身份的一种观念及规则，对行为体的行为和利益有着动力塑造作用；这些制度动力或结构是行为者不能完全控制的，有其自主性。

（九）赫里尔的综合观点

在对新区域主义的理论探求中，英国学者赫里尔（Hurrell，1995/1997）指出，应从国际体系、区域和国内政治三个层次系统地考察国际关系理论是如何被用来解释区域主义的动力（参见肖欢容，2002）。

一是国际体系层次的体系理论。国际体系理论强调广泛的政治和经济结构对区域主义产生的重要性，即外部压力对区域的影响。赫里尔认为，在对区域主义的解释中，主要有新现实主义和结构相互依赖及全球化两种体系理论。新现实主义理论强调无政府状态下的国际体系的限制作用和权力政治竞争的重要性，而结构相互依赖与全球化理论强调国际体系变化的特性和经济与技术变化的影响作用。

二是区域层次的区域主义与相互依赖。与国际体系层次“从外到内”方法相对，区域层次的理论强调区域主义与区域相互依赖（对应于全球层面的相互依赖）之间的紧密联系，包括新功能主义、新自由制度主义和建构主义三种理论。新功能主义和新自由制度主义理论把区域主义看作是民族国家对区域相互依赖产生问题的功能性应对办法，强调制度在孕育和发展区域凝聚力中的作用。这两种理论都属于自由主义阵营，强调理性、福利目标和科技知识，对国际社会持多元主义的观点。建构主义理论强调物质和观念两方面的关系，物质方面指区域相互依赖，观念方面指区域认同与共同体。

三是国内层次理论。国内层次理论关注共同的国内属性的作用。这种方法在早期的区域主义解释中已经得到应用。如对种族、族性、语言、宗教、文化、历史以及共同的历史意识的强调。另外，交往主义的安全共同体中主要价值相容性的观点以及新功能主义中外溢的动力都依赖于某种国内前提，首先就是现代工业社会的多元主义性质以及精英在重新界定超国家利益时的作用。赫里尔认为，区域主义与国家凝聚力、国内制度与民主化以及趋同理论是与当前新区域主义解释有关的国内政治理论。

二、国际经济学中的区域一体化理论及其发展

国际经济学中的区域一体化理论即区域经济一体化理论，主要关注的是经济一体化的经济动因、效应与条件，多是从成员方福利角度来解释经济一体化的形成，探讨经济一体化各种形态对成员方福利的影响，很少关注一体化问题背后的非经济因素、非经济过程与非经济后果，因此常被称为一体化的经济学。代表性的理论解释主要有关于市场一体化的关税同盟理论与共同市场理论、关于货币一体化的最优货币区理论、关于政策一体化的经济学解释等，它们构成了对区域经济一体化的一般理论解释。而20世纪六七十年代的发展中国家间经济一体化还有自己的理论依据及解释——结构主义发展理论与国际依附理论。

（一）区域市场一体化：关税同盟与共同市场理论

区域市场一体化（Regional Market Integration）指的是以关税同盟为代表的区域商品市场一体化即贸易一体化（Trade Integration）① 以及在此基础上的区域要素市场一体化即要素一体化（Factor Integration），形成区域商品

---

① 区域商品市场一体化的另一种典型形式是自由贸易区。较之于关税同盟，自由贸易区成员方对来自非成员方的进口有权决定关税税率，而且自由贸易区适用原产地原则以限制贸易偏转（Trade Deflection），即防止非成员方商品利用成员方之间的关税差异先进入自由贸易区中关税较低的成员方，然后再转入关税较高的其他成员方销售以达到避税目的。罗布森（Robson，1998）运用与关税同盟类似的分析方法对自由贸易区的经济效应进行了理论分析，并比较了自由贸易区与关税平均化的关税同盟二者的经济效应，认为自由贸易区存在类似关税同盟的贸易创造与贸易转向效应，但自由贸易区的经济效应优于关税同盟情形。

及要素的共同市场。相应的区域市场一体化理论主要包括关税同盟理论与共同市场理论。此外，随着20世纪80年代中期新区域主义浪潮的兴起，新区域主义经济学对一体化收益来源做了进一步的揭示。

1. 关税同盟理论

由于关税同盟（Customs Union）是区域经济一体化实践方面最早的尝试，并有着较多的实际案例，加之有国际贸易理论作为其重要的理论来源，因此关税同盟理论（Customs Union Theory）成为了关于区域经济一体化的一种最早的且较为系统的理论解释，并在相当一段时期内被视为经济一体化理论的核心①。

关税同盟的主要特征在于（Viner，1950）：对从同盟内成员方的进口免征关税；对从世界其余地区的进口征收共同对外关税；并根据一致同意的准则分配关税收入。建立关税同盟将普遍地改变成员方国内市场商品的相对价格，从而影响贸易流向、生产和消费。一般地，关税同盟可能引致的经济效应、收益与损失来自于它对资源配置与国际生产专业化、规模经济的开发利用、贸易条件、要素生产率、利润率、经济增长率、收入分配等因素的影响。关税同盟理论旨在从成员方、整个集团乃至世界的角度分析这些效应。从理论发展进程看，这一理论主要是以瓦伊纳（Viner，1950）关于贸易创造与贸易转向的理论框架为基础和起点，在后来的许多经济学家逐步放松有关假定以进一步分析关税同盟的经济效应的过程中得到发展，并经历了从静态分析到动态分析的历史演进。

首先，在商品与要素市场完全竞争、要素不能国际流动、资源被充分利用、技术进步外生、生产成本不变、运输成本忽略不计、国际收支自动平衡等假定基础上，以瓦伊纳（Viner，1950）、米德（Meade，1955）、丁伯根（Tinbergen，1957）、李普西（Lipsey，1960）、约翰逊（Johnson，1962）、巴拉萨（Balassa，1962）为代表的传统理论分析，主要是基于“贸易创造”（Trade Creation）与“贸易转向”（Trade Diversion）两种效应，相对静态地

① 在当前的国际一体化经济学中，关税同盟理论仍是一个重要基础，但它已只是一个组成部分，因为它没有论及当代各种区域经济一体化形态（如共同市场、财税与货币政策一体化）及其产生的诸多问题（如一体化中资源的空间分配）。

分析了关税同盟的资源配置效应及其条件。所谓贸易创造效应，是指组建关税同盟引致国内较高成本产品的消费向伙伴国较低成本的产品转移所带来的成员方之间贸易规模的扩大以及由此造成的经济福利的增加。关税同盟的建立消除了成员方之间的贸易壁垒，实现了成员方之间贸易的自由化，使得原来由本国生产的某些商品被其他成员方低成本的进口商品所替代，从而导致成员方间贸易规模的扩大。这一过程一方面产生了生产效应（Production Effects）——贸易自由化使得各成员方的生产专业化水平得以提高，把本国资源使用从原来效率较低的部门转向效率较高的部门，从而大大提高生产效率，并节省了原先在国内生产的商品所耗费的实际成本；另一方面产生了消费效应（Consumption Effects）——贸易自由化使得低成本的伙伴国商品的进口导致本国市场价格的降低和消费者支出的减少，从而增加消费者剩余。所谓贸易转向效应，是指组建关税同盟引致产品进口从较低成本的外部非成员方转向从较高成本的伙伴国进口以及由此造成的经济福利损失。显然，从消费角度看，贸易转向增加了进口成本与消费支出，减少了消费者剩余；从供给方面看，贸易转向使得某种商品的供应由来自生产成本较低的第三国转向生产成本较高的同盟国，从而扭曲了国际贸易流向，降低了资源配置效率。可见，就资源配置效应而言，建立关税同盟的得失取决于贸易创造效应与贸易转向效应的对冲平衡结果：若贸易创造效应较大，则建立关税同盟是有利的；若贸易转向效应较大，则建立关税同盟是不利的。一般地，当其他条件不变情况下，关税同盟的经济区域越大且成员方数量越多（Viner，1950；Meade，1955；Tinbergen，1957；Balassa，1962）、成员方经济竞争性（产品范围相似性）越大（Viner，1950）、成员方相同产业的单位生产成本差异越大（而与第三方差异越小）（Viner，1950；Meade，1951）、成员方间经济交流程度越高（同盟内部贸易越是超过对同盟外贸易、成员方在同盟前与第三方贸易量越小）、建立同盟前相互关税水平越高、建立同盟后的对外平均关税水平越低（Balassa，1962），关税同盟的贸易创造效应越大、贸易转向效应越小。此外，当存在运输成本时，在其他条件不变的情况下，成员方之间经济距离（取决于地理距离以及跨越地理距离的运输方式及其成本）越短，经济交流的潜力越大，越可能有利于提高关税同盟的正生产效应而减弱贸易转向效应。根据后来学者的研究，在世界其余地区不予反击报复的条件下，通过适当设置同盟共同对外关税水平（如使得关税同盟成员与世界其余地区的总体贸易维持在关税同盟建立前的水平），并在成员方之间实施可确保每个成员都受益的一次总付的补偿性税收和转移支付，提高关税同盟整体福利或每个成员福利水平通常是可能的（kemp & Wan, 1976）。

其次，在放松前述世界其余地区的供给曲线完全弹性假设的条件下，传统理论还分析了关税同盟的贸易条件效应（Terms-of-trade Effects）及其对收入国际分配的影响。所谓贸易条件效应，是指关税同盟的建立导致同盟成员国净商品贸易条件（即出口商品价格与进口商品价格之比）发生变化。关税同盟的建立若不影响对世界其余地区的进口需求，即便世界其余地区的供给不是完全弹性的，也不会影响到贸易条件，从而关税同盟对世界其余地区的收入与福利影响可以忽略不计。然而关税同盟的贸易创造与转向效应会引起同盟成员国对于同盟外国家商品的“互惠需求”（Reciprocal Demand）的转移，一般是减少同盟对外部的出口供给和进口需求，导致同盟相对出口价格上升而相对进口价格下降，从而使同盟的贸易条件得到改善（当贸易转向效应占有优势时，同盟的贸易条件会恶化）。这种贸易条件效应虽然可以减少甚至消除贸易转向给同盟带来的损失，但显然有损于世界其余地区的收入与福利（Viner, 1950）。在其他条件相同的情况下，较大的经济区域对区域外商品的“互惠需求”弹性较大，而区域外对其商品的“互惠需求”弹性较小，因此，关税同盟的区域越大，同盟贸易条件改进的可能性就越大（Viner, 1950）。此外，由于贸易条件事实上不仅受同盟共同对外关税的影响，而且也受其他国家关税水平的影响（一般而言，其他国家对同盟出口产品征收的关税水平越高，同盟的贸易条件就越不利），因此关税同盟的建立有利于增强与第三国进行关税减让谈判的实力，进而也有助于贸易条件的改善（Meade, 1955）。

除了资源配置效应与贸易条件效应之外，传统理论还注意到关税同盟的其他静态效应：一是行政效应（Administrative Effects）。一方面，关税同盟建立以后，成员方因取消关税与非关税壁垒而可节省海关、税务等行政机构的行政开支；企业与个人也因此而节省报关手续所支出的时间与费用。显然，这种行政效应有助于促进同盟内部贸易的扩展。另一方面，关税同盟的建立也带来新的行政管理要求与负担，各成员方需要协调各自的规章制度并彼此监督（Balassa，1962）。二是减少走私。关税同盟的建立使得商品可在成员方间自由流动，在同盟内消除了走私现象产生的根源，从而不仅可减少查禁走私的费用支出，也有助于提高全社会的道德水平。三是提高经济地位。关税同盟建立后，集团整体经济实力与国际竞争力大大增强，并统一对外进行关税减让谈判，从而有利于成员方经济地位的提高和贸易条件的改善。

显然，20世纪70年代以前的传统关税同盟理论基本上是一种在完全竞争市场框架下的静态分析，由于假设技术与生产成本不变、要素不能国际流动、国际收支自动平衡，因而它忽视了因商品市场扩大而带来的规模经济效应与竞争促进效应及其引致的国际分工深化效应、投资促进效应与技术进步效应等关系经济发展的至关重要的动态效应。诚如一些学者指出的，关税同盟的动态效应不亚于其静态效应（Williamson，1971；Balassa，1975；Mayes，1978、1983）。事实上，因同盟内部贸易壁垒的消除而形成的更大规模的商品市场，不但会产生贸易创造与转向效应，而且使得原先限于较小规模的国内市场而未能达到最适度规模经济的企业有机会扩展其生产经营规模以获得规模经济效应（Scitovsky，1958；Corden，1972a；小岛清，1987）。与此同时，关税同盟内部的贸易自由化会在扩大市场规模的同时加剧成员方内部及成员方之间市场竞争，从而不但会引起既有生产要素的再配置和产业结构的调整，而且会促进专业化分工向广度和深度拓展，扩大国际分工的范围（Scitovsky，1958；Krauss，1972）。在此过程中，同盟内的企业为提高商品竞争能力、降低生产成本、获取规模经济会增加资本投资、改进生产技术、提高产品品质；而同盟外的企业为获得同盟内部贸易壁垒消除的好处，突破同盟对外的歧视性贸易措施，在资本等生产要素能够国际流动的条件下会以直接投资方式进入同盟内部市场进行生产和销售，并与同盟内部原有企业展开竞争。

此外，传统关税同盟理论基于一国不能既进口又出口同一产品的假设前提，仅着眼于一体化对成员方产业间或部门间专业化的影响，不能解释同盟中的产业内部贸易现象。事实上，传统理论之所以不能解决这些与规模经济有关的问题，在一定程度上还是因为它的完全竞争框架无法面对不完全竞争的情形。20世纪80年代初期诞生的关于不完全竞争与收益递增下的新贸易理论，不仅引入规模经济的分析，而且放松了关于产品同质性的假设，正式承认了产品差异性和消费需求多样性，并且特别引入垄断行为问题（Helpman & Krugman；1985）。新贸易理论很快被运用到关税同盟效应的分析中（Smith & Venables，1988a、b；Helpman & Krugman；1989）。根据新贸易理论，产品结构类似，因此是竞争性而非互补性的，显然是行业内部专业化产生的必要条件。若成员方需求状况也存在类似之处（偏好一致），而且产品生产具有规模经济，就将限制国内生产者在获益基础上生产差异产品的数量。这样，就会推动行业内水平专业化的发展，以从大规模生产的规模经济中获利。这就解释了传统关税同盟理论无法解释的同盟中行业内部贸易的成因。更为重要的是，根据新贸易理论框架的分析，建立关税同盟除了可以获得如前所述的完全依据比较优势增强专业化分工所带来的收益之外，还可以有其他的潜在收益来源（Robson，1998）：一是同盟内贸易壁垒的降低，会扩大有效市场规模，因而导致竞争激化，减少寡头垄断，消减价格歧视与市场细分。二是随着市场规模的扩大，厂商的生产运转时间得以延长，成本会逐渐降低。在此过程中，国内高成本厂商会被淘汰，国内需求转由进口满足。三是市场规模扩大导致贸易扩张，使得更多商品生产可以赢利，从而可以促进在商品多样化基础上的福利收益。四是市场规模扩大使得厂商能够从事更多的专业化分工，由此可以减少每个厂商生产的产品种类，并降低服务成本。当然，这些潜在收益多是长期上的经济效应，依赖于厂商投资的变化及其引致的经济结构调整。

最后需要指出的是，传统分析框架及其虑及规模经济的扩展情形，虽然表明关税同盟具有产生大量福利收益的潜在能力，但未能提供建立关税同盟的经济理性，即上述分析框架不能证明关税同盟至少不次于无歧视性的单边关税削减情形。关于对这一问题的考察，最早出现在20世纪60年代中期（Johnson，1965；Cooper & Massell，1965），其后引起了理论界的广泛关注（Krauss，1972；P. Wonnacott & R. Wonnacott，1981、1984、1992；Berglas，1979、1983），但一直没有获得有说服力的解释。正如反对关税同盟的主张所指出的，如果关税同盟是有益的，那是因为它向自由贸易方向迈进了一步，而全球自由贸易仍是最优的状态；如果结成关税同盟是为了扩展管辖权区域以应对跨边界溢出效应及其产生的结构性或政策相互依赖，那么管辖权的全球扩展与全球一体化应是最优的。事实上，从传统分析框架及其扩展情形中根本无法得到关于这一问题的满意答案，因为正如罗布森（Robson，1998）指出的，它忽略了现实世界中的组织、管理、信息与谈判成本以及不确定性等因素的影响。这些现实中的因素特别是交易成本与不完全信息不仅本身就是全球经济自由化与一体化的重要壁垒，而且在一定历史阶段又只能在对公共产品（经济政策）的偏好相对同质的国家之间及区域范围内才能得到消减。换言之，正是这些现实中的因素限制了作为最优选择的全球一体化的现实可行性，并将现实的管辖权规模限制在小于全球水平的具有相同政策偏好的区域范围内。一句话，关税同盟及其他形式的区域经济一体化虽是一种次优状态，但却是一种现实选择。

综上可见，对关税同盟效应的深入分析和揭示，有赖于放松传统分析框架中的有关假定，由此不仅促进了关税同盟理论自身的发展，而且诞生了关于经济一体化其他形态的理论，如关于市场一体化的共同市场理论、关于货币一体化的最优货币区理论等等。

2. 共同市场理论

如前所述，关税同盟理论的一个主要假设是同盟内成员方之间以及同盟与世界其他地区之间不存在生产要素的流动。相比而言，一体化程度较高的共同市场（Common Market）不仅通过关税同盟实现了区域商品市场的一体化，而且还通过撤出一体化区域内要素自由流动的障碍，实现了区域要素市场的一体化。事实上，区域要素市场有效的一体化不仅需要废除限制成员方之间要素自由流动的立法，而且也需要采取积极的协调一致的措施，以确保在区域市场上公平对待各成员方的劳动力、资本和企业。共同市场理论（Common Market Theory）主要关注的是在关税同盟基础上实现区域要素市场一体化所获得的额外利益。

从完全静态的角度看，基于区域内要素自由流动与重新配置而出现的资源配置优化效应，显然是共同市场所能产生的高于关税同盟的额外收益。米德（Meade，1953）在完全传统的框架下采用新古典主义局部均衡分析法分析了生产单一商品的两国模型共同市场从要素流动中获得这些额外收益的原因。事实上，由于现实中各成员方之间生产函数可能不同、生产中存在规模经济或市场中存在垄断力量等因素，关税同盟的运作无法完全消除同盟内要素收益与边际生产率的不一致。在此情形下，若在关税同盟基础上允许同盟内要素的自由流动，要素就会从生产率相对较低的成员方转移至生产率较高的成员方进行再配置，直至不同成员方之间要素收益均等为止。显然，同盟内部要素的这种自由流动与优化配置可以进一步提高同盟的收入与福利。伍顿（Wooton，1988）进一步运用生产两种或三种商品的三国模型进行的更具一般性的分析还表明：共同市场中大量贸易流动会导致生产结构的变化；共同市场要产生明确的收益，需要调整共同对外关税；共同市场虽然能产生额外收益，但要素流动未必能使各成员方都获利。

从动态角度看，共同市场内部要素流动的后果会更加复杂。一方面，区域内部市场的要素流动通常会引起大规模的新技术转让与运用，从而有助于各成员方的经济增长。另一方面，共同市场区域内部商品及要素市场的一体化为规模经济与聚集效应提供的更多机会，以及对市场竞争的强化及其优胜劣汰的结果，会加强垄断力量的存在与发展，引起不利的配置与分配后果，加剧区域中的两极分化和各成员方经济发展的不平衡性（Robson，1998）。

综上所述，从关税同盟发展成为共同市场，区域集团整体可以获得进一步的配置收益，但如果所有成员方都要分享共同市场产生的额外收益，并希望控制导致经济不平衡并可能使某些成员方受损的结构性力量，就有必要在联盟内制定有效的区域政策，并重新分配收益。

3. 新区域主义经济学

随着20世纪80年代中期新区域主义浪潮的兴起，在理论上对市场一体化的收益来源也有了进一步的揭示与解释，体现为所谓的新区域主义经济学。与关税同盟理论、共同市场理论对撤出关税壁垒、要素流动障碍以获取市场一体化的资源配置效应、规模经济效应及专业化分工效应的强调不同，新区域主义经济学强调减少管理和交易成本以及其他贸易壁垒产生的潜在收益（Robson，1998）。首先，市场一体化使得区域市场中企业间竞争加剧，从而可以降低生产成本与垄断租金。其次，市场一体化也会促进生产一体化与跨国投资的创造与转移。最新的研究认为，除了对东道国整体经济绩效与增长的主要考虑之外，跨国公司的投资策略着重考虑的是规模经济与距离成本的相对重要性。距离成本包括由于产品的生产者与产品的最终市场相距太远而引致的一切损失，例如，生产者与供应商、顾客的协同性问题，以及生产供给的灵活性与调整能力问题。结果是以市场为基础的外国直接投资和区域性生产与资源供应变得越来越重要。在此背景下，市场一体化因其对规模经济与距离成本的相对重要性的正面影响而产生积极的引资效应（Robson，1993）。此外，一体化对市场不确定性与信用风险也有着一定的消减作用，从而促进了在区域市场中的投资。

（二）区域货币一体化：最优货币区理论

区域货币一体化（Regional Monetary Integration）是区域经济一体化的高级形态之一。货币区（Currency Areas）是区域货币一体化的高级表现形式。货币一体化具有两个重要特征：一是一体化区域内的各种货币间汇率必须始终维持固定不变的关系，而区域内货币对区域外货币则保持联合浮动汇率形式；二是必须具有完全的可兑换性。为此，一体化各成员方须将其货币政策工具使用权、汇率政策决定权和国际收支平衡职能授予共同体的货币当局，形成货币联盟（Monetary Union），进而创立共同货币（Common Currency）即货币区（Robson，1998）。货币一体化与最优货币区的概念是在固定汇率与浮动汇率的优劣争论中于20世纪60年代作为一种替代性的过渡选择而出现的[①]。以最优货币区理论（Optimal Currency Areas Theory）（Mundell，1961）为代表的区域货币一体化理论放松关税同盟理论关于国际收支自动平衡的假设，在需要同时维持内部、外部均衡的宏观经济目标条件下，阐明在区域市场一体化基础上进行区域货币一体化安排的利弊得失、标准条件与策略措施。

1. 货币一体化的利弊得失

关税同盟的有效运转显然有赖于与贸易有关的经常交易项目下的货币可兑换性；作为共同市场重要特征的资本市场一体化也必然首先要求资本交易

---

① 在关于区域货币一体化及最优货币区的理论探讨中，学者们对固定汇率与浮动汇率的优劣有了更清楚的认识，并阐明了区域货币一体化与最优货币区的经济理性所在。如果国际收支调节机制极端平滑，要素完全自由流动，国别管制与干预完全消除，世界固定汇率制与全球单一货币就是一种理想的选择。然而现实世界中的价格工资刚性、市场分割、开放程度与政策取向差异等因素严重阻碍了国际收支调节机制的平滑运行，浮动汇率制就成为实现内外均衡的一种现实选择。而在区域市场一体化基础上进行的区域货币一体化及最优货币区安排，则是在世界浮动汇率制与世界固定汇率制或全球单一货币之间的一种次优选择。

项目下的货币可兑换性；而以关税同盟与共同市场为代表的市场一体化的收益大小无疑会受到一体化区域内货币汇率稳定性的影响。对于市场一体化成员方来说，仅仅通过相互间维持永久固定汇率和货币完全可兑换性的协定，并仅仅以经济政策协调的承诺来支持这些协定，而不进行进一步的货币政策一体化安排，虽然有助于促进市场一体化，但不能确保区域集团内各货币间相互关系的稳定性。因此，有必要进行货币一体化安排，以减少一体化区域市场中的交易成本，提高资源配置效率收益。但另一方面，货币一体化同时使成员方经济政策自主权受到限制，并相应带来一些弊端或损失。货币一体化理论的一个主要内容就在于阐明货币一体化的利弊得失。

从经济学角度看，在商品、要素市场一体化基础上建立货币一体化的一个重要考虑在于货币一体化将通过降低资源成本、提高经济效率、加速经济增长而使商品、要素市场一体化更有效率（Scitovsky，1958）。在微观经济与成本消减层面，首先，货币一体化可以减少货币兑换所需的直接交易成本，并节省弹性汇率制度下在远期外汇市场上抵补外汇风险所需的费用（Mundell，1961）；其次，货币一体化下一体化区域内各成员间贸易可以通过相互贷款来融资，并可以直接通过货币联盟而不必通过主要国际金融中心来进行结算，甚至可以通过联盟相互抵消对世界其他国家及地区的贸易差额，或者由货币联盟集中外汇储备来应对贸易差额，从而可以节省外汇储备（Kafka，1969）；再者，货币一体化可以消除一体化区域内的汇率不确定性，能够减少风险并降低资本的风险调整成本，从而促进一体化区域内的长期投资与经济增长（Baldwin，1990）；最后，货币一体化会促进金融市场的高度一体化，从而获得潜在的资源配置收益，因为：一方面，一体化区域市场规模的增加可促进规模经济的实现，从而节约融资中介过程中与储蓄转化为投资过程中所占用的各种资源，另一方面，金融市场一体化可以提高融资过程中的资源配置效率，以至为借贷双方提供更加广泛的金融工具，使其可在各种期限与风险的借贷资金间进行更有效的选择（Robson，1998）。此外，从宏观经济层面看，货币一体化条件下货币联盟的中央银行独立于各成员方政府并统一实施货币政策，可以增加反通货膨胀的货币政策的信用度，从而有助于降低均衡的通货膨胀水平或提高产出与就业水平（Robson，1998）。

另一方面，货币一体化也可能对其成员方宏观经济产生诸多不利影响。

其一，货币一体化意味着成员方货币政策自主权的丧失。这是因为货币联盟要求各成员方将其调节货币供给的权力交由超国家性质的联盟货币当局统一执行，而且联盟货币政策将着眼于联盟整体或大多数成员方的利益，未必有利于特定成员方；此外，一体化货币市场的形成也会使成员方失去对汇率的调控（Lutz，1972）。其二，货币一体化也影响到成员方财政政策的自主性。一方面，共同货币条件下货币政策自主权丧失，各成员方只能通过在国际资本市场融资来弥补其财政赤字（Johnson，1971）；另一方面，货币联盟要求成员方协调各自的经济发展目标与政策，包括财政政策（Arndt，1973）。其三，在成员方各有其特殊菲利普斯曲线（Phillips Curve）条件下，或者说在各成员方政府对失业率与通胀率（货币工资变化率）这两个同时并存的均衡目标有着各自特殊偏好的条件下，货币一体化下货币与汇率政策的统一运用难以解决各成员方所面对的需求或供给方面的不对称性冲击，可能会导致一些成员方的失业与通胀关系的恶化，即一些成员方会被迫偏离其理想均衡状态，表现为一些成员方将承受较高的失业率以实现一体化区域各成员方通胀率的趋同，或者将承受较高的通胀率以实现一体化区域各成员方失业率的一致（Fleming，1971；Cordon，1972b）。其四，由于资本流动性相对高于劳动力流动性，货币一体化可能导致一体化区域内某些成员方或地区经济贫困或滞胀，增强一体化区域经济增长的不平衡性（Johnson，1971；Hirsch，1972），进而可能影响到各成员方对货币一体化的态度。

2. 货币一体化的标准条件

以上是关于货币一体化及最优货币区的利弊得失的分析。事实上，以最优货币区理论为代表的货币一体化理论还探讨了形成最优货币区的标准与条件。根据《新帕尔格雷夫经济学大辞典》的解释，最优货币区是指一种“最优”的地理区域，在这一区域内一般的支付手段是一种单一共同货币，或者是几种货币之间具有无限的可兑换性，且其汇率在进行经常性交易和资本交易时彼此盯住不变，但区域内货币与区域外货币之间的汇率可保持浮动。所谓“最优”是根据同时维持内部、外部均衡的宏观经济目标来定义的，这包括内部的通胀与失业之间的最佳平衡，以及区域内部和外部的国际收支平衡。蒙代尔（Mundell，1961）、麦金龙（Mckinnon，1963）、英格拉姆（Ingram，1962、1969）、凯南（kenen，1969）、托尔与威廉特（Tower &

Willett，1970）、弗莱明（Fleming，1971）、麦克道格尔（MacDougall，1975）和艾伦（Allen，1982、1983）等学者力图根据宏观经济政策目标探求可以作为最优货币区标准的决定性经济特征，在探索最优货币区的标准条件方面做出了开拓性的贡献。

最优货币区理论的创始人蒙代尔（Mundell，1961）提出生产要素高度流动性是最优货币区的基础和标准。蒙代尔认为，只要劳动力和其他生产要素在区域内具有完全自由的流动性，就可以依靠要素的转移消除需求转移引起外部不均衡的冲击，而无需区域内货币汇率的频繁变动及其引致的大幅度的物价与收入变动。因此，国家或地区之间生产要素的自由流动，就可作为判断区域内可否实行固定汇率以至结成一个通货区的标准。蒙代尔还指出，从货币本身因素考虑，最优货币区范围越大越好，以便更多地节省兑换与交易成本，并可以较大规模的外汇市场加大投机操纵的难度。此外，蒙代尔还认识到各国政治差异是货币区形成的重要障碍。

麦金龙（Mckinnon，1963）提出，应将经济开放程度作为最优货币区的标准。经济开放程度由一国生产消费中的可贸易商品对非贸易商品的比率，或者可贸易商品产出占全部产出的比率来衡量。在一个高度开放的经济区域中，如果运用汇率手段调整国际收支失衡（例如，企图以本币相对外币贬值来改善国际收支），首先会引起进口商品价格上升，进而导致所有商品价格上升。如果限制价格上升，就会引起需求收缩和失业率上升。其次，市场小而高度开放的经济体消费中进口商品所占比重较大，汇率变化的实际收入效应容易识别，居民不会接受排除进口商品价格的工资指数，这样由于“货币幻觉”（Money Illusion）减弱，本币贬值后，居民会要求提高名义工资，以维持实际工资不变，引致成本上升，抵消贬值的出口促进作用。再者，开放程度越高，对进口商品依赖度越高，需求弹性越小，相应要求汇率调整的幅度越大。所以，麦金龙认为，一系列相互贸易高度集中的开放经济体之间不宜采取弹性汇率制度，高度开放的经济区域应该组成实行固定汇率制度的相对封闭的通货区，对于各成员方宏观经济目标的实现更为有利。

英格拉姆（Ingram，1962）主张以国际金融高度一体化作为最优货币区的标准。在国际金融高度一体化条件下，国际收支失衡导致的微小的利率波动就足以引起足够的跨国资本流动，从而具有自动平衡机制，而无需汇率变动，不必存在弹性汇率制。

凯南（Kenen，1969）强调产品高度多样化的重要性。在遭受进口需求冲击的时候，产品多样化程度越高的国家抵御冲击的能力越强，对国际收支和失业的影响越小，而且产品多样化程度高的国家与不同的国外需求冲击具有交叉抵消的机制，足以消减整体冲击而使出口收益相对稳定。因此，产品多样化程度高的国家可以实行固定汇率制，而无需汇率机制的调节功能。

英格拉姆（Ingram，1969）、托尔与威廉特（Tower & Willett，1970）等学者主张以“政策一体化”，即各国政策取向相似作为最优货币区的标准。托尔与威廉特指出，就内部调节机制不完善的国家而言，这些国家对通货膨胀与失业的态度以及在通货膨胀与失业之间的平衡（Trade-off）能力的较大一致性，或许是成功组成货币区的首要条件。

弗莱明（Fleming，1971）等学者提出以相似通货膨胀率作为最优货币区的标准。他们认为，国际收支失衡的主要原因在于宏观层面的结构性变化、工会立场差异或各国货币政策差异引起的各国通货膨胀率差异。虽然各国通胀率相近并不能保持经常性平衡，但固定汇率不能在通胀率相差很大的情况下长期维持。因此，各国通胀率趋同是形成货币联盟与最优货币区的一个必要条件。

此外，麦克道格尔（MacDougall，1975）和艾伦（Allen，1982、1983）等学者强调高度的财政一体化对货币联盟的重要意义。它们认为，高度的财政一体化将使货币联盟内推进稳定化进程的财政转移支付的可行性与有效性最大化，加强货币联盟抵御外部冲击的能力。

显然，学者们关于最优货币区的标准条件有着不同的主张。这些标准条件旨在减小各成员方自主运用货币政策工具及浮动汇率制的必要性以及在联盟层次统一运用货币与汇率政策所可能造成的不利影响。后来的研究与实践表明，单一标准有其片面性与局限性，需要综合各种标准以便为建立最优货币区提供切实的参照。

3. 货币一体化的策略措施

在上述关于货币一体化利弊得失与标准条件的研究基础上，沃贝尔（Vaubel，1978）还进一步研究了进行货币一体化的策略措施问题。沃贝尔区分了合作与集权化两种类型的货币一体化策略，并建议策略措施选择应遵循渐进主义与自动原则。

沃贝尔认为，为了减小相关的调整成本，使货币一体化与单一货币切实可行，旨在货币一体化的各种努力与策略措施必须遵循渐进性原则；同时还需要遵循自动性原则，以限制成员方采取某种特殊策略措施的随意性，消除汇率波动的不确定性。

沃贝尔提出的合作策略包括：约定事前协调各成员方货币政策以保持汇率稳定；约定事后干预外汇市场以减少汇率波动；同时约定事前协调货币政策与事后干预外汇市场。沃贝尔认为，这些策略措施虽然符合渐进性原则，但不仅存在技术性困难，而且缺乏自动性特征，不能保证货币一体化的努力能够顺利实现。

沃贝尔提出的集权化策略包括：完全彻底地以共同货币取代各成员方货币；各成员方货币自由竞争；引入一种平行货币（如新创造的共同货币）与各成员方货币竞争。沃贝尔认为，第一种集权化策略明显有违渐进性原则，除非是在经过一段时期的成功协调之后采用；而后两种集权化策略则构想了一种具有渐进性与自主性的货币政策集权化，这一进程体现为最优货币对各成员货币的取代，并受到市场力量的控制。

显然，沃贝尔提出的上述两类货币一体化策略并非单纯基于技术标准，实际上分别针对的是货币一体化实现过程不同阶段中的问题：合作策略着力于建立货币一体化所必需的政治协调前提；而集权化策略实质上是在达成政治协调后实现货币联盟的种种选择。在集权化策略中，从根本上讲，以共同货币取代各成员方货币是必然的选择；而从实现进程看，近年来更加趋向如欧盟货币一体化实践中的“体制方式”（Institutional Approach）（Gros & Thygesen，1990）。欧盟货币一体化策略是，在各成员方经济趋同与融合的漫长准备期基础上，建立联盟层次的货币政策集中执行机构，进而以欧元取代成员方货币。

（三）区域政策一体化理论：以财政一体化为例

区域经济一体化的存在从自由贸易区、关税同盟到共同市场，再到经济联盟与完全一体化等一系列一体化程度不等的形态。作为一种体制特征，经济一体化体现为各成员方为了种种目的，以各种方式、在不同程度上实行共同的经济政策，即体现为范围、程度不等的政策一体化（Policy Integration)。因此，政策一体化可以有广义与狭义之分：广义上的政策一体化可被用于描述任何一种共同的经济政策，而不论其是国家（政府）间性质的或超国家性质的。也就是说，广义的政策一体化可以包括政策协调与合作。而狭义上的政策一体化仅指各成员方将某些经济职能和手段指派给同盟或共同体，并在同盟或共同体层面上运作，而不是在成员方层面上运用。显然，这种意义上的政策一体化是超国家性质的，区别于国家（政府）间性质的政策协调或政策合作。罗布森（Robson，1998）把政策协调一致与政策合作看作广义政策一体化中一体化程度较低的两个层次，并认为协调一致是一体化的第二个层次，指的是各成员方以协定的方式运用其各自保留的那部分政策工具，也包括各成员方遵照共同体机构的立法修改其内部的法规；而政策合作是一体化的第三个层次，指的是各成员方对共同体权力机构无法强制实施的特定领域在政策与措施上进行自愿协调。这里要着重探讨的是狭义上的政策一体化的必要性（叙述中涉及广义的一体化时将指明其具体含义）。首先归纳综述在市场一体化基础上进行其他经济政策一体化的主要理由与动力，然后借鉴财政联邦主义（Fiscal Federalism）理论的观点与方法，探讨财政一体化（Fiscal Integration）及其在区域经济一体化安排中的意义和作用。

1. 其他经济政策一体化的理由与动力

一方面，从前述关于市场一体化的理论回顾可见，部分政策一体化已经体现在市场一体化各种形态的特征与要求之中。自由贸易区虽然算不上狭义上的关税及贸易政策一体化，但明确要求关税与贸易政策的协调与合作。关税同盟不仅要求关税政策一体化，而且关税同盟的维持与发展还需要就同盟的关税收益分配进行协调，并按照一致同意的准则进行分配以确保各成员方都能在一体化进程中获益。此外，关税同盟的资源配置效应与规模经济效应的实现还有赖于同盟内各种非关税壁垒的撤出。例如，需要各成员方在行业标准、安全与卫生法规等方面协调一致或者统一标准。共同市场的建立不仅要求关税及贸易政策一体化，而且要求采取积极一致的措施以确保在一体化区域市场上公平对待区域内的劳动力、资本和企业。从关税同盟发展成为共同市场后，虽然一体化区域整体可以从商品、要素的自由流动和资源的优化配置中获得效率收益，但区域要素流动并不能保证每个成员方都可以自然地从一体化的区域市场中获益，一些成员方可能因要素流动与市场竞争受损。因此，共同市场的稳定发展不仅仍然需要在一体化区域内进行收益的重新分配，而且有必要制定有效的区域政策以控制导致经济不平衡和一些成员方受损的结构性力量。

另一方面，在市场一体化及其所培育起来的各市场间的相互依赖关系基础上，可以通过其他领域的政策一体化寻求其他共同经济目标以获得更大的经济利益。经济分析表明，下述经济政策的进一步统一将带来收益（Robson，1998）：

一是克服资源配置跨国溢出的政策。在经济全球化、特别是存在相互依赖关系的市场一体化下，无论是一个成员方的政府（市场宏观主体）在公共领域的活动，还是一个成员方的居民和企业（市场微观主体）在私人领域的活动，都可能产生不可忽视的或积极或消极的跨国溢出效应。在这种情形下，如果不进行适当的政策合作或一体化把外部效应内部化，那么整个集团将不能确保从事水平适度、种类合适的活动，区域内的资源配置将难以合理化，并将由于市场失灵而导致效率受损。例如，不协调的国际税收竞争不仅可能扭曲资源的国际配置，而且可能导致由税收支持的公共产品的供给不足。

二是克服宏观经济稳定溢出的政策。主张各成员方宏观经济政策一体化的一个主要目的和根据以此进一步促进资源配置优化的目标。例如，如果没有宏观经济政策的合作，就将难以实现一体化区域内部的汇率稳定性，一体化区域内部的贸易及投资因此就不会以最佳方式进行。然而，进行宏观经济政策协调、合作与一体化的另外一个同样重要的原因在于克服各成员方经济稳定政策的国际溢出效应。随着商品、要素的自由流动，经济全球化深化发展，各成员方经济相互依赖性日益强化，致使一国为调控其自身宏观经济变量而采取的经济政策会对其经贸伙伴国造成相当大的影响，即一国的宏观经济稳定政策会产生不可忽视的国际溢出效应。显然，为同时实现各成员方宏观经济的稳定性目标，就有必要在宏观经济基础上进行货币及财政等方面的政策协调、合作乃至一体化。

三是促进区域凝聚力与区域趋同的政策。如上所述，市场一体化中促进资源配置效应的政策措施虽然可以使一体化区域整体获得效率收益，但只凭市场机制的作用未必会使一体化区域中各成员方都能获益，也未必会在整个区域市场上自然产生各成员方都满意的分配结果。相反地，在这种“消极一体化”过程中，市场的优胜劣汰会造成一些成员方受损，并扩大各成员方间的经济发展差距，从而损害缺少超国家政治权威的区域集团的凝聚力和进一步一体化的意愿与动力。为防止这种损害，成员方之间有必要就区域收益分配问题进行具有“积极一体化”性质的政策措施安排，以进一步的共同行动来促进区域凝聚力与区域趋同。例如，在各方认同的基础上允许并协调国别政策差别以促进区域内产业协调分工；在共同体层面制定改善受损成员经济结构与经济运行效率的政策并以共同体预算专款支持；通过共同体预算或者直接在成员方之间进行永久性的财政转移支付。

需要指出的是，虽然在市场一体化基础上进一步进行上述政策一体化安排有助于克服市场一体化的不利影响并将带来额外收益，但实践中能够在多大程度上超越市场一体化进行其他经济政策的协调或一体化，则有赖于各成员方对各种政策目标的理解和重视，以及各成员方在联盟中通过政治谈判协调各目标之间相互交换的条件。事实上，把政策管辖权从各成员方转移到共同体的政策一体化实践，不仅要考虑效率收益因素，还要考虑其他一些与政治决策有关的因素。在共同体权力机构和其成员方之间进行的权力与责任的适当指派，必须反映一体化效益与成本之间的交换关系。有关研究认为跨国溢出效应、规模经济与政治一致性应是决定在不同层面的权力机构进行权责有效分配的一般标准（Musgrave，1969；Oates，1972、1977；Gatsios & Seabright，1989；CEC，1993）。从效率角度看，一方面，把具有跨国溢出效应和规模经济效应的成员方公共政策活动或其管辖权交给共同体这一高一层次的权力机构去执行，可以将其外部效应内部化，并能通过规模运行获得成本降低的收益；另一方面，权责集中又可能造成管理与协调成本相对上升、政策质量相对下降，还可能引起成员方的对抗行为。显然，只有当权责集中带来的收益不会被其同时引致的成本所抵消时，权责集中才有其必要性。进一步而言，即使政策一体化满足效率标准，也只有当成员方之间的政策协调与合作不能获益、无法实现目标时，才真正需要集权化。事实上，由于信息不对称的普遍存在以及由此产生的对协调与合作协议执行情况进行监督的困难，政策协调与合作协议通常不能有效处理跨国溢出问题。一些学者进而指出，共同体需要执行的职能必须满足两个条件：存在巨大的跨国溢出效应以及各成员方不能轻易监督协调协议的执行情况（Gatsios & Seabright，1989）。而从现实可行性角度看，只有当各成员方偏好相似，在提供公共产品方面具有相同的政治、经济和社会选择标准，即具有政治一致性，各成员方才会在上述效率标准得到满足的前提下真正支持权责集中，集权化才有其现实可行性。

2. 财政联邦主义与财政一体化经济学

体现为财政联盟的财政一体化（Fiscal Integration）不同于财政协调或财政合作，指的是各成员方将其财政职能指派给共同体一级的权力机构并由其负责财政联盟中的政策目标选择、财政开支和税收政策工具管理等事务。显然，从关税同盟与共同市场到经济联盟与完全一体化，区域经济一体化的各种形态都或多或少涉及财政政策方面的协调、合作与一体化。财政一体化经济学借鉴财政联邦主义理论观点与方法，考察财政一体化的理由以及共同体公共财政与财政预算在国际区域经济一体化安排中的意义和作用（Robson，1998）。

作为公共财政理论的一个分支，财政联邦主义（Fiscal Federalism）主要考察采取联邦制的理由，包括如何确定在不同层次的政府间进行财政权的分配以及在不同的部门实行财税转移的后果，同时还探讨联邦制下政府间税收转移的作用及其适当形式。财政联邦主义理论基于国家财政政策具有资源配置（提供或鼓励提供公共产品）、经济稳定（消减实际产出与潜在产出间的偏差）和收入再分配（调整市场引致的区域性或个人收入分配格局）三个在理论上可相对分割的经济职能与目标的假设，运用前述的跨国溢出效应、规模经济与政治一致性三个决定在不同层面的权力机构进行权责有效分配的一般标准，探讨了财政政策的各种经济职能在不同层级政府间的有效分派问题，并认为资源配置职能应根据所提供服务的特定公共产品的特征与对这些产品偏好的同质性或异质性，在不同层级的政府间分派，而经济稳定与收入再分配职能应由最高层级政府执行。财政联邦主义认为，财政再分配在空间层面上有着一些重要的目的和意义：有助于在各州或各地区间更加平均分担宏观经济冲击引致的负担；有效弥补各州或各地区无法执行自己的贸易、汇率政策以减轻地区性问题的缺憾；有助于促进各州或各地区更加统一以及经济水平与标准的更加趋同；有助于阻止各州或各地区间的无法承受的大规模移民潮。进而，财政联邦主义明确指出，要素流动产生的财政溢出效应严重限制了低层政府对个人收入再分配的能力，因而基于效率原则应把再分配职责主要集中于中央政府或最高层政府。财政联邦主义理论还分析了收入工具的纵向分派问题，认为资源配置与收入再分配目标支持税收管辖权应统一到最高层级政府，但政治目标则可能相反，因为税收管辖权涉及国家主权问题。显然，财政联邦主义理论所探讨的这些内容与区域经济一体化的财政机制建设有着一定的相关性，因为市场一体化同样引出了各成员方财政政策的协调与一体化问题。

从资源配置职能看。市场一体化条件下商品与要素的跨国流动性使得各成员方税基具有变化性，各成员方税收政策具有跨国溢出效应，而税收的统一收集又显然具有规模经济效应。因此，从经济效率方面看，可以进行税收政策一体化以避免国际税收竞争及其对公共产品提供水平和商业企业选址决策的扭曲。但现实中当前的经济一体化组织受制于基于国家主权的政治目标而仅限于税收政策协调与合作的层次。而公共开支政策一体化方面更缺乏足够的支持理由：提供国防公共产品的公共开支虽然符合规模经济与溢出效应标准，但现实的政治安全因素考虑显然不支持纯粹的共同体层面统一的国防安排；社会服务公共产品提供虽然有着明显的溢出效应，但规模经济效应较弱，更明显缺少共同的偏好和一致的态度与传统；影响市场一体化效率收益的各成员方行业、技术、环境、安全与卫生标准等管制性职能的集权化与一体化虽然有其必要性，但一般不会要求巨大的公共开支或公共所有制，相应也就不需要大规模的财政一体化。

从收入再分配职能看。毫无疑问，财政联邦主义上述关于再分配职能分派的主张对区域经济一体化集团的适用性值得质疑：首先，一体化区域内的要素流动性即便完全摆脱了正式的政策因素的限制，也会因语言与文化等因素而受到一定限制，因此各成员方尚能对个人税收进行有效管辖，而且税收竞争对有效管辖的不利影响主要是在远期上的，特别是在建立了货币同盟或货币一体化之前的一体化集团中，各成员方还可以通过对货币、汇率政策的自主运用来影响相对的实际工资成本与收入，从而削弱了把课税与再分配职能完全或主要交给共同体一级的理由与紧迫性。其次，财政联邦主义的分析与主张是基于最高权力机构具有超国家权力、能直接对个人或企业征税的假定的，但现实中当前的经济一体化组织却没有这个权力，其活动资金来源于各成员方经商定交纳的预算份额。但是，如前所述，区域经济集团的凝聚力与可持续性有赖于各成员方对自身在集团运作中公平权力的体认，进而有赖于集团对类似财政联邦主义所指出的分配目的的重视以及相应的行动。就具体行动措施而言，在一体化组织拥有课税权、有能力自主进行针对收入与分配的空间调控之前，成员方之间的收入再分配只能采取一致同意的转移支付方式来进行，而一体化组织的再分配职能只能通过商定的开支政策的影响，并最终通过商定的各成员方各自交纳的预算份额标准来执行①。

从经济稳定职能看。主张在一体化组织层面执行财政政策的经济稳定职能主要基于两个理由：应对市场一体化各成员方政策的跨国溢出效应；分担偶然的不利冲击引致的风险。在经济高度相互依赖的条件下，成员方为应对经济冲击而采取紧缩性或扩张性的财政政策会产生漏出效应，这种漏出效应不仅会在一定程度上减弱政策所期望的国内效应，而且会对其经贸伙伴的经济增长与稳定产生一定程度的影响。此时，如果其经贸伙伴相应采取报复性的政策措施，则不仅可能进一步削弱该成员方原本期望的政策效应，而且可能会影响到整个区域集团的稳定性。显然，克服成员方财政政策的跨国溢出效应需要各成员方就实现经济稳定职能的财政政策进行协调、合作与一体化。而由一体化组织集中执行稳定职能在时效上显然比成员方之间耗时的协商谈判有优势。此外，在一体化组织层面的适当稳定计划将为对宏观经济有着重大不利影响的特定国家冲击进行一定的相互保险，以分担具有偶然性的不利冲击所引致的风险（Goodhart & Smith，1993）。

（四）发展中国家间经济一体化的特殊理论基础：结构主义发展理论和国际依附理论

上述正统的区域经济一体化理论主要是基于欧洲发达国家的情况并且是为了阐明西欧一体化问题而发展起来的。而发展中国家较之于发达国家在经

① 决定各成员方对一体化组织预算的缴纳份额通常依据两个可替代的财政原则：利益原则与支付能力原则。就收入分配意义而言，支付能力原则对一体化区域的均衡发展或经济趋同目标更加适用。

济与政治等方面存在重大差别，它们在当代世界政治中的目标诉求是追求经济发展和政治安全。相应地，发展中国家的区域经济一体化虽受上述正统一体化理论的影响和发达国家区域经济一体化实践的启发，但还有其特殊的理论基础——结构主义发展理论和国际依附理论，其主要从国际经济体系的结构及其性质方面阐述了发展中国家间进行区域合作与一体化的动因与必要性。

1. 结构主义发展理论

以普雷维什（Raul Prebisch）为代表的关于发展中国家的结构主义发展理论主要由中心－外围论、贸易条件恶化论、外围工业化思想三个部分组成。结构主义认为，由发达国家（中心国家）和发展中国家（外围国家）组成的现代国际经济体系不利于发展中国家的经济发展；为实现经济发展，发展中国家需要实行进口替代的工业化战略以打破现行的中心－外围论体系的约束，并需要加强发展中国家间的合作以取代不合理的国际经济体系。

中心－外围论是结构主义理论的基石，是结构主义者关于现代国际经济体系的集中论述，主要包括中心与外围的结构差异、中心与外围的不均衡发展、中心与外围的不均衡发展是由结构差异决定的三方面的内容。结构主义正是在中心－外围的框架下对处于外围的发展中国家的不发达现象作出解释。普雷维什（1988）指出，世界经济星座中存在中心与外围的格局。所谓“中心”（Center），是指生产与出口制成品的、占统治地位的资本主义工业发达国家，是资本主义生产技术率先进入的地区。相对应的“外围”（Periphery），是指生产和出口初级产品的、在技术和组织方面都落后的发展中国家。中心与外围的这种结构性差异构成了传统的国际劳动分工与贸易格局：中心生产并出口制成品，外围生产并出口初级产品。

结构主义认为，基于这种中心－外围体系格局，在世界经济的长期演变中，由于中心技术进步快于外围，中心的劳动生产率增长速度会大于外围，中心的平均实际收入也会高于外围，结果不断拉大中心与外围之间的发展差距。生产结构的差异与劳动生产率以及平均收入的差距不断拉大，两者相互作用、相互强化，使得中心发达国家具备支配和制约外围发展中国家为其利益服务的能力（普雷维什，1987）。这突出地表现在发展中国家贸易条件的长期恶化上。普雷维什1950年在《拉丁美洲的经济发展及其主要问题》一文中指出，由于中心国家的技术水平与生产率高、劳动力相对短缺且组织程度高、产品生产供给的市场垄断程度高、产品需求的收入弹性高，而外围国家的情况则刚好相反，加之节约原材料的技术进步逐渐降低对初级产品的寻求，所以这些因素使得在技术进步与生产率提高中的中心国家的生产要素报酬不断提高，产品价格却很少下降，而外围国家的产品价格不断下降，生产要素报酬很少提高；使得在中心与外围的贸易中的贸易条件长期有利于中心国家而不利于外围国家，进而使得经济剩余与实际国民收入从外围流向中心，同时也阻碍着外围发展中国家的资本积累和经济成长。

在中心－外围体系与贸易条件恶化论基础上，普雷维什认为外围国家的出路在于工业化，并根据当时的国际市场情况提出了内向型发展的进口替代工业化模式，期望以本国生产的工业制成品来取代从中心国家的进口并削减本国初级产品的出口，以打破中心－外围体系的约束。普雷维什从外围国家经济增长的动力、收入增长的速度和对劳动力的吸收三个方面论证了进口替代工业化战略的重要性，并提出了相关的政策措施。一个重要政策措施就是区域主义合作与一体化。普雷维什认为，发展中国家要实现工业化，首先要解决国内市场狭小的问题；鉴于国际市场的种种限制（如中心国家产品市场的垄断、外围国家产品市场竞争力的缺乏），解决这一问题的重要途径就是发展中国家之间的区域经济一体化，以发展中国家间的相互合作和开放市场来满足工业化的要求，实现规模经济效应与合理的专业化分工，同时对外高筑贸易壁垒以保护区域市场，以集体力量来抗衡中心国家①。

普雷维什的结构主义思想在20世纪五六十年代拉丁美洲地区经济一体化实践中（例如拉美自由贸易区、中美洲共同市场、加勒比自由贸易区和安第斯集团的创立）起了重要作用，并对非洲和亚洲的区域合作产生了重要影响。由此，区域合作与一体化的理论重心从把经济一体化作为政治统一的方法转移到把经济一体化作为经济发展中工业化的手段；对区域主义一体化发展的关注也从强调限制经济发展的国家因素转移到把发展中国家在世界

① 早在1950年普雷维什就提出了拉美国家实行一体化的必要性。20世纪50年代末，普雷维什在《拉丁美洲共同市场》一书中对建立共同市场的必要性、原则、步骤作了系统阐述。

经济中的地位作为发展的阻力。

2. 国际依附理论

结构主义发展理论主张的进口替代工业化战略与一体化措施在20世纪40年代末到60年代初的实施，虽使一些发展中国家在形成市场、积累资本、实现工业化、加速经济增长等方面取得了较大进展，但并未能达到其预期的目标。相反，在一体化区域发展中出现了加剧区域内现有不平等的极化现象，特别是对发达国家的依赖也越来越强。如何认识发展中国家的这种依附问题、寻求依附的根源以及摆脱依附和发展社会经济的出路，是发展中国家学者自20世纪60年代中期以来一直探索的问题，国际依附论的兴起与发展就是这一探索的结果。

以安德莱·冈德尔·弗兰克（Andre Gunder Frank）、福南多·里奇·卡多索（Ferando H. Cardoso）、萨米尔·阿明（Samir Amin）、特奥多尼奥·多斯·桑托斯（Theotonio Dos Santos）等人为代表的国际依附论者扬弃了结构主义发展理论的“中心－外围”思想，超越了结构主义者单纯从不平等力量去观察中心发达国家与外围发展中国家的关系，而通过对中心国家与外围国家的内外部条件、制度、政治、历史与现状的分析对比，从宏观上研究外围国家不发达的国际背景，考察了外围国家发展与中心国家发展的关系，探索摆脱依附并发展社会经济的出路。这些学者进一步认为二者的关系是中心国家支配外围国家、外围国家依附于中心国家并受之剥削的“支配－依附”关系；外围国家要实现真正的经济发展，就必须对内部制度和结构进行彻底的改革，同时采取区域合作与一体化安排，彻底摆脱对中心国家的依附。

首先，国际依附论者认为中心与外围或宗主国与卫星国的关系是一种剥削性的支配－依附结构关系。弗兰克（Frank，1967）指出，这种剥削性的结构关系以链条的方式既存在于资本主义整个世界层次上（如宗主国－卫星国链条），也存在于发展中国家内部（如大城市－中小城市、中小城市－边区村落链条）。这种链条关系使得资本主义体系内部的每一个环节都紧密相联，使卫星国大部分甚至全部经济剩余资源不断地流向宗主国；在这种链条关系中，卫星国作为一种工具，从自身的卫星榨取资本或经济剩余，并把其中的一部分输送到一切都成为其卫星的世界性宗主国中心。弗兰克

（Frank，1966）认为，这种结构关系使宗主国的控制力量渗透到每一个卫星国甚至其边远村落，造就了少数宗主国的发展和多数卫星国的不发达以及卫星国从属于宗主国需要的畸形的经济、政治和社会结构。桑托斯的依附概念指明了这种结构关系的本质。桑托斯（1999）认为，依附是指一些国家（依附国）的经济受制于另一国（统治国）经济的发展与扩张这样一种结构关系，它导致依附国被统治国剥削并处于落后这样一种局面。当一些国家的经济之间存在着相互依赖关系，结果却是某些国家（统治国）能够扩展和加强自己，而另外一些国家（依附国）的扩展或加强仅是前者的扩展——对后者的近期发展可以产生积极的或消极的影响——的反映，这种相互依赖关系就呈现为具有不平等性的依附形式。桑托斯指出，从历史进程看，先后出现过殖民地型依附、金融－工业型依附和技术－工业型依附三种依附结构形式；而在依附性结构的深化发展过程中，附属国的不发达也在深化发展。因此，国际依附论者不赞成西方传统发展理论的各国都有发展的可能性、发展是一个从不发达向发达自然过渡的历史进程、发展的方式在于资本与技术从发达国家渗透到不发达国家等等关于发展的理论观点，而认为外围国家的不发达与中心国家的发达并非同一条发展道路上的不同发展阶段，而是同一国际经济体系中处于不同地位的不同层面，是相互联系、同时发生、共同存在的历史现象；正是中心－边缘体系中存在的支配－依附结构关系使得边缘国家受到中心国家的剥削而处于不发达状况。

其次，国际依附论者在其支配－依附结构关系论基础上提出了关于外围发展中国家的发展与合作的主张。总体上看，在如何解决依附、促进发展的问题上，主要有“脱钩”与“结合的依附的发展”两派观点。以弗兰克、阿明为代表的脱钩派基于中心与外围间存在的支配－依附不平等关系，提出发展中国家要摆脱依附与贫困，必须割断外围与中心的经济联系、与世界资本主义体系脱钩的观点。而以卡多索（Cardoso，1972）为代表的一些学者提出了外围发展中国家可以进行“结合的依附的发展”的观点。他们不否认前者对支配－依附结构关系与外围不发达原因的分析，但认为在外围国家社会经济中形成了外国资本、国家资本和私人资本三者联盟的情况下，发展与依附是可以共存和有机结合的，因此在当代发展中国家社会经济发展过程中，若了解依附产生的原因并设法与之斗争，就能使国家获得“结合的依附的发展”。尽管存在上述分歧，但两派学者都提出应实行发展中国家间的经济一体化，加强发展中国家间的从经济到政治、安全等各个领域的合作，以共同对外政策与共同阵线的形式削弱依附并促进发展。主张完全脱钩的学者认为，发展中国家不能只停留在内向的进口替代战略，而应该走“集体自力更生”（Collective Self-reliance）的道路。例如，阿明（Amin，1975）主张，发展中国家应实行一种由以下三个互相依赖的部分组成的新的发展战略：一是选择以依赖本国资源为基础的自力更生的发展道路；二是优先考虑第三世界国家之间的合作和经济一体化；三是建立国际经济新秩序，以提高原料的价格、控制自然资源、保证第三世界的制造品能进入发达国家的市场，并加速技术的转让。不主张完全脱钩的学者也提出，外围发展中国家至少要制定坚定的政策措施，实行结构主义发展理论强调的区域经济合作与一体化，订立国际贸易协定，发展本国技术，以最大限度地缩小中心发达国家的不利影响。

国际依附论自 20 世纪 60 年代兴起以来对国际实践产生了强烈影响。在其影响下，不仅拉美的区域经济合作与一体化如安第斯集团、加勒比自由贸易区等区域经济合作组织继续得到发展，而且广大发展中国家间的南南合作也获得了重要进展，不结盟运动、77 国集团等发展中国家合作组织在与发达国家的斗争中取得了重大成果。当然，国际依附论也受到了学术界的许多批评，其中主要的批评观点有：“依附性”概念含糊，不能准确地说明现今发达资本主义国家与发展中国家之间的关系；对“宗主国 - 卫星国”结构关系的“支配 - 依附”解释有其片面性；忽视了对生产关系的分析，没有对当代国际资本主义制度做进一步分析；没有找到任何可以消灭资本主义剥削、摆脱依附的道路（张雷声，1998）。然而，国际依附论不仅有助于理解广大发展中国家（特别是在 20 世纪六七十年代）的南南合作与一体化的动力与实践，而且从更广泛的思想角度看，国际依附论强调区域合作与一体化中全球背景的重要性，并在全球政治经济学中理解区域合作与一体化问题，把它作为在各国社会政治体系与全球政治经济历史发展双重限制下民族国家发展战略的一个部分和一个选择，从而赋予了发展中国家区域合作与一体化不同于传统关税联盟理论的福利最大化和新功能主义理论的政治一体化动机和目标。显然，国际依附论为研究发达国家与发展中国家之间的关系、探讨发展中国家的发展走向提供了一种新的视野与思路。

从上可见，结构主义发展理论与国际依附理论都认为现代国际经济体系是不合理的，并对发展中国家的经济发展构成了严重的束缚，发展中国家需要实行相互之间的区域经济合作与一体化，以摆脱不合理的国际经济体系并获得经济发展。从实践看，战后发展中国家的区域经济合作与一体化虽然在一定程度上是对西欧一体化的模仿，但它在目标设计、实现的原则与方法上都与西欧区域主义有着较大区别，并试图超越西欧模式，建立适合本地区发展的区域主义合作形式。因此，结构主义发展理论与国际依附理论可谓战后发展中世界区域经济合作与一体化的特殊理论基础。需要指出的是，结构主义发展理论和国际依附理论虽然从国际经济体系的结构及其性质方面阐明了发展中国家间进行区域合作与一体化的动因与必要性，但缺乏过程分析，也没有论证其内在条件与可行性。

三、简短结语

本节的理论及实践发展回顾显示，作为一种实践运动，区域一体化已成为当今世界政治经济中最引人注目的现象之一，与全球化一起展示着今后世界政治经济的发展趋势。作为一种思想理论，区域一体化主要是国际关系学与国际经济学研究的问题：国际关系学视野的区域一体化包括经济一体化、安全（政治）一体化、社会一体化三个方面，主要关注其后的政治动因、条件、过程与结果等问题；国际经济学研究的区域一体化即区域经济一体化，主要关注的是一体化的经济动因、效应和条件，多是从成员方福利角度来解释经济一体化的形成，探讨经济一体化各种形态对成员方福利的影响，很少关注一体化问题背后的非经济因素、非经济过程与非经济后果。虽然这两门学科关注的主题重点不完全相同，但它们的研究显然存在着相当的互补性，共同推进着区域一体化实践和理论的发展。随着实践的发展，至今已在这两门学科中形成了众多的理论与不同的流派，这些理论关注的视角与侧重的领域不同，观点各异，但基本上都可以定位到以政府间主义和超国家主义或者以现实主义和自由主义为基轴的坐标内。各种理论和流派都有其自身理论范式的局限性，但又都反映了当今区域一体化的部分现实。它们相互补充，构成了区域一体化理论的主要内容，在实践与争论中发展，并在发展中相互借鉴和逐渐融合，但至今却没有一个统一的系统的理论分析框架。

另一方面，随着实践的演进，特别是新区域主义运动的蓬勃发展与突破南北界限的区域一体化实践的出现，各种区域一体化理论的局限性凸显。区域一体化的研究视角与重心，需要而且正在从先前的只是片面或孤立地单纯从区域一体化背后的经济动力或政治动机与安全结构角度的研究，转向从政治、经济、文化、心理等多方面因素的相互影响和相互渗透的角度的研究，注重引入政治学、经济学、经济地理学、文化人类学、宏观史学以及心理学等有关学科，特别是国际关系学、国际经济学、国际政治经济学的研究成果，进行跨学科的综合性研究；注重结合各种理论寻求对整个世界范围内的区域一体化运动进行综合解释。正如赫里尔（Hurrell，1995）指出的，首先，每一种理论都存在一定的解释强点，这正是理论多样化的体现；其次，由此学者们应该了解不同理论逻辑之间的互动性质；最后，人们可以选择一种或多种理论来对区域主义进行不同的理解。

事实上，区域一体化运动是一个多层次、多方面、复杂多变的动态发展过程。仅仅从一个角度或静止的观察是不可能看到一体化运动的真实面貌的。对区域一体化实践运动的考察，要求一个可以从更为广泛的视角对之进行综合性分析的、系统的理论框架。因此，有必要扬弃与整合各种区域一体化理论的内容和观点，从区域一体化的动因与必要性、条件与可行性、动力与路径、机制与模式等方面，归纳总结出一个可以系统研究区域一体化问题的综合性的理论分析内容框架。

第三节　国际区域一体化问题的理论分析框架

上一节关于国际区域一体化理论及其发展述评显示，随着实践的发展，学者们围绕着区域一体化的动因与必要性、条件与可行性、动力与路径、机制与模式等问题做出了各自不同的解释，并形成了众多的理论与不同的流派；而且，各种理论与流派在不断发展的过程中相互补充并逐渐融合，构成了区域一体化理论的主要内容，但至今却没有一个统一的系统的理论分析框架。本节在上节理论发展述评的基础上，超越门派之见，从区域合作与一体化的动因与必要性、条件与可行性、动力与路径、机制与模式等方面，对各种区域一体化理论的内容和观点进行扬弃与整合，归纳总结出一个可以系统研究区域合作与一体化问题的综合性的理论分析内容框架，并以区域经济一体化为例进行阐释。

一、区域一体化的动因与必要性

区域一体化理论首要的任务和内容是关于一体化的动因与必要性的解释，即回答为什么会产生或者需要区域一体化。如前所述，许多理论从不同的角度与层面提出了自己的解释。综而言之，不外乎是内外两方面的原因，而根本动机与目的在于区域成员方（国家或地区）应对其内外政治经济环境的变化以实现自身利益的最大化。

首先，区域一体化的根本动因与目的在于区域成员方实现自身利益最大化的内在需要。国家利益植根于国际国内环境所提供的机会与制约中，有赖于国内各种利益主体特别是国家领导集团的认识与判断，并需要根据环境变化采取适当的方式去实现。当传统的单边方式与全球层面的多边方式难以实现国家利益最大化目标时，区域层面的双边或多边方式就成为一个现实有效的选择，而国家利益在这里代表的是国内竞争中获胜的优势集团的利益，是国内的各种利益主体之间的竞争与游说的结果。因此，区域一体化既是国家间利益博弈的结果，又是国内利益主体间博弈的结果。值得注意的是，这里的国家利益包括经济、安全、价值三方面的基本内容，而在具体的一体化实践中，不同层面与不同程度的一体化有其不同的具体动因与主要目的，通常需要对各方面利益特别是政治与经济目的进行权衡与综合考虑，有时候甚至需要交换与取舍。

就区域经济一体化来说，虽然经济一体化有其客观内在的经济决定性，并可能带来经贸创造、规模经济、竞争促进、配置优化与结构调整等效应，但实践中诸如主权、和平与安全等高级政治方面仍然是其重要的考虑因素或目的。事实上，区域经济一体化过程本身是高度政治化的：一方面，一定程度的经济一体化相应要求各成员方政府一定程度地放弃其对所涉问题的自主权；另一方面，一体化区域成员方之间还有一个利益分配问题，因为经济一体化即便使区域整体获益增加，但并非每一个成员方在每一阶段必定都会获益或都会得到同样的获益。此外，各种区域经济一体化理论显示，不同程度与形式的经济一体化在其具体的经济动因、目的与效应方面也存在一定差异。一体化程度较低的自由贸易区主要是基于贸易全球化趋势的内在要求并主要得到贸易产生的静态效应，在迈进关税同盟之前不可能获得其他诸多收益，实现其他目的，如增强在关税与贸易谈判中的讨价还价实力。没有在关税同盟基础上的生产要素可以自由流动的共同市场，进而没有财政、货币等领域的经济政策协调、合作与一体化的经济联盟，一体化的许多动态效应与目的也不可能实现。

其次，区域一体化是应对不断强化的且又非均衡发展的全球化与相互依赖趋势的一个有效选择。随着科技进步与生产力发展，战后全球化与相互依赖趋势不断加强，但又存在明显的非均衡发展特征，使得国际溢出效应与需要共同治理的事务日益增多、国家间互动关系日益复杂，进而使得国家利益最大化需要在超越国家自身疆界与自身权力的区域层面乃至全球层面去实现。为了在全球化与相互依赖进程中解决这类问题并实现国家利益目标，具有相同或相似诉求、具备一体化条件的有关国家（特别是在全球多边机制难以建立或作用不力时）选择了区域一体化安排这种形式。区域一体化安排虽然对成员方的主权与行为自由度施加了一定的限制，但也增强了各成员方承诺的可信度，促进了单边行动难题的有效解决，并提升了区域行为体在世界政治经济格局与国际事务中的分量。

就区域经济一体化而言，由于经济全球化与相互依赖趋势是一个利弊兼存而又不容回避的非均衡发展过程，而整齐划一的全球经济一体化安排既难以满足非均衡发展的各经济体在这一进程中追求自身利益最大化的需要，又因交易成本过大等因素难以在短期内取得较大程度的进展，于是，区域经济一体化安排就成为需要与偏好相近的各经济体参与这一进程并实现趋利避害的一种现实选择。事实上，区域经济一体化不仅比全球经济一体化有着较低的交易成本，易于沟通、协调与启动，而且在许多情况下，区域经济一体化安排在区域层面上有效解决了一些国际溢出效应与共同事务问题，一定程度上克服了全球化与相互依赖中的一些障碍与约束、不确定性与风险，既顺应并促进了经济全球化与相互依赖发展趋势，也满足了各经济体在这一发展趋势中追求自身利益最大化的需要，并增强了各经济体参与国际经济竞争与全球经济一体化的实力与能力。

最后，区域一体化在一定程度上也是利益诉求相同或相似的区域内各成员方对外部因素带来的压力与竞争的一种集体应对行动。地缘政治或经济的冲击可能促使同一区域的行为体创建区域政治或经济合作机制，特别是在全球化与相互依赖趋势不断深化发展的背景中，对强大的非本区域行为体行为的担心会诱使区域行为体参加更紧密的政策协调与合作，区域政策制定也会越来越受到区域外的和区域间的政治经济因素的制约。这在先前的发展中国家区域一体化实践与当前的新区域主义浪潮中有着明显的体现。

总之，区域一体化是利益诉求相同或相似的区域成员方基于其内外政治经济结构与环境的变化，特别是不断强化的且又非均衡发展的全球化与相互依赖趋势，寻求一种有效的、和平的、共赢的区域双边或多边方式（特别是在全球多边方式难以启动或作用不力的情况下），来解决单边方式难以解决的彼此间互动关系与共同事务问题，并应对区域外部因素带来的压力与竞争，以实现自身利益最大化。

二、区域一体化的条件与可行性

区域一体化的条件与可行性是区域一体化理论必须回答的另一个重要问题。综观现有理论的相关论述，虽然不同层面不同程度的一体化需要相应的特定的具体条件，但下述几个方面的条件与可行性分析具有广泛的参照意义，适用于区域一体化的任何形式。

其一，区域一体化的产生首先需要区域内部结构关系具有足够的向心力。这种向心力既可源于区域内部存在的具有强烈吸引与扩散作用的某种政治、经济、文化中心，也可源于区域内部各方之间由于政治、经济、文化、历史、地域等原因在频繁互动基础上产生的强烈而且基本对称的相互依赖与相互需要，这种频繁的互动、强烈而且基本对称的相互依赖与需要是对区域外的互动、依赖与需要所不能比拟和替代的，并且以彼此势力均衡的印象消除了各方对一体化下可能出现依附甚至吞并的担心。显然，这种向心力实质上是一体化潜在净收益大小的体现。只有当一体化的收益大于一体化的成本，而且无论是区域整体还是区域内部各成员方都具有这一成本－收益条件的情形下，一体化才有可能产生。当然，这里的收益与成本概念亦如前述的国家利益概念，包括经济、安全、价值三方面内容，并需要进行权衡与综合考虑，甚至交换与取舍。

其二，区域一体化的产生还需要区域内部各方具有改变现有关系状态的强烈愿望与共同认知。这种愿望与认知既是基于历史的经验与教训，也是出于对现实外部环境威胁的共同认知，更是出于获取未来共同收益的强烈期望。例如，两次世界大战的惨痛教训使西欧国家深刻体认到建立一种超国家的区域沟通、协调与合作机制的重要性，从而开启了西欧一体化；对相似的发展历史与共同的外部环境威胁的深刻体认，促使拉美的发展中国家在20世纪六七十年代走上了南南合作与自力更生的道路；对欧盟及北美自由贸易区的发展及排外性的增强所带来的外部压力的体认，促使东亚各国在新区域主义浪潮中积极谋求区域经济一体化的发展道路。

其三，区域一体化的产生特别是深化发展还需要区域内部各方之间主要价值上的相互适应性（相容性）以及在此基础上的行为上的相互可预测性。所谓各方之间主要价值上的相互适应性，是指有关各方对于一些基本问题有着共同的或相容的而非相互冲突的认识、标准甚至信仰。这种在主要价值上的相互适应性或相容性，是各方在共同的历史与文化基础上，通过历史上长期的交流与相互理解而形成的。它作为共同体意识的基础与部分，显然对一体化的产生特别是一体化进程深化中超国家性制度与机构的建立，具有至关重要的影响。事实上，即便是低级政治领域中的经济一体化的启动也需要各方就政治与经济的关系、经济一体化对彼此间关系的影响等方面产生基本的政治共识。

所谓各方之间行为上的相互可预测性，是指各方对彼此的意图偏好、行为习惯、思维模式、民族性格等方面有着相当的了解，相信对方不会轻易采取对己方有害的行动。显然，这种行为上的相互可预测性是建立在主要价值的相互适应性的基础上的，它不仅消除了有碍于合作与一体化的敌对心态或互不信任，而且使得即使在合作与一体化的相对收益有利于对方的情况下，合作与一体化特别是经济层面的合作与一体化也可能在绝对获益中得到启动并维持①。

就区域经济一体化的条件与可行性而言，除了上述超越经济层面的各种考虑之外，各种经济一体化理论还揭示了各种形式的经济一体化需要各自特定的经济条件。理论与实践表明，一般而言，成功的区域经济一体化必须至少具备以下经济条件：

（1）一定的经济相互依存性条件。一体化区域各成员方之间在经济上存在比较紧密的专业化分工关系，不论这种专业化分工关系是自然分工或协议分工还是水平分工或垂直分工，各成员方都能成为彼此的主要经贸伙伴，而对区域外经贸伙伴的依赖性较小，以保证一体化的经贸转向效应较小而经贸创造效应较大。

（2）一定的经济市场规模条件。一体化区域各成员方必须有着较高的人均收入和较发达的产业体系，从而有着旺盛的最终需求与派生需求以及广阔的国内市场，能够较多地吸纳其他成员方的商品，进而一体化后可以产生较大的经贸创造效应与规模经济效应。

（3）一定的经济技术发展水平条件。一体化区域中至少部分成员方的经济技术发展水平较高，在贸易商品上具有成本优势，从而能最大限度地降低经贸转向效应，并能保证相对落后的成员方通过区域经贸合作逐步提高技术水平、优化经济结构，从而获得一体化的动态收益。

（4）一定的经贸政策可协调性条件。某种程度与形式的经济一体化安排需要成员方之间彼此开放相应的市场，需要成员方之间彼此经贸往来活动具有相应的自由化与便利化程度。一体化区域各成员方之间的经济发展水平差距不大，经济与贸易政策乃至文化传统与政治体制也基本相同，从而不仅有利于区域经贸活动往来，而且容易协调成员方之间的经贸政策，不会给任何一方造成较大冲击，进而有助于一体化的启动与深化发展。

三、区域一体化的动力与路径

关于一体化动力与路径的研究是区域一体化理论内容的另一个主要方

① 显然，这个结论实际上仅适用于一定领域的合作与一体化，例如以经济为代表的低级政治领域的合作与一体化。而至于诸如国家安全的高级政治领域的合作与一体化，由于事关国家生死存亡，任何一方都不敢也不会轻易地仅仅付诸主观的判断与确信。

面。涉及这一方面的各种一体化理论基于各自的理论假设对一体化动力与路径有着各自的观点及解释。综合各种理论观点与区域一体化的实践经验，一般而言，区域一体化有着社会行为体、国家行为体、超国家行为体三个方面的动力因素，而且正是这三方面力量的合力决定着一体化的现实路径。

如上所述，区域一体化的根本动因与目的在于实现国家利益最大化；国家利益代表的是国内竞争中获胜的优势集团的利益，是国内的各种利益主体之间的竞争与游说的结果；而植根于国际国内环境所提供的机会与制约中的国家利益的实现，有赖于国内各种利益主体特别是国家领导集团的认识与判断以及在此基础上的相应行动。可见，国家政府与国内利益主体是一体化的主要行为体。各国政府在国家利益的驱动和国际政策外部性的压力下，在国际层面上通过国家间谈判直接决定一体化问题。追求自身利益的社会行为体（例如跨国利益集团）虽然一般不能直接参与国际谈判，但会在国内政治结构层面上通过游说与影响政府，从而间接对国家间谈判的结果、一体化的规则与进程等方面的内容产生影响。因此，区域一体化既是国家间利益博弈的结果，又是国内利益主体间博弈的结果。

随着一体化的启动与发展，超国家行为体会成为一体化的另一个重要的动力因素。一体化过程中的获益会使社会行为体游说政府支持一体化，进而使国家政府认识到区域交往与区域机制安排的重要性，愿意谈判一体化协定并向区域制度让出必要的主权，形成与之共享主权的超国家性的中心机构。由各成员方派代表组成的超国家机构虽然通常只能在成员方政府所给定的范围内活动，但由于其在有关区域整体的信息和一体化观念方面通常比各成员方具有优势，并在一定程度上可以代表一体化区域的共同利益，因此，超国家行为体在一体化进程中能够超越各成员方仅关注自身利益的局限性，协调成员方之间的利益冲突，找到解决问题和促进一体化深化发展的方法（如促成各方就有关问题建立联系和相互妥协，或达成补偿、转移支付安排），从而成为一体化的重要推动者与催化剂。此外，超国家机构的存在也有助于增强成员间承诺的可信性与一体化制度安排的权威性。

上述社会行为体、国家行为体、超国家行为体三个方面相互联系、相互作用不仅构成了一体化的动力系统，而且正是这三方面力量的合力决定着一体化实现与发展的现实路径。

首先，一体化的启动与发展是由国家政府主导与控制下的三方力量的合力作用决定的。

通常，在全球化、相互依赖与一体化的发展进程中，在微观层面上的以自利和规避风险为行动准则的各社会行为体，因其内在条件的不同会面临不同的机会与威胁，对全球化、相互依赖、一体化有着不同的甚至相反的态度与偏好。例如，微观经济层面就存在国际竞争力较强或较弱的企业，前者会希望和欢迎各国经济自由化与一体化，而后者则希望政府提供保护和扶植，对经济全球化与一体化持消极与反对态度。它们这种不同的态度与偏好会淋漓尽致地体现在游说政府的国内政治过程中，即各社会行为体会竭力使自身的利益与偏好上升成为国家的利益与偏好，使国家政府在关于全球化与一体化的国际谈判中采取有利于自己的态度与行动，从而间接使得全球化与一体化的规则和进程等方面的安排有利于自身的利益最大化。在这一过程中，代表国家利益的政府显然是国内各种力量的平衡者，政府在关于全球化与一体化的国际谈判中的态度与行动以及谈判达成的有关规则和进程安排首先就是在与政府互动中的国内各种力量相互竞争与妥协的产物。因此，从国内政治过程看，一体化可以说正是在国内赞成力量与反对力量的较量与妥协中、在与各种社会力量有着互动关系的国家政府的平衡下缓慢前进的。实践中，只有在国家政府认识到国内赞成力量比反对力量强大，或者国家政府保证反对力量能够得到利益上的补偿的情况下，一体化才能启动或向前发展。

另一方面，在全球化与相互依赖的现实世界中，国家大体上也可谓是理性的、自利的行为体，面对国内社会行为体的利益诉求和国际环境的制约，国家会采取最适宜的方式来实现其目标。当各国政府认识到采取集体行动比单边行动更能实现国家利益时，就会选择通过国家间谈判进行国际合作。上述国内利益主体间竞争形成的国家利益与偏好限定了达成潜在可行协议的空间，基于不对称的相互依赖而形成的国家间谈判相对实力则决定了最终的谈判结果（利益分配）。因此，从国际政治过程看，一体化又可以说是成员方政府理性选择和相互交易的结果。此外，为了增强成员间承诺的可信性，各方选择了国际制度甚至超国家机构来执行所达成的协议。国际制度或超国家机构虽然如上所述在一体化中发挥着一定作用，但对一体化谈判的最终结果的影响是有限的。事实上，从过去到现在的一体化都主要是一种政府间机制，主权国家仍然是一体化活动中的主角，国家利益而非一体化共同利益是成员方的首要考虑；自主自愿的区域一体化只有符合各参与方的利益才能获得推动。

其次，一体化是一个以外溢方式进行的循序渐进的过程。

如前所述，由于不同层面不同程度的一体化一方面需要特定的主、客观条件，另一方面对成员方政策行动的自主性与利益的获取有着不同的影响，因此，自主自愿的区域一体化只能是一个循序渐进的过程。虽然高级政治领域的一体化可以促进低级政治领域的一体化，而低级政治领域的一体化未必能够导向高级政治领域的一体化。各国政府通常还是在必要的政治共识与互信的基础上，从相互依存性较强的领域特别是经济等低级政治领域寻找合作与一体化的起点，从低级政治领域或部门性的合作与一体化向高级政治领域或全面性的合作与一体化发展，以渐进方式推进区域合作与一体化的进程及领域。即便是区域经济一体化也有着如前所述的从自由贸易区到完全一体化的程度与领域不同的一体化形式，并呈现了循序渐进的过程①。

值得注意的是，一体化的这种循序渐进的发展过程事实上还遵循着一种动态发展的客观逻辑，那就是新功能主义一体化理论强调的外溢观念——既有的一体化会形成进一步一体化的压力，体现为一体化在本部门进程的深化、在其他部门范围的扩展和在共同体制度层次权威的增加。新功能主义认为从关键经济部门开始的合作与一体化会自动外溢到相关的部门，并使更多的行为体卷入其中，逐步扩大超国家职能机构的活动以至最后包括所有部门；更深的经济一体化需要超国家规制能力，功能外溢过程要求直接地从更高的权威层次进行协调，由此导致政治外溢过程；由于这样的扩展逻辑，一体化就由经济领域溢出到政治、社会领域，并产生进一步一体化的政治压力，从而使一体化逐步深化发展。事实上，由于各个部门、领域之间通常普遍存在或紧或松的某种内在结构关系，因此一个部门、一个领域的一体化会将其他部门或领域卷入其中，或者会给其他部门、其他领域形成示范或压力，使其至少把一体化作为一种针对有关问题的可供选择的方案之一。显

① 当然，这并不是说世界范围内各个区域的一体化都必然经历相同的一体化进程。事实上，由于特定的需求与条件的不同，不同区域的一体化往往有着不同的起点和进程。

然，一体化中的客观外溢过程与政府对一体化进程的主观偏好——渐进性与可控制性具有相当的一致性。

需要指出的是，这种外溢过程虽是一体化运动本身所具有的内在动力与发展趋势的体现，并成为各国政府决策时面临的一种客观情况，可能会迫使各国选择进一步的一体化，但它只是可供选择的方案之一，因为如上所述，实践中的一体化进程和方向总是在各国政府的主导与控制下通过国内、国际双重博弈过程而决定的。只有当各方在既有的一体化中实现了预期获益，并认识到进一步获益所受到的限制需要进一步的一体化才能克服，而且愿意进一步让出对有关问题的自主权，外溢方案才可能在下一步一体化实践中得到采纳。

综上所述，正是社会行为体、国家行为体、超国家行为体之间的互动关系，使得一体化过程既是一个一定程度上的功能自主的客观外溢过程，又是一个有意识地寻求一体化的主观行动过程，在当前集中体现为一种在成员方政府控制下的循序渐进的外溢过程。

四、区域一体化的机制与模式

区域一体化的机制与模式问题是一体化理论研究的核心问题。一体化的机制与模式是指在一体化过程中所建立起来的管理一体化活动的各种组织机构、规范一体化活动的各种规则章程、处理一体化问题（反映、议决、执行）的各种程序体制，甚至包括在一体化进程中形成的各种习惯、观念和认同（陈玉刚，2001）。

从理论而言，一体化的机制与模式可以是政府间性质的，也可以是超国家性质的，或者是两者兼而聚之，这主要取决于特定的一体化发展程度，并且本身就是一体化发展程度的一种体现。显然，超国家性质的一体化机制与模式较之于政府间性质的一体化机制与模式，要求各成员方更多的主权让渡，相应的一体化进程会呈现更大的自主性。从现实世界的实践看，主权国家的偏好是相当明显的。事实上，由于一体化如前所述是基于实现国家利益的目的并在国家政府主导与控制下进行的，因此，一体化的机制与模式从本质上看仍然是政府间性质的，受国家利益所决定，是成员方之间讨价还价的结果，这种结果体现了成员方利益的最小公分母，符合各成员方的期望和利益，因为没有一个成员方会自愿接受一种在总体上使其受损的国际制度安排。换言之，一体化要能得到启动和发展，一体化的机制与模式安排必须保证各成员方能够在长期与总体上获得净利益而不是相反。与此同时，从运行成本和效率角度看，一体化的机制与模式安排必须适应并适用于一体化的客观发展进程需要。落后于一体化客观发展进程需要的一体化机制与模式安排不能够有效管理和推动一体化的发展，而过度超前的机制与模式安排则是不必要的也是不经济的。

另一方面，一体化的机制与模式虽是区域各方为了通过实现区域共同利益进而实现国家利益目的而造就的，但无论是政府间性质的还是超国家性质的机制与模式，一旦建立后，这些机制与模式就成为制约成员方政府等行为体的一个相对独立存在的因素，能够在成员方之间独立发挥作用：可以减少一体化与国际关系中的不确定性，稳定各种行为体的预期，使其看到保持连续性的价值，从而成为一体化进程与国际关系稳定发展的重要原因；可以促进一体化成员方在不同事务领域互动联系，产生相互依赖，使各方很难进行欺诈；可以提供信息，赋予成员方之间相互监督遵守和执行承诺的能力，利于监督；可以降低交易成本，便利国际合作；可以解决囚徒困境，实现共同利益。而且，一旦建立后，这些机制与模式就因种种原因能够自己获得存在与发展的动力，能够自己提出动议并获得通过，发展到后来甚至可能产生对成员方的超国家权力。与此同时，随着世界多元主义与功能性一体化的发展和国际社会规章制度化水平日益提高，从理论而言，在将来也可能出现一种没有政府治理的一体化机制与模式，即一个由共同的价值观和共同的事业来指导的功能性管理体系，这种功能性管理体系通过共识而不一定需要以强制手段来建立自己的权威。

如前所述，本章研究区域一体化理论的目的，在于为理解和研究两岸经济制度性合作与一体化问题建立一个较为完整的理论背景和可资借鉴的分析框架，从而提升对两岸经济制度性合作与一体化问题的认识高度。循此思路，下面转入对两岸经济制度性合作与一体化问题的系统研究。

第三章　两岸经济制度性合作与一体化的动因及必要性研究

区域合作与一体化是利益诉求相同或相似的区域成员方（国家或地区）基于其内外政治经济结构与环境的变化，特别是不断强化的且又非均衡发展着的全球化与相互依赖趋势，寻求一种有效的、和平的、共赢的区域双边或多边方式（特别是在全球多边方式难以启动或作用不力的情况下）来解决单边方式难以解决的彼此间互动关系与共同事务问题，并应对区域外部因素带来的压力与竞争，以实现自身利益最大化。本章借鉴关于区域一体化的动因与必要性的理论观点与分析框架，考察当前两岸经济制度性合作与一体化的动因与必要性问题。第一节对 1979 年以来两岸经济关系的发展演变进行简要的回顾，并归纳总结影响两岸经济关系发展演变的主要因素，以之作为进一步分析与探讨的起点和基础；第二节从两岸政治经济关系发展的内在需要特别是当前两岸经济体的相互依存性与功能性一体化发展态势出发，评估其对两岸政治经济发展的重要性与约束性，考察当前两岸经济制度性合作与一体化的内部动因与必要性；第三节从经济全球化的不确定性与风险、区域一体化的竞争与边缘化效应以及 WTO 下两岸经济关系发展面临的挑战等角度，揭示两岸经济制度性合作与一体化的外部动因与必要性；第四节是本章简要的研究结论。

第一节　两岸经济关系的发展演变及其影响因素分析

经济一体化可谓经济关系发展的最高阶段与最终形态。因此，要考察两岸经济制度性合作与一体化的动因与必要性，首先有必要明了两岸经济关系发展的状况及其影响因素，把握其发展态势。作为进一步分析与探讨的起点和基础，本节就1979年来两岸经济关系的发展演变进行简要回顾，并对影响两岸经济关系发展演变的主要因素进行归纳总结。

一、1979年来两岸经济关系的发展演变

众所周知，1949年国民党政权退守台湾，宣布台湾处于“战时动员状态”，实行“非常时期”的军事管制，严禁台湾人民与祖国大陆的交流交往。由此开始至1979年的30年间，台湾与大陆相互对峙与隔绝，各自走上了独自发展的道路，两岸经济关系基本上处于中断阶段。随着20世纪70年代末期祖国大陆政治经济形势的变化，特别是“和平统一、一国两制”对台政策与改革开放政策的实行，两岸经济联系得以恢复。自1979年以来，在经济全球化力量的推动下，两岸经济关系克服两岸政治关系因素的障碍不断发展，先后大致经历了恢复、兴起、扩张、紧缩四个发展阶段，当前正向着交流正常化与功能一体化的方向深化发展。

（一）两岸经济关系的恢复阶段（1979—1987）

1979年是两岸关系发展的新起点。从1979年到1983年，祖国大陆对台政策完成了由“解放台湾”向“和平统一”、“一国两制”的历史性转变，并发出了“三通四流”的倡议，呼吁尽早结束两岸对抗与隔绝的局面①。由此，尽管当时的台湾当局提出对大陆“不妥协、不接触、不谈判”的“三不政策”（国台办，2008），尽管两岸间长期以来形成的历史隔阂难以立即消除，但彼此对立的气氛开始有所缓和，两岸局势从先前的敌我对峙与军事对抗时期进入和平共处与相互竞争时期，为两岸经贸往来的恢复提供了现实可能性。此外，大陆采取改革开放政策主动参与经济全球化进程，为两岸经贸活动提供了市场机会与诱因。1979年上半年，大陆先后开办经第三地对台湾的电报业务、开放对台湾的长途电话业务、全面开放受理寄往台湾的平信业务、经香港邮局转寄台湾的挂号信函；1980年，大陆方面首先

① 1979年元旦全国人大常委会发表了《告台湾同胞书》，提出了“和平统一”的对台政策，并发出了“三通四流”倡议；1981年9月30日全国人大委员长叶剑英发表争取实现和平统一祖国的“九条方针”；1983年6月26日邓小平又进一步阐述了“一国两制”的伟大构想。所谓“三通四流”是指海峡两岸通邮、通航、通商和学术交流、文化交流、体育交流、科技交流。参见国台办（2008）。

单方面向台湾产品开放市场，主动派出大型采购团赴香港采购台湾产品，并开放台湾工商企业来大陆投资，设立代表机构，开展业务（国台办，2008）。与此同时，台湾当局尽管基于政治因素的考虑，在原则上与公开场合仍然声称禁止两岸经贸往来并作出种种限制，但是，在实际操作中则采取了消极默许的变通做法，并在1985年赋予了台湾货物通过第三地间接输往大陆的“合法”地位①。

在这种背景下，两岸经贸活动往来在这一时期得以开启，两岸经济关系逐步从先前的中断阶段走向恢复阶段。这一阶段的两岸经济关系以贸易主导为特征，主要表现为两岸间接贸易（经香港的转口贸易）逐步恢复，进而引发或带动台商开始通过第三地并主要在广东与福建沿海等地进行零星、分散、隐秘、少量的试探性投资。据大陆海关统计，在1979—1987年间，两岸通过香港的转口贸易货值从0.77亿美元增至15.16亿美元，平均年增长率为45.1%，其中，自台进口增长尤为迅速，从0.21亿美元增至12.27亿美元，平均年增长率为66.3%；对台出口从0.56亿美元增至2.89亿美元，平均年增长率为22.8%。据商务部统计，从1981年第一家台资企业的出现至1987底，台商对大陆的台资累计只有80余项，1亿多美元。这些投资规模有限，形态单一，基本上属于劳动力密集型加工产业，多是中小企业把大陆沿海地区作为出口加工基地，不断以“台湾接单、大陆生产、香港转口、海外销售”的模式实现资本运转（李非，2000）。

（二）两岸经济关系的兴起阶段（1988—1991）

1987年是两岸关系发展的新的转折点。1987年前后，台湾当局解除“戒严”，放宽外汇管制，开放民众赴大陆探亲。台商借探亲热潮纷纷到大陆进行商务考察，寻找商机，直接商务活动日益频繁。随着国民党“政治革新”的逐步推进与两岸经济关系的日益活跃，台湾当局在其1988年5月提出大陆政策的三个基本原则（确保“国家安全”；区分官方与民间，官方维持不接触、不谈判、不妥协，民间则渐次开放；单向间接原则）基础上，

---

① 1985年7月，台湾当局宣布“转口贸易三原则”，即在“不与中共贸易”、“不得与中共设在海外的机构和人员接触”的两项前提条件下，“对台湾出口产品转运其他地区不加限制”。参见台湾《联合早报》1985年7月5日第2版报道：“‘国府’宣布两岸转口贸易三原则”。

不得不采取日益松动和弹性灵活的大陆经贸政策，逐步放宽对两岸经济交流的限制（国台办，2008）。

在邮电往来方面，1988 年 4 月，台湾通过红十字信箱 50000 号开办寄往大陆的航空邮件；1989 年 6 月台湾当局正式开放两岸民众间接通话、通报，并简化邮寄大陆邮件的处理方式，在很大程度上实现了两岸通邮；1990 年 11 月，台湾“陆委会”公布《开放台湾地区与大陆地区民众间接通话（报）实施办法》（国台办，2008）。

在大陆货品进入台湾方面，迫于台湾工农业生产急需，在其他进口货源难觅的情况下，台湾当局一改先前的消极默许间接进口大陆货物的做法，1987 年 7 月首次公开宣布开放 27 项（随后又增至 30 项）大陆农工原料间接进口①，从而赋予了大陆货物间接进入台湾的“合法”地位，并在随后的 1988—1990 年对大陆农工原料间接进口进行了第二、三、四批次的开放。1990 年 12 月又进一步开放台商在大陆委托加工或生产的半成品可以间接方式返销台湾，从而使得自大陆输入的货物从农工原料扩大到半成品（廖福顺，1991）。

在对两岸间接贸易的管理方面，台湾当局不仅放宽了台湾驻海外分支机构不得与大陆经贸人员接触的限制，也放宽了对两岸间接航行的认定，允许国际商船（包括两岸在海外注册的权宜籍商船）经第三地时只办转口手续而免装卸过程，从而促使两岸经贸交流由间接向准直接，即“转单不转运”的形式转变（李非，2000）。

在台商投资大陆方面，台湾当局 1990 年 3 月正式开放台商赴大陆进行工商考察；7 月鉴于已有大批台商在大陆投资设厂的既成事实，正式开放台商赴大陆间接投资，并要求以正面表列方式核准进行；8 月通过《对大陆地区从事间接投资或技术合作管理办法》，同时制定“赴大陆间接投资产品正面表列”以配合实施。该年开放项目范围包括化工、纺织、机械、电机、资讯 5 大类，先后两批开放的产品项目共计 3000 多项（李非，2000）。

在两岸金融往来方面，为适应两岸贸易与投资往来的需要，台湾当局从

---

① 参见台湾《经济日报》1987 年 7 月 15 日第 1 版报道：“我已拟定开放首批自大陆间接进口清单”。

1990年起开放两岸间接通汇，规定台湾民众可由外汇银行或“邮政储金汇业局”经第三地银行将钱间接汇到大陆；1991年8月全面开放岛内银行办理对大陆间接汇款业务；同年10月同意开办“大陆出口、台湾押汇”的运作方式（李非，2000）。

此外，1991年9月台湾当局还通过包括农业技术援助、智慧财产保护、大陆资源开发等12项有利于两岸经贸往来的大陆经贸新政策（李非，2000）。

这一时期，祖国大陆也适时推出一系列加强两岸经济关系的特殊政策与灵活措施。1988年7月国务院公布了《关于鼓励台湾同胞投资的规定》，对台商投资的合法权益提供保障，并予以较大的优惠与便利。此后，国务院相继批准在福建的马尾、杏林、海沧、集美设立台商投资区，并为台资项目提供配套资金，有力地促进了台商到祖国大陆的投资（李非，2000）。

在两岸经贸政策的互动下，两岸经济关系转趋活跃，迅速从恢复阶段走向兴起阶段。这一阶段的两岸经济关系以贸易主导向投资主导过渡为特征，表现为贸易与投资并重发展，多种形式的经济交流不断出现。一方面，据大陆海关统计，两岸间接贸易继续稳定扩张，从1988年的27.21亿美元增至1991年的57.93亿美元，平均年增长率为28.6%，其中，自台进口从22.42亿美元增至46.67亿美元，平均年增长率为27.7%；对台出口从4.79亿美元增至11.26亿美元，平均年增长率为33.0%。另一方面，这一时期台湾步入新一轮经济转型期，劳动力密集型产业开始大量向大陆转移，台商赴大陆投资设厂迅速增加。据商务部统计，1988年以前，台资项目计437项，合同利用台资6亿美元，实际利用台资0.22亿美元；1991年台资项目计1735项，合同利用台资13.9亿美元，实际利用台资4.66亿美元。四年累计台资项目达3842项，累计合同利用台资33.12亿美元，实际利用台资8.65亿美元。随着两岸经济联系逐渐加深，贸易与投资相辅相成作用日益明显。20世纪80年代后期，贸易主导的迹象依然存在，但90年代初期投资主导的趋势逐渐增强（李非，2000）。

（三）两岸经济关系的扩张阶段（1992—1995）

1992年邓小平南巡讲话后，尤其是“中共十四大”之后，祖国大陆正式确立了社会主义市场经济的发展方向，掀起了第二次改革开放的热潮，并在引进台资、外资方面出台了一系列新的优惠政策与措施，从而引发了新的一波台商赴大陆投资热潮，促进了两岸经济关系进入快速扩张阶段。例如，祖国大陆1994年3月颁布了《中华人民共和国台湾同胞投资保护法》；4月又提出对台商投资的领域、项目、方式采取“同等优先、适当放宽”的原则；1996年8月批准厦门与福州成为大陆首批对台直航试点口岸。

这一时期，随着两岸经济关系的迅猛发展，台湾当局虽然在1992年7月公布的《台湾地区与大陆地区人民关系条例》中对两岸海上、空中通航问题设立了严格禁止条款（国台办，2008），但鉴于两岸经贸往来不能也无法阻隔的客观现实，在采取措施规范两岸经贸往来的同时，继续有选择地放宽对两岸经贸交流的限制。

在两岸间接贸易方面，1993年初与1994年底，台湾继续扩大大陆产品间接进口范围，使开放项目进一步增加至2000多项，最后逐步扩大到工业制成品，并在条件成熟时将大陆产品入台的正面表列规定改为负面表列规定①。此外，台湾方面还制定了《对大陆地区间接输出货品管理办法》，设立了出口预警系统，防止台湾产品外销过分依赖大陆市场。

在台商投资大陆方面，1992年底，台湾再次增加200多项赴大陆间接投资产品，包括制造业74项、服务业139项、农产品加工业103项等，从而使台商赴大陆间接投资产品累计超过4000项；钢铁、水泥、汽车、石化、玻璃等5大行业则以专案审查方式开放赴大陆投资。台湾的新兴行业，包括通讯、资讯、消费性电子、半导体、精密仪器与自动化、高级材料、特用化学品与制药、医疗保健、污染防治等工业，可采取个案申请方式办理赴大陆投资事宜②。台湾“农委会”也决定放宽台湾农业赴大陆投资，开放养殖业、农副产品加工业等52个投资项目（李非，2000）。

在两岸金融往来方面，1994年7月台湾通过《台湾地区与大陆地区金融业务往来许可办法》，开放台湾地区银行海外分支机构经许可得与外商银行在大陆分支机构业务往来；1995年7月台湾开放岛内指定银行及国际金

---

① 参见台湾《中时晚报》1995年9月16日报道：“‘经济部’决定将对进口大陆原料和半成品改负面表列”。

② 参见台湾《中国时报》1995年7月29日报道：“‘经济部’决定大幅放宽两岸贸易与投资限制”。

融业务分行与大陆金融机构海外分支机构办理间接进出口押汇、托收等外汇业务；台湾“财政部”也放宽台岛银行第三地子银行可赴大陆设立办事处（洪子仲，1995）。

在两岸经贸人员往来方面，台湾“行政院”核准《大陆人民来台从事经贸相关活动的许可办法》，许可大陆经贸人士可申请赴台进行工商考察、经贸访问或出席会议①。

两岸经贸政策在1992—1995年间的互动关系客观上促进了两岸经贸交流往来的快速发展，两岸经贸交流出现了热络景象和投资主导特征，表现为台商赴大陆投资逐渐进入高潮，并在深度与广度上都出现新的变化，促进了两岸贸易及其他形式的经济交流持续发展。

首先，台商投资发生了质的变化。据商务部统计，1992年台资项目即达6430项，合同利用台资55.43亿美元，实际利用台资10.5亿美元，分别较1991年增长270.61%、298.78%、125.32%，分别约是过去11年总和的1.7倍、1.7倍、1.2倍；1993年台资项目、合同利用台资金额进而达到创记录的10948项、99.65亿美元，实际利用台资金额则高达31.39亿美元，分别较1992年增长70.27%、79.78%、198.95%。其后，台商协议投资数量虽有所回落，但实际投资数量仍保持在1992年水平之上。截至1995年底，累计台资项目达32287项，合同利用台资300.64亿美元，实际利用台资116.06亿美元。台湾传统劳动力密集型产业大量向大陆转移，带动了岛内中上游重化工业的大陆投资步伐。投资行业领域不再限于加工出口业，而是从劳动力密集型的轻纺制造业扩展到资本与技术型密集型产业、农产品加工业与服务业。投资厂商从初期从事中下游工业生产为主的中小企业扩大到以从事中上游工业为主的大型企业及集团企业，形成大、中、小企业并重发展，上、中、下游产业相互关联的投资格局。台商投资大陆的动机也不再只是寻求低廉的劳动力，土地利用型投资大幅度增长，更重要的是通过在上海等地设立据点以占领低廉市场的台商投资不断涌现。投资地域分布从先前开放城市“点”的增加与沿海地区“线”的延伸转向整个大陆“面”的扩散，形成全方位的投资布局（李非，2000）。

---

① 参见台湾《中央日报》1995年4月18日报道：“‘国府’公布大陆经贸人士来台办法”。

其次，在投资的带动下，两岸贸易持续快速增长，并出现了转运贸易与转口贸易等多渠道多形式发展的局面。据大陆海关统计，两岸贸易总额从1992年的74.1亿美元增至1995年的178.8亿美元，平均年增长率为34.1%，其中，自台进口从62.9亿美元增至147.8亿美元，平均年增长率为32.9%；对台出口从11.2亿美元增至31亿美元，平均年增长率为40.4%。

（四）两岸经济关系的紧缩阶段（1996—1999）

鉴于两岸经济关系发展的客观形势对现行各项政策形成强烈冲击，以1996年秋李登辉“戒急用忍”政策出台为标志，台湾当局对大陆经贸政策从渐进开放转入紧缩调整阶段，从而人为打压了两岸经贸往来的快速扩张步伐，迫使两岸经济关系发展呈现紧缩甚至回落态势。

1996年8月，李登辉提出必须检讨以大陆为腹地来建设亚太营运中心的论调，要求有关部门制定限制台商对大陆投资的相应办法（李顺德，1996）。同年12月，台湾召开的所谓“国家发展会议”根据李登辉“戒急用忍”的政策精神，针对两岸经济关系形成“九条共识”，其中重点有：两岸经贸往来应考虑政治风险；西进暂缓，推动南向，台湾优先；两岸“三通”要根据安全、互惠原则等待时机协商解决；岛内企业赴大陆投资要做政策性规划和合理规范（李非，2000）。台湾有关部门随即采取相应措施跟进。例如，台湾“立法院”1997年4月通过了《台湾地区与大陆地区人民关系条例草案》；台湾“经济部”1997年5月公布了新版《企业对大陆地区投资审查办法》。这些措施放缓了两岸经贸交流的步伐，搁置了原先决定逐步开放大陆资金入岛的政策，暂停或取消了许多经贸交流项目，并从严管制大企业赴大陆投资，从严审查投资规模较大、对台影响较大、助长大陆基础建设发展的投资案（李非，2000）。

这一时期，在两岸航运方面有几个亮点值得一提：1997年1月，大陆的海峡两岸航运交流协会与台湾海峡两岸航运协会代表在香港就两岸“试点直航”问题进行协商，并签署“会谈纪要”，决定开通福州、厦门至高雄的“试点直航”航线，中转大陆的外贸货物；同年7月台湾当局开放大陆权宜轮经第三地可原船装载集装箱往返两岸；10月台湾“交通部”正式开放干线船舶经高雄港延伸至第三地；1998年6月，台湾“经济部”公告并开放船舶运送、船务代理、船舶出租、港埠、航空货运承揽、民用航空运输与电信等在大陆设立办事处（国台办，2008）。

与此同时，祖国大陆方面继续采取了一些促进两岸经贸交流的措施：1998 年 5 月，国家批准设立厦门大嶝对台小额贸易交易市场，该市场设有商品交易、仓储、简易加工和综合服务，为两岸民间交易提供方便；同年 12 月原外经贸部发布了《在祖国大陆举办对台经济技术展览会暂行管理办法》，允许台商单独到大陆举办展览会；1999 年 12 月，国务院发布《中华人民共和国台湾同胞投资保护法实施细则》（国台办，2008）。

台湾当局的“戒急用忍”政策严重束缚了两岸经济关系的发展，尤其是阻碍了台商赴大陆投资。两岸贸易在 20 世纪 90 年代中后期增长速度明显放缓。据大陆海关统计，两岸贸易金额在 1996 年、1997 年、1998 年分别仅增长了 6.1%、4.5%、3.3%，而 1996 年的对台出口出现了 20 多年来少见的高达 9.6% 的负增长率，台商投资项目与实际投资金额更是出现连年下滑趋势。据商务部统计，1999 年台资项目减少到 2499 项，1997 年合同利用台资金额仅有 28.14 亿美元，是 1992 年以来的最低，实际利用台资金额从 1996 年的 34.74 亿美元下降到 2000 年的 22.96 亿美元。

由于“戒急用忍”政策严重违反经济规律，有损于两岸经济体特别是工商界的利益，实践中遭到了岛内外多方面的强烈反对，台湾当局后来不得不对其内容进行了调整。贸易方面的调整主要是台湾“经济部”1997 年 11 月和 12 月又分别开放了 47 项和 40 项大陆物品进口，使得准许进口的大陆货品项目增至 5405 项，占总货品项目的 54%。投资方面主要是简化了台商投资大陆的手续，特别是放宽了中小企业赴大陆投资的条件，但对大企业仍然从严审核（李非，2000）。

（五）两岸经济关系的深化阶段（2000 年至今）

2000 年以来，特别是 2008 年中国国民党重新执政台湾以来，为顺应经济全球化的深化发展趋势，特别是为满足加入 WTO 的要求，并结合自身经济发展的需要，海峡两岸经济体都沿着经贸自由化的方向加强了两岸经贸政策的调整，在开放市场、扩大准入、降低壁垒、改善环境、保护产权等方面加快了调整步伐，从而使得两岸经济关系朝着交往正常化与功能一体化方向深化发展。

祖国大陆方面，与两岸经贸往来发展有关的政策调整主要体现在：按照在加入 WTO 议定书中的承诺逐步放开进出口经营权、逐步取消进口数量限制、逐步大幅削减关税水平、逐步加大对外商投资的开放领域及程度；按照 WTO 规则特别是无歧视原则规范贸易与外资政策；逐步营造内资企业与外资企业（台资企业）公平竞争的税收环境（刘兵，2003）。从总体上看，祖国大陆方面的经贸政策调整有助于两岸贸易往来的加速和台商对大陆投资的深化。特别是 2005 年连、宋大陆行在两岸党际间达成包括建立“两岸共同市场”、“两岸自由贸易区”等多项推动两岸关系发展的愿景和重要共识（参见国台办，2008）以来，祖国大陆方面出台了包括单方面扩大并免税进口台湾部分农产品等一系列对台新政策和新举措，认真贯彻落实上述愿景和共识，展现了极大的诚意，在使两岸关系形势趋向缓和的同时，推动了两岸经贸交流与合作进一步向纵深化发展。

台湾方面，2001 年 12 月，台湾“陆委会”公布了加入 WTO 后两岸经贸政策调整的七大范围，包括：开放两岸直接贸易；适度开放大陆物品进口；适度开放大陆资本赴台从事服务业投资；开放台商赴大陆直接投资；开放两岸直接通汇；推动两岸直接通邮、通信；规划设立“两岸经贸安全预警制度”，处理相关安全及产业风险事宜（刘兵，2003）。2002 年 1 月，台湾“行政院”通过了《加入 WTO 两岸经贸政策调整执行计划》，确立了加入 WTO 后逐步建立正常化的两岸经贸关系目标（刘兵，2003）。

关于两岸贸易方面。台湾当局在加入 WTO 后加快了两岸贸易的开放步伐（彭莉，2004）。2002 年 2 月，台湾“经济部”公告了新修订的《台湾地区与大陆地区贸易许可办法》，取消了两岸贸易须为间接贸易的先前规定，正式开放了两岸直接贸易，但要求两岸货物仍须经第三地区或境外航运中心运输；同时，扩大开放了 2058 项大陆物品的进口，加上在此之前开放的 5000 余项，大陆物品开放进口比率约为 73%。其后，台湾“经济部”又多次开放了数百项大陆货品的进口，至 2003 年 12 月，台湾方面累计共 41 次放宽大陆货品的进口。2003 年 4 月，台湾“经济部”再次修订了《贸易许可办法》，准许所有大陆物品经台湾从事三角贸易，转运至他地。2003 年 10 月，台湾“立法院”修订的《台湾地区与大陆地区人民关系条例》准许经许可进入台湾的大陆物品、劳务、服务或其他事项得在台湾从事广告活动。但台湾当局至今仍对高达两千多项的工、农产品禁止自大陆进口，而且在逐步开放大陆货品进口的同时，又明确强调建立大陆货品进口的防御机制，包括一般性防御条款、平衡税与反倾销税条款、农产品特别防卫措施、大陆物品特别防卫机制等。

关于台商对大陆投资方面。近年来，特别是加入 WTO 前后，台湾“经济部”多次修订了《在大陆地区从事投资或技术合作许可办法》、《在大陆地区从事投资或技术合作审查原则》等法规，除了自 2002 年 1 月开放台商对大陆直接投资外，还放宽了对投资领域及投资金额的限制，简化了投资审查程序（彭莉，2004）。到 2002 年 4 月台湾“经济部”正式公告 2000 多项赴大陆投资清单后，加上原已开放的项目，总计开放比率达到 93.82%（刘兵，2003）。台湾“立法院”2003 年 10 月修订的《台湾地区与大陆地区人民关系条例》将赴大陆投资产业分类由原来的“许可类”、“专案审查类”、“禁止类”三类改为“一般类”和“禁止类”两类（彭莉，2004）。但在开放台商赴大陆直接投资并放宽对台商大陆投资的限制的同时，台湾当局也加强了管理，建立了所谓“动态调查机制”、“专案审查机制”，从而可能对台商大陆投资形成新的壁垒。为提升台湾资产管理的竞争力，并满足投资人多元化的投资需求，台湾新当局 2008 年 7 月 3 日通过决议，将台湾基金投资大陆股市的资金比例上限标准，由现行的 0.4% 扩大为 10%，同时完全取消台湾基金投资香港红筹股与 H 股的限制①。为提升台湾企业的竞争力，便利台湾企业与跨国公司合作投资大陆，把台湾打造成为跨国公司投资亚洲与大陆的门户，并促进核心业务根留台湾，台湾新行政当局于 2008 年 8 月 1 日起正式放宽对台湾企业赴大陆投资金额的现行限制：非中小企业赴大陆投资一律放宽为净值或合并净值的 60% 为上限，个人赴大陆投资上限从现行新台币 8000 万元放宽为每年 500 万美元，而获得“运营总部”资格认定的岛内企业以及跨国公司在台湾的子公司投资大陆不受限制。此外，台湾新当局还将赴大陆投资的审查程序便捷化：赴大陆投资金额在 100 万美元以下的申请案可在投资实行后六个月内申报，个案累计金额逾 5000 万美元才进行项

① 参见新华网 2008 年 7 月 3 日报道：“台湾提高基金投资大陆股市上限”，http://news.xinhuanet.com/tw/2008-07/03/content_8486689.htm。

目审查，其余均以简易审查方式办理①。关于大陆对台投资方面，加入WTO前，台湾当局未予开放，并规定在台投资的外来企业大陆资本所占股份比例不得超过20%；加入WTO后，台湾当局不得不有所调整并逐步开放（彭莉，2004）。2002年4月，台湾“立法院”通过《台湾地区与大陆地区人民关系条例》修正案，解决了大陆投资盈余汇回重复征税问题，允许未经核准赴大陆投资厂商补办登记，并以许可制开放陆资直接或间接赴台投资不动产。同年8月，台湾“内政部”出台了《大陆地区人民在台湾地区取得设定或转移不动产物权许可办法》，在对有关事项进行具体规定的同时，对陆资准入、营运等环节进行了重重设限。2003年10月，台湾“立法院”再次修订的《台湾地区与大陆地区人民关系条例》进一步开放了陆资对台投资，规定参照侨外投资核准制度，适度开放大陆人民、法人、团体、其他机构或其在第三地投资的公司经许可在台湾从事投资行为，但配套子法至今尚未正式出台。

关于两岸金融方面。为配合两岸贸易、调整关系迅速发展的需要，近年来，台湾当局多次修订《台湾地区与大陆地区金融业务往来许可办法》等相关法规，逐步放宽两岸金融业务往来的限制（许峰，2003）。银行业方面，台湾“财政部”于2001年11月放宽台湾地区银行海外分支机构及国际金融业务分行（OBU）可直接与大陆地区金融机构通汇，并可与大陆当地企业和个人开展金融业务往来；2002年2月，为配合两岸直接经贸往来，对两岸汇款及进出口外汇业务不再强调间接原则，局部开放岛内外汇银行（DBU）与大陆地区银行直接通汇；同年8月，开放外汇指定银行与大陆的金融机构直接通汇，但“直接投资”的汇款仍不通过岛内外汇银行（DBU）进行操作；准许国际金融业务分行（OBU）可以对大陆台商办理放款和应收账款收购业务；准许岛内外汇银行海外子银行申请赴大陆设立代表办事处。非银行金融业方面，2000年底，台湾开放保险业与证券业赴大陆设立办事处；2002年7月，台湾“陆委会”原则同意金融服务业以直接投资方式赴大陆设立分行或子公司。2003年10月，台湾“立法院”修订了《台湾

① 参见《上海证券报》2008年7月18日报道：“台湾放宽台企投资大陆限制”，http://www.cnstock.com/paper_new/html/2008-07/18/content_64160070.htm。

地区与大陆地区人民关系条例》，准许台湾金融、保险、证券、期货机构经许可得与大陆地区人民、法人、团体、其他机构有业务上的直接往来，并在大陆设立分支机构；放宽民众携带小额大陆币券进出台湾地区。但是，根据2005年3月台湾“行政院金融监督管理委员会”公布的新修订的《台湾地区与大陆地区金融业务往来许可办法》，台湾方面可以开展两岸金融业务往来的机构仍限于经主管机关许可的台湾地区银行海外分支机构、国际金融业务分行、经中央银行许可办理外汇业务之银行（简称指定银行）及中华邮政股份有限公司。这些机构在遵守有关规定条件下可以开展的两岸金融业务往来范围，主要限于收受客户存款、汇出及汇入款业务、进出口外汇业务、代理收付款项等方面①；而这些两岸金融业务使用之币别，须以台湾地区及大陆地区货币以外之币别为限。此外，符合规定的台湾地区银行得向主管机关申请许可在大陆地区设立代表人办事处，从事金融相关商情调查、信息搜集及其他相关联络事宜。自2005年10月3日起，台湾开放了金门、马祖两地试办人民币兑换业务，符合“小三通”出入境规定的台湾民众与大陆游客，可向经过许可的当地金融机构申请以新台币兑换人民币，每人每次兑换金额以2万元人民币为限②。2008年6月30日，为配合开放大陆民众入台旅游购物消费的需要，台湾新当局将上述试办人民币兑换业务延伸至岛内机场口岸等地③。

关于两岸航运方面。2000年4月，台湾当局公布实施《离岛建设条例》，决定在台湾本岛与大陆地区全面通航之前，先试办金门、马祖、澎湖地区与大陆地区通航；同年12月台湾“行政院”公布《试办金门马祖与大陆地区通航实施办法》草案，允许福建省人民到金门、马祖旅游，开放金门-厦门、马祖-福州的定期或不定期客货航线以及两地贸易往来；2001年1月，台湾当局开放金门、马祖与福建沿海“小三通”（国台办，2008）。

① 台湾地区银行海外分支机构及国际金融业务分行还可对经许可投资的大陆台商开展额度相当有限的授信业务。

② 参见人民网2005年9月28日报道：“台批准金马两地下月起试办兑换人民币业务”，http://tw.people.com.cn/GB/14812/14875/3733492.html。

③ 参见新华网2008年6月30日报道：“台湾正式开放人民币双向兑换，每人每次不超2万”，http://news.xinhuanet.com/tw/2008-06/30/content_8465335.htm。

2002年又对《试办金门马祖与大陆地区通航实施办法》进行了修正，有限度放宽金门、马祖及澎湖地区与福建沿海的直接通航；2004年2月，台湾“行政院陆委会”讨论通过《试办金门马祖与大陆地区通航实施办法》部分条文修正草案，采取适度开放人员中转等十项措施，扩大实施金马“小三通”（国台办，2008）。2003年9月，台湾“陆委会”宣布“两岸间接货运包机”政策，开放岛内航空业者以“单向、中停港澳往返上海”的方式进行两岸货物运输。2003年10月，台湾“立法院”修订的《台湾地区与大陆地区人民关系条例》要求维持直航许可制，台湾船舶、航空器及其他运输工具经主管机构许可可航行至祖国大陆；要求台湾交通主管部门应会同有关机关在18个月内制订管理办法，但该期限在必要时经向有关部门报告备查后可以延长；增订境外航运中心与“小三通”法源依据（彭莉，2004）。2004年5月，台湾当局开放“两岸海运便捷化”，即允许国际班轮在同一航次直接挂靠两岸港口；同年8月对“境外航运中心设置作业办法”部分条文修正加以说明，指定基隆港和台中港（不得与福建港口通航）为“境外航运中心”，可载运大陆与第三地的进出口货物，经指定的外籍船舶能航行（国台办，2008）。2005年1月，海峡两岸航空运输交流委员会与台北市航空运输商业同业公会，在澳门就台商及其家属春节包机相关技术性、业务性问题进行了沟通并达成共识：采取双方对飞、飞经第三地不落地、多点开放的方式；2006年春节包机的乘客范围扩大至其他往返两岸持合法有效证件的台湾居民（国台办，2008）。2006年6月8日，福建省泉州市石井港对台客运码头开始启用，开辟第二条对金门客运班轮航线（国台办，2008）。2006年6月14日，两岸宣布就客运包机节日化和开办专案包机达成共识，同意从即日起两岸实施“项目货运包机”、“节日客运包机机制化”、“紧急医疗包机”和“特定人道包机”，客运包机将从原来的春节扩大到清明、端午和中秋三个传统节日期间，表明两岸在客货运包机问题上取得重大进展（国台办，2008）①。2007年5月15日，福建与澎湖实现货运直航；2007年9月29日，福建省居民由马祖直飞澎湖旅游（国台办，2008）。2008年6月

① 参见祖国大陆中央人民政府网页2006年6月14日报道：“两岸节日包机安排将扩至清明等四个传统节日期间”，http：//www. gov. cn/jrzg/2006－06/14/content _309499. htm。

13 日，两岸通过海协会与海基会（“两会”）签署了《海峡两岸包机会谈纪要》和《海峡两岸关于大陆居民赴台湾旅游协议》，将客运包机进一步扩大到周末包机（国台办，2008）①。2008 年 9 月 4 日，台湾“行政院”实施“小三通正常化推动方案”，开放大陆游客利用“小三通”经金门、马祖中转到台湾旅游（国台办，2008）。2008 年 11 月 4 日，两岸通过“两会”终于签署了《海峡两岸空运协议》、《海峡两岸海运协议》和《海峡两岸邮政协议》，此三项协议于当年 12 月 14 日正式生效，使常态化的两岸直航与通邮取得了实质性的突破（国台办，2008）②。

总体上看，由于加入 WTO 和两岸经贸往来日益密切的内外压力的推动，2000 年以来台湾当局先后采取了“积极开放、有效管理”和“积极管理、有效开放”的两岸经贸政策原则，在一定程度上放宽了对两岸经贸往来的限制，原则上开放了两岸直接贸易、投资、金融活动，放宽了对人员往来与船舶航运的限制，但并没有从根本上放弃“戒急用忍”政策，体现在其两岸经贸关系立法中始终坚持了“开放与管制”并存原则，对大陆经贸政策调整不仅始终坚持了分阶段开放、有所选择、循序渐进原则，而且同时加强了对两岸经贸往来的管制措施。

海峡两岸经济体 2000 年以来沿着经贸自由化方向对两岸经贸政策的调整，促进了两岸经济关系朝着交往正常化与功能一体化方向深化发展③，并在两岸政治关系僵局的约束中保持了良好的发展态势。

两岸贸易方面，2000 年以来，特别是两岸先后加入 WTO 之后，两岸贸易进入新一轮快速增长通道。据大陆海关统计，2000 年两岸贸易总额、自台进口、对台出口分别达到 305.3 亿美元、254.9 亿美元、50.4 亿美元，分别较 1999 年增长了 31.1%、30.6%、27.6%；两岸贸易总额、自台进口、对台出口分别从 2001 年的 323.4 亿美元、273.4 亿美元、50 亿美元增长到 2007 年的 1244.8 亿美元、1010.2 亿美元、234.6 亿美元，平均年增长率分

① 参见中华人民共和国中央人民政府网站 2008 年 6 月 13 日报道：“海协会海基会就两岸周末包机及赴台旅游签署协议”，http://www.gov.cn/jrzg/2008-06/13/content_1015347.htm。

② 参见中国新闻网 2008 年 11 月 4 日报道：“海协会海基会签署四项协议 两岸“三通”正式实现”，http://www.chinanews.com.cn/tw/thsp/news/2008/11-04/1436762.shtml

③ 关于两岸经济功能一体化参见第二节的详细探讨。

别高达25.2%、24.3%、29.4%。

台商投资大陆方面，据商务部统计，实际利用台资从2000年的22.96亿美元增至2002年达到39.7亿美元的历史最高记录后开始呈现下滑态势，但2007年实际利用台资仍然保持在17.7亿美元的高位水平上。截至2007年底，累计台资项目达75584项，实际利用台资456.83亿美元。

在两岸贸易、投资往来发展的带动与要求下，两岸金融往来政策逐步放松，两岸金融往来自2000年以来也迈入快速增长通道。据台湾“中央银行外汇局”统计，台湾对祖国大陆汇出款金额、自祖国大陆汇入款金额分别从2000年的12.08620亿百万美元、7.70294亿美元增至2005年的181.83927亿美元、238.46433亿美元，平均年增长率分别为72.0%、98.7%。

综上可见，近20余年来的两岸经济体，在经济全球化力量的推动下，不断突破两岸政治关系的约束，在贸易、投资、金融、航运及人员往来等方面虽有波动，但总体上都保持着持续发展的势头。两岸贸易往来从1979年的0.77亿美元增至2007年的1244.8亿美元，平均年增长率高达30.2%，至2007年累计总额达到7281.35亿美元；台商对大陆实际投资从1989年的1.55亿美元增至2007年的17.7亿美元（这一期间的2002年实际利用台资金额曾高达39.70亿美元），至2007年累计实际投资总额达到456.83亿美元；台湾对祖国大陆汇出款金额、自大陆汇入款金额分别从1996年的6.55453亿美元、0.94280亿美元增至2005年的181.83927亿美元、238.46433亿美元，至2005年累计总额分别达到448.96261亿美元、501.00531亿美元；台胞来大陆人次、大陆居民赴台人次分别从1987年的46679人次、1990年的8545人次增至2007年的4627900人次、229870人次，至2007年累计分别达到47035578人次、1637719人次。

但与此同时，由于如前所述台湾当局对祖国大陆的限制性经贸政策等因素的作用，近20余年来的两岸经贸往来形成了“间接、单向、民间”的不对称、不平衡格局①，并远未穷其发展潜力；即便在两岸加入WTO以来，

① 对此，包括笔者在内的一些学者（唐永红，2004；张世宏，2004；王建民，2004）曾经做过一定的分析与探讨，稍后第二节会做进一步的揭示。

两岸经济关系虽得到一定改善与快速发展，但因两岸政治僵局的存在仍未实现正常化，不对称、不平衡格局并未得到根本改变。随着两岸贸易往来的增长，祖国大陆对台贸易逆差也在不断增长，2007 年大陆对台贸易逆差高达 775.6 亿美元，累计逆差达到 4672.79 亿美元；两岸投资往来、两岸金融往来方面基本上是有来无往；两岸旅游往来方面，祖国大陆是台湾境外旅游的最大目的地，但第一类大陆民众即一般意义上的大陆居民直至 2008 年 7 月才得以赴台湾岛内观光旅游；两岸人员往来方面，与祖国大陆的全面开放、几无限制的做法相反，台湾当局至今尚未开放大陆民众在台的工作就业权，也限制大陆商务与专业人员在台从事商务活动，使得两岸人员往来不对称状态极为明显：2007 年大陆居民赴台人次只有台胞来大陆人次的 4.97%，而累计至 2007 年的大陆居民赴台人次只有台胞来大陆人次的 3.48%。表 3－1、表 3－2、表 3－3、表 3－4 分别对近 20 年来的两岸贸易、投资、通汇、人员往来进行了系统的统计；相应的图 3－1、图 3－2、图 3－3、图 3－4 也进一步显示了近 20 年来两岸经贸往来的发展态势与格局。

表 3－1　　历年两岸贸易统计表　　（单位：亿美元，%）

年份	贸易总额	增长率	对台出口	增长率	自台进口	增长率	贸易差额
1978	0.46	—	0.46	—	0.00	—	0.46
1979	0.77	67.40	0.56	21.70	0.21		0.35
1980	3.11	303.90	0.76	35.70	2.35	1019.10	-1.59
1981	4.59	47.60	0.75	-1.30	3.84	63.40	-3.09
1982	2.78	-39.40	0.84	12.00	1.94	-49.50	-1.10
1983	2.48	-10.80	0.90	7.10	1.58	-18.60	-0.68
1984	5.53	123.00	1.28	42.20	4.25	169.00	-2.97
1985	11.01	99.10	1.16	-9.40	9.85	131.80	-8.69
1986	9.55	-13.30	1.44	24.10	8.11	-17.70	-6.67
1987	15.16	58.70	2.89	100.70	12.27	51.30	-9.38
1988	27.21	79.50	4.79	65.70	22.42	82.70	-17.63
1989	34.84	28.00	5.87	22.50	28.97	29.20	-23.10
1990	40.43	16.08	7.65	30.41	32.78	13.18	-25.13
1991	57.93	43.26	11.26	47.11	46.67	42.36	-35.41
1992	74.10	23.90	11.20	-0.60	62.90	34.70	-51.70
1993	143.95	94.26	14.62	30.54	129.33	105.60	-114.71

续表

年份	贸易总额	增长率	对台出口	增长率	自台进口	增长率	贸易差额
1994	163.20	13.44	22.40	53.21	140.80	8.87	-118.40
1995	178.80	9.49	31.00	38.39	147.80	4.97	-116.80
1996	189.80	6.10	28.00	-9.60	161.80	9.50	-133.80
1997	198.38	4.50	33.96	21.20	164.42	1.60	-130.46
1998	204.98	3.30	38.69	13.90	166.29	1.10	-127.60
1999	234.79	14.50	39.50	2.10	195.29	17.40	-155.79
2000	305.30	31.10	50.40	27.60	254.90	30.60	-204.50
2001	323.40	5.90	50.00	-0.80	273.40	7.20	-223.40
2002	446.20	38.10	65.90	31.70	380.30	39.30	-314.40
2003	583.70	30.70	90.00	36.70	493.70	29.70	-403.70
2004	783.20	34.20	135.50	50.40	647.80	31.28	-512.30
2005	912.30	16.50	165.50	22.20	746.80	15.30	-581.30
2006	1078.40	18.20	207.40	25.30	871.10	16.60	-663.70
2007	1244.80	15.40	234.60	13.10	1010.20	16.00	-775.60
累计	7281.35	—	1259.28	—	6022.07	—	-4672.79

注释：贸易差额 = 对台出口 - 自台进口，数值为负表示大陆对台湾贸易逆差。

资料来源：海关总署；国务院台湾事务办公室网页，http：//www.gwytb.gov.cn/lajmsj.htm。

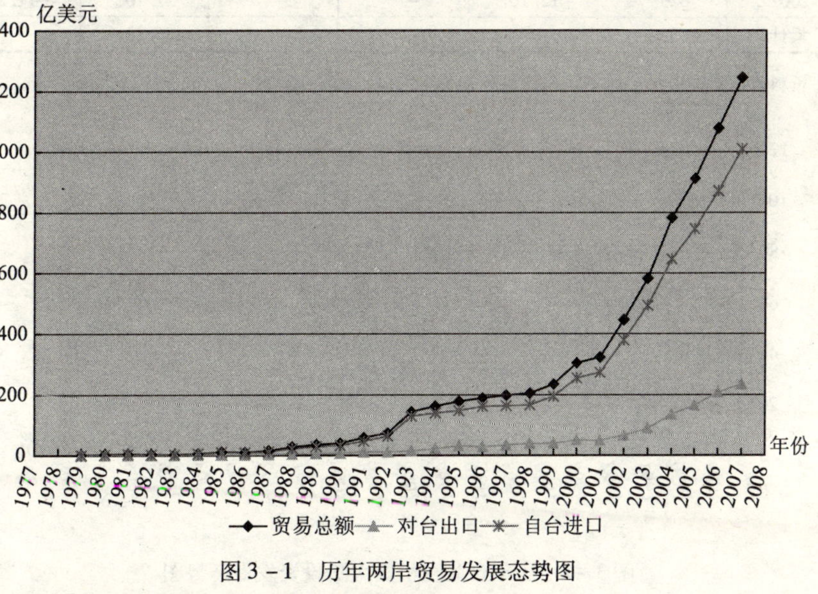

图 3-1　历年两岸贸易发展态势图

资料来源：根据表 3-1 数据（海关总署统计资料）绘制。

表3-2　　历年台商投资祖国大陆统计　　（单位：亿美元，%）

年份	台资项目	增长率	合同台资	增长率	实际利用	增长率
1988年以前	437	—	6.00	—	0.22	—
1989	540	23.57	4.32	-8.33	1.55	600.00
1990	1103	104.26	8.90	61.82	2.22	44.16
1991	1735	57.30	13.90	56.18	4.66	109.91
1992	6430	270.61	55.43	298.78	10.50	125.32
1993	10948	70.27	99.65	79.78	31.39	198.95
1994	6247	-42.94	53.95	-45.86	33.91	8.03
1995	4847	-22.40	58.49	8.40	31.61	-6.80
1996	3184	-34.30	51.41	-12.07	34.74	10.19
1997	3014	-5.30	28.14	-45.30	32.89	-5.54
1998	2970	-2.55	29.82	10.38	29.15	-7.43
1999	2499	-14.10	33.74	10.20	25.99	-13.82
2000	3108	22.16	40.42	16.49	22.96	-9.39
2001	4214	36.15	69.14	73.10	29.80	32.82
2002	4853	15.20	67.40	-2.50	39.70	33.20
2003	4495	-7.38	85.58	26.96	33.77	-14.94
2004	4002	-10.97	93.06	8.74	31.17	-7.69
2005	3907	-2.40	103.60	11.31	21.50	-31.00
2006	3752	-4.00	113.40	9.40	21.40	-0.70
2007	3299	-12.10	-	-	17.70	-17.29
累计	75584	—	—	—	456.83	—

资料来源：商务部；国务院台湾事务办公室网页，http：//www.gwytb.gov.cn/lajmsj.htm。

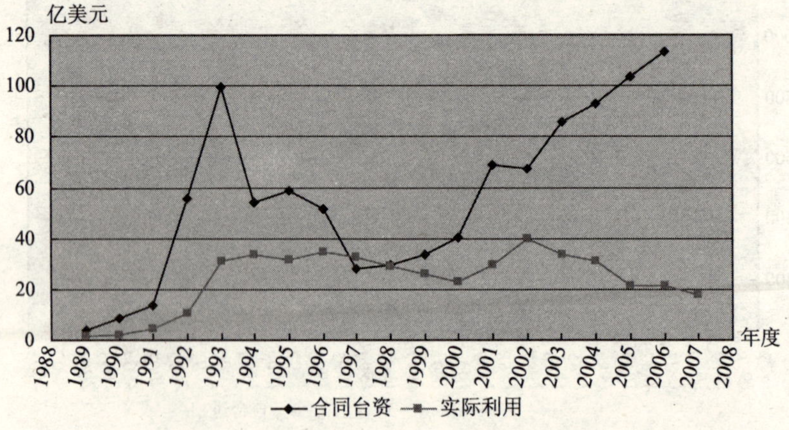

图3-2　历年台商在祖国大陆投资发展态势图

资料来源：根据表3-2数据（商务部统计资料）绘制。

表 3－3　　历年台湾对祖国大陆汇出汇入款统计表　（单位：千美元，%）

期间	对大陆汇出款				自大陆汇入款			
	件数	增长率	金额	增长率	件数	增长率	金额	增长率
1990－1995	448447	—	1542988	—	4300	—	192627	—
1996	117409	8.36	655453	23.50	1674	45.95	94280	20.62
1997	121567	3.54	758796	14.03	3081	84.05	210779	123.57
1998	113396	－6.72	729190	－3.90	4848	57.35	293662	39.32
1999	133445	17.68	843496	15.68	8013	65.28	509029	73.34
2000	160787	20.49	1208620	43.29	20790	159.45	770294	51.33
2001	201746	25.47	1700145	40.67	34545	66.16	1249977	62.27
2002	291067	44.27	2519872	48.22	48397	40.10	2254518	80.36
2003	448034	53.93	6076510	141.14	110504	128.33	6022190	167.12
2004	522698	16.66	10677264	75.71	169825	53.68	14656742	143.38
2005	640204	22.48	18183927	70.31	231539	36.34	23846433	62.70
累计	3198800	—	44896261	—	637516	—	50100531	—

注：台湾对大陆个人汇出款业务自 1990 年 5 月 21 日开始办理，厂商汇出款业务自 1993 年 7 月 29 日开始办理；台湾自大陆汇入款业务自 1993 年 7 月 29 日开始办理。

资料来源：台湾“中央银行外汇局”；台湾“行政院大陆委员会”编制的《两岸经济统计月报》第 157 期。

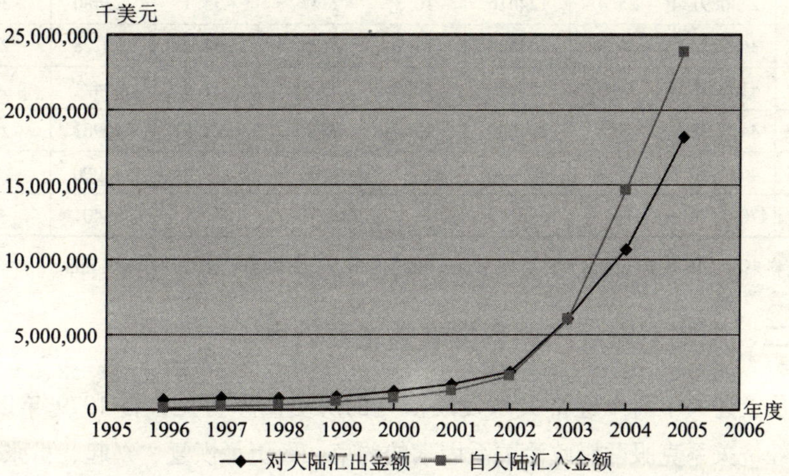

图 3－3　历年台湾对祖国大陆汇出汇入款金额变动态势图

资料来源：根据表 3－3 数据绘制。

表 3-4　　历年两岸人员往来与交流统计表　　（单位：人次，个数，%）

年份	台湾民众来大陆	增长率	大陆居民赴台湾	增长率	赴台交流项目	增长率	赴台交流人数	增长率
1987	46679	—	—	—	—	—	—	—
1988	446000	863.8	8545	—	13	—	13	—
1989	551800	20.4		—		—		—
1990	890500	66.8		—		—		—
1991	946632	4.8	9005	—	18	—	27	—
1992	1317770	39.2	10904	21.1	155	761.1	920	3307.4
1993	1526969	15.9	14615	34.0	507	227.1	3309	259.7
1994	1390215	-9.0	17583	20.3	548	8.1	3190	-3.6
1995	1532309	10.2	42180	139.9	773	41.1	5139	61.1
1996	1733897	13.2	65205	54.6	968	25.2	5645	9.8
1997	2117576	22.1	56570	-13.2	1262	30.4	8430	49.3
1998	2174602	3.7	78423	38.6	1717	36.1	11628	37.9
1999	2584648	18.9	103977	32.6	1821	6.1	13474	15.9
2000	3108643	20.3	102933	-1.0	1787	-1.9	13623	1.1
2001	3440306	10.7	122198	18.7	2915	63.1	24719	81.5
2002	3660565	6.4	138981	13.7	4384	50.4	38259	54.8
2003	2730891	-25.4	124616	-10.3	2847	-35.1	24480	-36.0
2004	3685250	34.9	144526	14.2	4475	57.2	30728	25.5
2005	4109188	11.5	159938	10.6	5902	31.9	33421	8.7
2006	4413238	7.4	207650	29.84	7243	29.97	40981	22.62
2007	4627900	4.86	229870	10.7	8000	10.45	42000	2.49
累计	47035578	—	1637719	—	45335	—	258401	—

资料来源：国务院台湾事务办公室网页，http：//www. gwytb. gov. cn/jlwl/rywl1. htm。

二、影响两岸经济关系发展的主要因素

从上述关于两岸经济关系发展演变的历史回顾可见，自 1979 年以来，两岸经济关系克服两岸政治关系因素的约束，经历了恢复、兴起、扩张、紧缩、深化等不同的发展阶段，虽形成了“间接、单向、民间”的不对称、不平衡格局，但从总体上看，两岸在贸易、投资、金融、航运及人员等方面

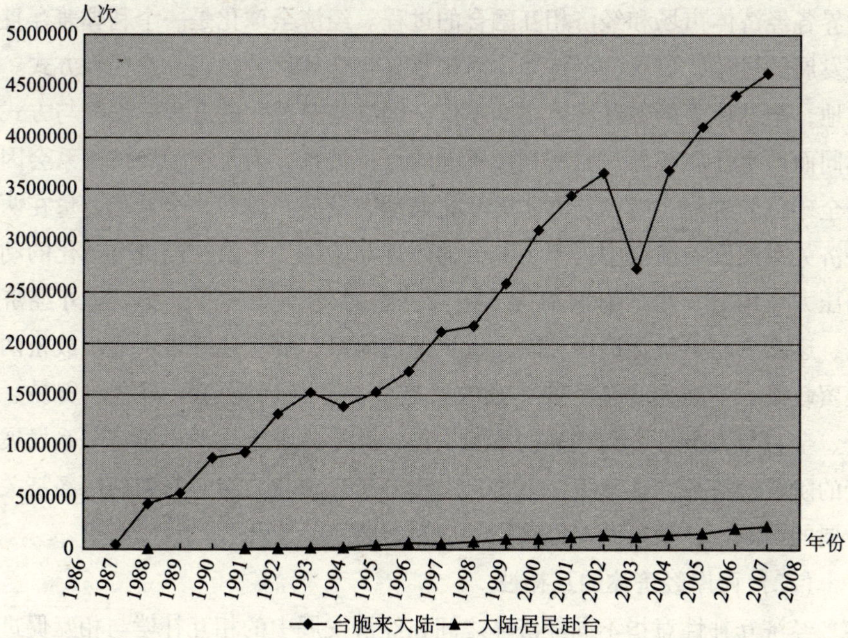

图3－4　历年两岸人员往来态势图

资料来源：根据表3－4数据绘制。

的往来都保持着持续发展的势头，并正在从间接向直接、从单向向双向过渡，朝着交往正常化与功能一体化方向迈进。历史表明，两岸经济关系是两岸经济体为追求自身利益最大化，在经济全球化力量的推动下不断调整参与全球化的进程与方式的过程中，特别是在两岸政治经济博弈与不断调整两岸经贸政策的过程中形成与发展起来的；深受两岸政治关系约束的两岸经济关系有着强大的发展动力支持。具体而言，影响两岸经济关系发展演变的因素主要有以下几个方面。

（一）经济全球化的深化发展

众所周知，经济全球化是当前世界经济发展的一个主流趋势。经济全球化指的是在国际分工深化发展的基础上，随着各经济体开放度的增加，各经济体间的各种壁垒逐渐消除，整个世界相互渗透、相互依存、相互影响的程度不断加深，规模与形式不断增加的过程。这一过程是以经济体利益和企业利润最大化为目标，通过国际分工、国际贸易、国际金融、国际投资和国际要素流动等形式，以单边开放、双边合作、区域或全球多边合作等方式实现世界各经济体市场和经济相互融合的过程。经济全球化是一个利弊兼存且动态发展的过程，要求各经济体适时调整参与全球化的进程、途径和方式。相应地，全球化下的各经济体之间不仅会因参与全球化的进程、途径与方式的不同而产生性质各异、紧密程度不同的经济关系，而且这种经济关系会因参与全球化的进程、途径与方式的变化而动态发展。显然，全球化力量在两岸经济关系的发展演变中得到了充分的体现与验证。正是在经济全球化的动力与压力作用下，两岸不仅不得不逐步调整对外经贸政策，发展对外经济关系，逐步参与全球化进程，融入世界经济体系，而且还不得不逐步放松两岸经贸政策，不断为两岸经济关系的发展让路，从而促进了两岸在贸易、投资、金融与人员等方面往来的不断发展，并形成了上述两岸经济关系发展演变的阶段性特征。本章第二节将进一步分析全球化力量对当前两岸经济关系发展的影响，并探讨两岸经济体的应对策略。

（二）两岸经济体的互补性

经济互补性意指不同经济体之间在经济发展中的相互补偿与相互促进关系，这种互补性根源于自然资源、生产要素、商品市场等经济发展的禀赋条件方面，具体体现为相互贸易、相互投资、劳动分工等经济交流与合作形式，乃是经济关系得以形成与发展的客观基础和前提条件。两岸经济的互补性显然主要是由两岸的地理、人口、自然资源、经济技术和社会发展水平的差异而产生的。大陆相对于台湾有着较为广阔的市场容量、较为丰富的物产、较为廉价的人力资源、较为雄厚的工业基础与较高的研发能力；而台湾相对于大陆则在资金、技术、企业管理水平、市场营销能力、海外市场开拓能力以及高新技术产业化与市场化方面具有优势。两岸经济的这种互补性，为两岸经济的交流与合作以及两岸经济关系的发展提供了客观基础、动力与可能性。一方面，台湾可以充分利用大陆广阔的市场容量、丰富的物产与人力资源、较为雄厚的工业基础、较高的研发能力，来克服自身的资源缺乏、市场狭小、研发能力不足等困难与约束，以进一步扩张贸易和投资，加快产业的转型与升级；另一方面，大陆可以充分借助台湾在资金、技术、企业管理水平、市场营销能力、海外市场开拓能力以及高新技术产业化与市场化方面的优势，来克服自身在经济发展过程中所面临的种种瓶颈与约束，以进一步发展出口生产，促进经济增长与就业，加快高新技术产业化。事实上，如前所述，随着两岸经济体逐步相互开放，两岸在贸易、投资、金融、人员等往来方面都得到了持续快速发展。

（三）两岸经济体的发展态势

历史表明，两岸经济关系的发展演变明显受到祖国大陆改革开放特别是经济发展的影响。如果说大陆改革开放启动了1979年以来两岸经济关系的发展进程，那么，近15年来，作为亚洲乃至世界经济增长引擎的大陆经济的持续快速发展及其充满商机与活力的巨大市场，无疑促进了两岸经济关系的持续快速发展。特别是祖国大陆经济在发展中形成的庞大的商品、投资与技术市场需求对台湾经济产生了巨大的磁吸效应，为台湾对外贸易与投资转向祖国大陆提供了广阔的经济舞台，也为台湾经济发展转型提供了契机和空间。另一方面，台湾经济发展转型的需要也为两岸经济关系的发展演变提供了推力。随着台湾企业生产成本逐步提高，投资环境趋于恶化，长期以来支撑经济增长的加工装配出口业以及其他趋于或已过成熟期的竞争力衰退的产业，在岛内逐渐失去生存空间，不得不向周边地区转移。为了保持在生产成本方面的竞争优势，继续延长产品的生命周期，那些需要借助祖国大陆廉价的生产要素、雄厚的工业基础、较高的研发能力等方面的优势的台湾岛内产业——从以轻纺工业为主的劳动力密集型产业到以石化工业为代表的资本密集型产业，再到以电子信息工业为代表的技术密集型产业都纷纷将生产基地移至大陆。与此同时，台湾企业将新产品的设计、研发与生产“根留台湾”，利用两岸科技人才与研发力量，加快知识与技术密集型产业发展，以保持产品在生命周期上的领先优势，达到产业升级的目的。历史表明，台湾经济发展转型的需要在客观上促进了两岸投资关系以及与两岸产业分工与合作的发展。

（四）两岸政治关系的制约与突破

历史表明，由于特殊的历史原因，两岸经济关系的发展演变自一开始就受到两岸政治关系型塑，被打上了深深的政治化烙印；两岸经济关系是在不断突破两岸政治关系约束的过程中，也就是在两岸政治经济博弈和不断调整两岸经贸政策的过程中形成与发展起来的。从其发展进程看，20世纪70年代末两岸经济关系的启动在一定程度上是两岸政治关系从对抗迈向缓和的产物，祖国大陆“和平统一”政策的出台以及“三通四流”的倡议，使得因政治对抗而中断的两岸经济关系得以恢复；20 世纪 80 年代以来，即便是在两岸经济体都已是 WTO 成员的今天，两岸经济关系的发展演变不仅始终是在市场机制主导下进行的，而且仍然深深地受制于两岸政治关系因素，两岸潜在的经济关系动能被政治关系僵局长期压抑着，只有在不断的挣扎中寻求逐步突破。可以说，1979 年以来两岸经济关系发展演变中的阶段性特征在很大程度上是由两岸政治关系的发展演变所型塑的。20 世纪 80 年代以来的两岸政治关系对两岸经济关系的制约及其突破，主要体现为前述发展回顾中台湾当局对大陆经贸政策的缓慢且有限的开放调整步伐。最为明显的例子是台湾当局在 1996 年出台的对大陆经贸往来的“戒急用忍”政策与 2000 年以来所谓的“积极开放、有效管理”政策，对早就势在必行的两岸全面、直接、双向“三通”设立政治障碍，不仅一直以来附加种种泛政治化的筹码，而且后来试图以“两国论”来规范包括“三通”在内的两岸经济关系。由此可见，两岸政治关系对两岸经济关系的制约作用十分突出与明显，以致许多人误认为两岸政治关系的发展在左右甚至决定着两岸经济关系的发展。但事实上，两岸经济关系的发展仍有其自身内在的经济决定性，它不仅在不断突破两岸政治关系的桎梏中快速发展（表现为推动两岸当局特别是台湾方面逐步放松两岸经贸政策），而且成为了两岸关系和平发展的稳定性力量（张冠华，2005），推动着两岸政治经济关系迈向正常与良性的发展方向（特别表现为推动台湾当局逐步调整其大陆政策）。本章第二节将对此做进一步的分析和揭示。

第二节　两岸经济制度性合作与一体化的内部动因及必要性分析

如前所述，区域一体化的一个主要动因与目的，在于各成员方基于不断强化的全球化与相互依赖趋势，寻求一种有效的、和平的、共赢的区域双边或多边方式（特别是在全球多边方式难以启动或作用不力的情况下），来解决单边方式难以解决的互动关系与共同事务问题，以实现自身利益最大化的内在需要。因此，本节从两岸政治经济关系发展的内在需要，特别是当前两岸经济体的相互依存性与功能性一体化发展态势出发，评估其对两岸政治经济发展的重要性与约束性，考察当前两岸经济制度性合作与一体化的内部动因与必要性。

一、两岸经济体的相互依存性与功能性一体化态势

相互依存性与功能性一体化乃是制度性合作与一体化的一个主要的客观基础和内在动因。上一节关于两岸经济关系发展演变的回顾表明，随着两岸在全球化力量的压力下，基于自身利益最大化目的而对相互经贸政策的逐步调整与互动，近20余年来的两岸经济体，在经济互补性的基础上与市场力量的推动下，不断突破两岸政治关系的约束，在贸易、投资、金融、人员往来等方面总体上都保持着持续发展的势头，并形成了“间接、单向、民间”的不对称、不平衡格局。下面，本书进一步考察两岸经济结构关系，主要揭示两岸经济体在不断发展的交流合作中所形成的相互依存性与功能性一体化态势。

（一）两岸经济分工与功能性一体化态势

包括笔者在内的许多学者研究表明（高长，1997；李非，2000、2004；潘文卿、李子奈，2000；童振源，2002；唐永红，2004），近20余年来的两岸经济体在如前所述的两岸经济互补性基础上，在不断深化发展的全球化进程与彼此交流交往过程中，在全球化力量与市场机制以及双方经贸政策的作用下，不仅逐渐自然地形成了垂直与水平交叉并存且动态发展的多元化分工关系，而且，两岸经济体在全球化进程中形成的这种分工关系本身就是全球经济分工与生产链条的一个重要环节。正是在这种分工关系中，两岸经济体在原来的互补性基础上形成了竞争性与依存性并存的一体化发展态势，呼唤着两岸制度性的经济协调、合作与一体化。

首先，两岸经济体由于经济发展禀赋条件的互补性、要素价格与经济结构的差异性、国际直接投资与产业转移等各种因素的作用，在彼此交流交往与全球化过程中自然形成了垂直分工与水平分工相互交叉、重叠并存的多元化复杂分工格局，并随着全球化进程与两岸经济体自身发展的深化而动态演变（李非，2000）。两岸经济的这种复杂分工格局在两岸贸易的商品结构层面体现为两岸既有产业间贸易又有产业内贸易的存在。台湾“行政院陆委会”（2008）编订的《两岸经济统计月报》第181期关于2007年台湾对大

陆出口和自大陆进口的主要产品统计表显示了当前两岸的这种分工与贸易格局（参见表3－5及图3－5）。台湾一方面向祖国大陆大量出口电机设备及其零件、光学照相等仪器及其零附件、机械用具及其零件、塑料及其制品、钢铁、有机化学等产品，另一方面又自祖国大陆大量进口这些产品。与此同时，台湾向祖国大陆出口人造纤维丝、铜及其制品、工业用纺织物、人造纤维棉等产品，但基本上不自大陆进口或很少进口这些产品；台湾自大陆进口矿物燃料与矿油及其蒸馏产品、铝及其制品、石料石灰及水泥、车辆及其零件与附件等产品，但基本上并不向大陆出口或很少出口这些产品。

表3－5　　2007年台湾与祖国大陆贸易的前10大主要产品

（单位：百万美元,%）

HS码	商品名称	出口金额	出口排序	占台湾对大陆出口总额比重	占台湾对全球出口比重	进口金额	进口排序	占台湾自大陆进口总额比重	占台湾自全球进口比重
85	电机设备及其零件	28970.5	1	39.0	32.4	9428.6	1	33.7	19.3
90	光学、照相等仪器及其零附件	11585.7	2	15.6	59.2	1564.5	4	5.6	12.4
39	塑料及其制品	6722.7	3	9.1	40.3	613.8	8	2.2	10.4
84	机械用具及其零件	5840.2	4	7.9	20.5	4193.8	2	15.0	17.8
29	有机化学产品	4161.7	5	5.6	46.7	801.5	6	2.9	7.8
74	铜及其制品	2660.4	6	3.6	58.6				
72	钢铁	2650.9	7	3.6	23.9	2009.6	3	7.2	17.6
54	人造纤维丝	1201.3	8	1.6	33.5				
27	矿物燃料、矿油及其蒸馏产品	709.9	9	1.0	5.2	1394.3	5	5.0	3.2
38	杂项化学产品	681.6	10	0.9	31.6	672.9	7	2.4	10.8
87	车辆及其零件与附件					447.4	10	1.6	13.3
76	铝及其制品					453.9	9	1.6	18.4
十大商品总额		65184.9		87.8		21580.3		77.0	
十大商品之外的其余商品总额		9094.2		12.2		6438.9		23.0	
所有商品总额		74279.1		100.0		28019.2		100.0	

资料来源：根据台湾“行政院陆委会”编制的《两岸经济统计月报》第181期相关数据整理计算。

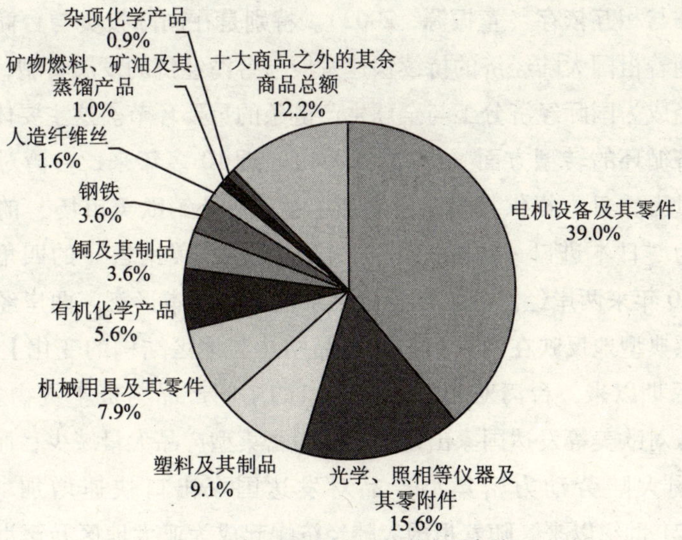

2007年台湾对大陆出口的主要产品

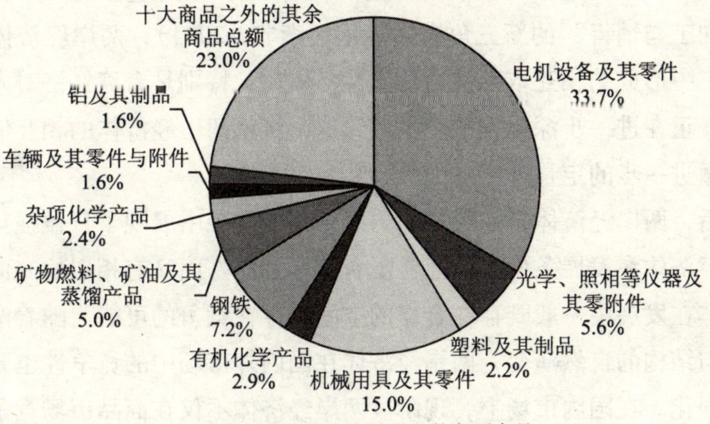

2007年台湾自大陆进口的主要产品

图 3－5　2007 年台湾与祖国大陆贸易的前 10 大主要产品

资料来源：根据表 3－5 数据绘制。

其次，两岸经济体在全球化进程中，基于互补性自然形成与发展的分工格局呈现了相互依存与功能性一体化态势。近 20 多年来两岸经贸往来如前所述能够不断克服两岸政治关系的约束而持续快速发展，这本身就充分表明了两岸经济体潜在的巨大互补性。事实上，这种互补性还在生产经营过程层面体现为投入、技术、研发、生产与行销等环节的两岸企业间或企业内的分工、合作与相互依存（童振源，2002）。特别是在国际投资与台商投资的带动下，随着祖国大陆经济的持续快速发展与台湾经济的发展转型，两岸经济分工已经成为国际经济分工与全球生产链条的重要环节。这主要体现在台湾对外经济循环的转型方面（李非，2004）。近10多年来，台湾对外经济循环已从过去“日本提供技术—台湾加工生产—外销欧美市场”的旧三角模式转型为“日本进口—台湾设计—大陆加工—欧美销售”的四角模式。这也是近10年来两岸经济分工与经济关系发展的基本形态。两岸经济体这种分工关系典型地反映在两岸出口的商品结构与地区结构的变化上：20世纪80年代后期以来，台湾对祖国大陆出口的中间产品与资本货物急剧增加；台湾地区对欧美等发达国家出口的劳动力密集型产品大量减少；而由台商制造的祖国大陆劳动力密集型产品对发达国家出口快速增加（童振源，2002）。21世纪以来，随着祖国大陆经济崛起成为亚太地区乃至世界经济发展的“增长极”与“火车头”，上述四角模式正在向“日本进口—台湾设计—大陆加工与销售”的新三角模式转化（李非，2004），两岸经济体在全球经济分工中形成的相互依存性与功能性一体化，特别是台湾经济对大陆经济的依赖，正在进一步深化发展。稍后，本书将就两岸经济体的相互依存性发展态势做进一步的定量分析。

最后，两岸经济体自然形成的分工格局在发展中展现了日益强化的竞争性。各经济体在发展条件方面通常既有互补性的一面又有相似的一面，因此各经济体在发展中一般既存在合作的空间也存在竞争的可能。随着两岸经济体发展与结构的自然演变，两岸经济体在国内外市场中的竞争性也开始显露并不断强化。在国内市场上，现阶段两岸经济体不仅在商品市场竞争日益激烈，在投资、人才与技术市场的竞争也开始显现。特别是在祖国大陆市场上，台湾既面临与其他国家或地区的经济竞争，又面临着与成长中的大陆经济的竞争。以商品市场为例，随着祖国大陆商品生产结构的不断调整，两岸经济体在商品生产结构上也在不断趋同，体现在如上所述的两岸经济体间产业内贸易的出现与发展上（参见表3－5及图3－5）。在台湾市场上，由于台湾当局对祖国大陆商品、资本、人员入台还设置各种政策障碍与限制，加之台湾市场空间本身也较小，因此，两岸经济体在台湾市场的竞争还远没有在祖国大陆市场的竞争激烈。目前，两岸经济体在台湾市场的竞争主要表现为商品市场竞争，不仅体现在先期的农产品、农工原料上，而且体现在部分加工产品上，如电机设备及其零件、机械用具及其零件、光学照相等仪器及其零件等（参见表3－5及图3－5）。在国内市场的竞争态势上，祖国大陆商品因劳动力等生产要素价格低廉，市场竞争力越来越强，而台湾商品因劳动力成本较高，市场竞争力日趋减弱。除了在祖国大陆市场与台湾市场上的竞争外，两岸经济体在国际市场上也存在竞争，并远较国内市场激烈，无论是在美国市场还是日本市场，都呈现此消彼长的局面。两岸经济体在国际市场上相互竞争与替代的产品，不仅涉及台湾以前向来作为主力的成衣、鞋类等属于劳动力密集型以及技术层次较低的轻工业消费品，而且涉及电子、电器、电机与光学制品等热门出口产品（李非，2000）。两岸经济体的出口商品在美国、日本的市场占有率的变化反映了两岸经济体在国际市场的竞争态势。据美国海关统计，自20世纪80年代后期以来，祖国大陆出口商品与台湾地区出口商品在美国进口市场的占有率一直呈现此消彼长态势，祖国大陆出口商品、台湾地区出口商品在美国进口市场的占有率分别从1987年的1.6%、6.1%变化至2007年的16.46%、1.96%。相同的情形发生在日本进口市场，据日本海关统计，祖国大陆出口商品、台湾地区出口商品在日本进口市场的占有率分别从1987年的5%、4.8%变化至2007年的20.55%、3.19%。表3－6、图3－6显示了这种变化态势。

表3－6　　两岸出口商品在美、日进口市场占有率比较　（单位：亿美元,%）

年份	台湾输美商品金额	台湾商品在美国市场占有率	大陆输美商品金额	大陆商品在美国市场占有率	台湾输日商品金额	台湾商品在日本市场占有率	大陆输日商品金额	大陆商品在日本市场占有率
1989	243.26	5.14	119.89	2.53	89.79	4.25	111.46	5.29
1990	226.67	4.58	152.24	3.07	84.71	3.64	112.01	5.11
1991	230.36	4.72	189.76	3.89	94.93	4.01	142.16	6.00
1992	246.01	4.62	257.29	4.83	94.49	4.06	169.53	7.26
1993	251.05	4.32	315.35	5.43	96.78	4.02	205.65	8.49
1994	267.11	4.02	387.81	5.84	107.54	3.91	275.66	10.00
1995	289.75	3.90	455.55	6.13	143.66	4.27	359.22	10.72

续表

年份	台湾输美商品金额	台湾商品在美国市场占有率	大陆输美商品金额	大陆商品在美国市场占有率	台湾输日商品金额	台湾商品在日本市场占有率	大陆输日商品金额	大陆商品在日本市场占有率
1996	299.11	3.78	514.95	6.51	150.33	4.28	405.41	11.58
1997	326.24	3.75	625.52	7.19	125.61	3.69	420.61	12.36
1998	331.23	3.62	711.56	7.79	101.56	3.65	368.55	13.22
1999	351.99	3.43	817.86	7.98	129.51	4.13	435.76	13.84
2000	405.14	3.33	1000.63	8.22	178.10	4.71	548.78	14.53
2001	333.91	2.92	1022.80	8.96	141.17	4.06	575.29	16.57
2002	321.99	2.77	1251.68	10.76	136.41	4.03	621.73	18.32
2003	316.00	2.51	1523.79	12.10	143.09	3.74	757.76	19.76
2004	346.17	2.36	1966.99	13.38	167.47	3.67	948.30	20.74
2005	348.38	2.08	2434.62	14.57	179.72	3.50	1078.81	21.04
2006	382.15	2.06	2877.73	15.51	203.35	3.52	1184.45	20.51
2007	383.02	1.96	3215.08	16.46	198.43	3.19	1279.22	20.55

资料来源：整理自台湾“行政院陆委会”编订的《两岸经济统计月报》第83、181期。

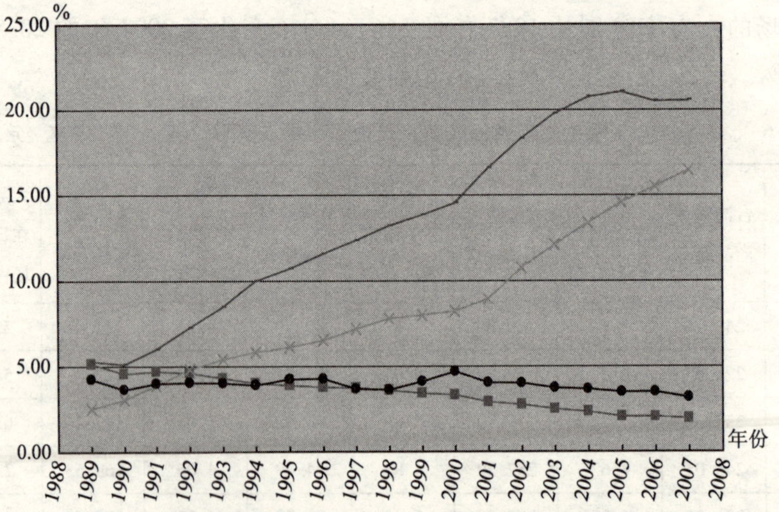

图3-6 两岸出口商品在美、日进口市场占有率变动态势图

资料来源：根据表3-6数据绘制。

（二）两岸投资相互依存性及其发展态势

各经济体相互依存的一个重要表现就是资本流动形成的投资上的相互依赖状态。一经济体（A）在资本投资方面对另一经济体（B）的依赖程度，在利用资本层面，通常可以用A实际利用B的资本占A实际利用外资的比重以及占A资本形成总额的比重来表示；而在资本输出（对外投资）层面，则可以用A对B的资本输出占A总体对外资本输出的比重来衡量。这些指标一定程度上反映了各经济体在资本要素市场上的依赖程度与一体化态势。表3－7及图3－7显示了20世纪80年代末以来两岸投资相互依赖程度及其发展态势。

表3－7　　两岸投资相互依赖度　　（单位:%）

年度	大陆实际利用台资占大陆实际利用外资比重	大陆实际利用台资占大陆资本形成总额比重	大陆实际利用外资占大陆资本形成总额比重	台湾核准对大陆投资占台湾核准对外总投资比重
1989	4.57	0.09	2.02	
1990	6.37	0.16	2.47	
1991	10.67	0.32	2.95	9.51
1992	9.54	0.57	6.02	21.78
1993	11.41	1.15	10.09	65.61
1994	10.04	1.44	14.31	37.31
1995	8.42	1.04	12.30	44.61
1996	8.33	1.00	12.05	36.21
1997	7.27	0.91	12.52	59.96
1998	6.41	0.77	12.02	38.17
1999	6.45	0.65	10.13	27.71
2000	5.64	0.55	9.67	33.93
2001	6.36	0.62	9.76	38.8
2002	7.53	0.72	9.58	66.61
2003	6.31	0.50	7.91	65.99
2004	5.14	0.37	7.26	67.24
2005	3.56	0.22	6.13	71.05

续表

年度	大陆实际利用台资占大陆实际利用外资比重	大陆实际利用台资占大陆资本形成总额比重	大陆实际利用外资占大陆资本形成总额比重	台湾核准对大陆投资占台湾核准对外总投资比重
2006	3.08	0.18	5.88	63.90
2007	2.37	0.12	5.17	60.65
累计	6.07			53.98

资料来源：根据商务部统计的历年大陆实际利用台资数据，国家统计局编订的《中国统计年鉴》（2008 卷）提供的历年大陆实际利用 FDI 数据、资本形成总额数据、人民币对美元年平均汇价（中间价）数据，台湾“经建会”编订的《Taiwan Statistical Data Book 2008》提供的历年台湾核准对大陆投资金额数据、对外投资金额数据计算得出。

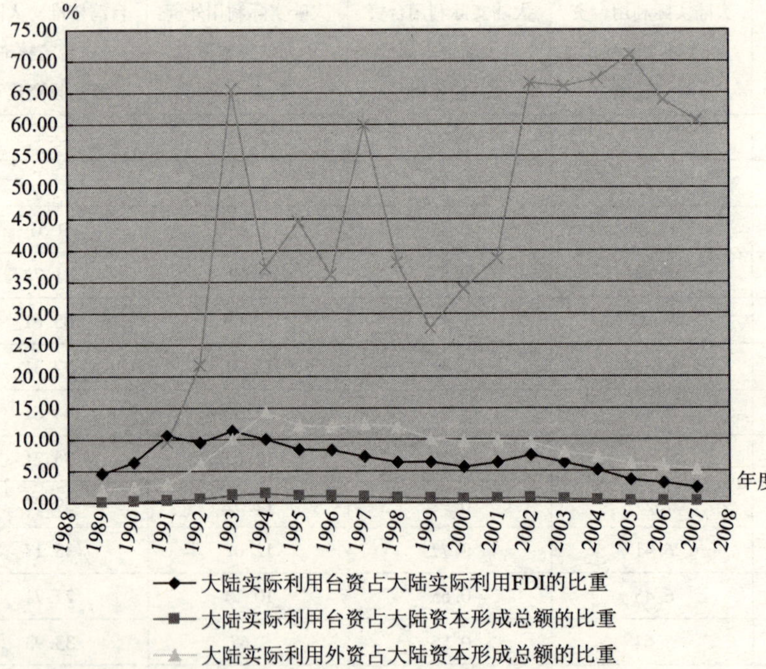

图 3-7　两岸投资相互依存性发展态势图

资料来源：根据表 3-7 数据绘制。

众所周知，主要由于长期以来台湾当局的限制性大陆经贸政策的作用，两岸资本投资往来关系主要表现为一种台商投资大陆的单向资本流动现象。

这意味着台湾经济体在利用资本层面对大陆资本没有依赖关系。然而，从台湾对外投资地区分布看，如表 3－7 及图 3－7 显示的，20 世纪 90 年代以来，台湾历年核准对祖国大陆投资占台湾核准对境外总投资（含对大陆投资）的比例，基本上保持了增长态势，从 1991 年的 9.51% 增至 2005 年的 71.05%，2006—2007 年下降至 60.65%。特别是自 2002 年起，这一比例都维持在 60% 以上的高位水平，这表明台湾对大陆投资已持续超过对其他地区投资总和，大陆已成为台湾资本的绝对的首要投资市场。即便从台湾在这一期间的累计对外投资地区分布看，上述结论也依然成立。从 1991 年至 2007 年，台湾累计对大陆投资占同期台湾累计对外总投资的 53.98%。

从祖国大陆实际利用外资方面看，大陆实际利用台资金额占大陆实际利用外商直接投资（FDI）金额的比例，从 1989 年的 4.57% 增至 1993 年的 11.41%，达到了历史最高点，此后，这一比例呈现逐渐减小态势，在 2007 年仅为 2.37%。这一比例及其上述变动态势不仅表明大陆在利用外资方面并没有对台资形成明显依赖，而且表明随着大陆外资来源地的多元化以及外资在大陆市场竞争的强化，台资显示了相对较弱的竞争力，而大陆对台资的依赖程度也越来越小①。截至 2007 年底，台资在大陆累计吸收境外投资中占 6.07%。

从祖国大陆资本形成方面看，大陆实际利用台资金额占大陆资本形成总额的比例，先从 1989 年的 0.09% 增至 1994 年的 1.44%，之后逐渐下降至 2007 年的 0.12%。这一变动态势与同期大陆实际利用外资金额占大陆资本形成总额的比例的变动态势大致相似，后者也先从 1989 年的 2.02% 增至 1994 年的 14.31%，之后逐渐下降至 2007 年的 5.17%。1989 年以来台资与

① 据商务部台港澳司（2006 年）统计，2005 年大陆实际利用台资 21.5 亿美元，台资在大陆实际吸收境外投资（603.25 亿美元）中排第七位（前六位依次为香港 179.5 亿美元、英属维尔京群岛 90.2 亿美元、日本 65.3 亿美元、韩国 51.7 亿美元、美国 30.6 亿美元、新加坡 22.0 亿美元）。如加上经第三地（维尔京群岛、开曼群岛、萨摩亚等自由港）的台商转投资，2005 年大陆实际利用台资约 58.5 亿美元，在大陆全年吸收境外投资中排第二位，占全年实际利用外资总额的 9.7%。而截至 2005 年底，大陆累计实际使用台资 417.6 亿美元，在大陆累计吸收境外投资中所占比重为 6.7%，排第五位（前四位依次为香港 2595.2 亿美元、日本 533.8 亿美元、美国 510.9 亿美元、英属维尔京群岛 459.2 亿美元）。如加上经第三地的台商转投资，大陆累计实际使用台资约 598.6 亿美元，在大陆吸收境外投资中排第二位，约占大陆使用外商投资总额的 9.6%。

外资占大陆资本形成总额的比例及其上述变动态势表明，大陆经济的发展不仅没有严重地依赖于台资或外资，而且随着大陆经济的不断发展与国内投资的不断增长，大陆经济的发展对包括台资在内的外资的依赖性自 1994 年以来在不断减小。

综上可见，在台湾当局长期禁止或高度限制大陆资本入台以及大陆改革开放不断深化、经济持续快速发展的背景下，两岸投资关系不仅呈现了单向投资往来格局，而且具有明显的不对称依赖性质：台湾虽然在利用外资与资本形成层面与祖国大陆资本基本上没有关系，但台湾的对外投资却高度集中于大陆市场，并呈现不断上升态势；而大陆在利用外资与资本形成层面对台资的依赖程度不仅较小，而且分别自 1993、1994 年以来在逐渐下降，在对外直接投资方面基本上无缘于台湾市场。

（三）两岸贸易相互依存性及其发展态势

经济体的相互依存性还表现为商品国际流动形成的贸易上的相互依赖状态。一经济体 A 在贸易方面对另一经济体 B 的依赖程度，通常可用 A 对 B 的进出口贸易额相应占 A 的总进出口贸易额的比重来表示。这一指标一定程度上反映了各经济体在商品市场上的依赖程度与一体化态势。表 3－8 及图 3－8 显示了近 20 余年来（1984—2005 年）两岸贸易相互依存性及其发展态势。

从表 3－8 及图 3－8 可见，台湾对大陆出口占台湾总出口的比例（一定程度上反映了台湾在商品需求市场方面对大陆的依赖程度）、台湾自大陆进口占台湾总进口的比例（一定程度上反映了台湾在商品供给市场方面对大陆的依赖程度）、台湾对大陆进出口贸易总额占台湾进出口贸易总额的比例（一定程度上反映了台湾在商品供求市场方面对大陆的依赖程度）近 20 余年来基本上都在持续增加，分别从 1984 年的 1. 40%、0. 58%、1. 06%上升到2007 年的 30. 11%、12. 77%、21. 95%。这些比例及其变动态势表明，台湾进出口贸易对大陆商品市场供求方面有着较高的且不断增加的依赖性。

与此同时，大陆对台湾出口占大陆总出口的比例（一定程度上反映了大陆在商品需求市场方面对台湾的依赖程度），随着台湾逐步开放对大陆商品的进口呈现了持续增加的态势，从 1984 年的 0. 49% 上升至 2004 年的 2. 83%，之后略有下降，至 2007 年为 2. 30%；但这一比例较之于台湾对大陆出口占台湾总出口的比例、大陆自台湾进口占大陆总进口的比例都明显偏低，反映出台湾当局对大陆商品进入台湾市场的限制性政策的作用。而大陆自台湾进口占大陆总进口的比例（一定程度上反映了大陆在商品供给市场方面对台湾的依赖程度）、大陆对台湾进出口贸易总额占大陆进出口贸易总额的比例（一定程度上反映了大陆在商品供求市场方面对台湾的依赖程度）总体上也保持了增加的态势，分别从1984年的1.55%、1.03%上升到2007年的7.77%、4.71%，但却以1996—1997年为界呈现了先持续上升后持续下降的态势，前者在1997年达到了15.77%的历史高点，后者在1996年达到了8.21%的历史高点。这种变动态势表明，随着大陆商品市场的不断开放，台湾商品在大陆市场面临越来越强烈的国际竞争，在大陆市场的占有率在下降。

此外，从表3－8及图3－8显然可见，近20余年来，两岸贸易相互依赖度虽然总体上呈现了不断增加的态势，但也表现出较大的不对称性，台湾贸易对祖国大陆（商品市场）的依赖，明显高于祖国大陆贸易对台湾（商品市场）的依赖。事实上，两岸贸易的这种相互依存性也体现在两岸各自对外贸易的地区市场分布方面。台湾"行政院陆委会"（2008）编制的《两岸经济统计月报》第181期有关统计显示，2007年，祖国大陆是台湾最大的贸易伙伴、第一大出口市场、第二大进口来源地和最大贸易顺差来源地；而商务部台港澳司（2008）统计显示，台湾是祖国大陆的第七大贸易伙伴、第九大出口市场、第五大进口来源地和最大贸易逆差来源地。可见，两岸经济体已互为重要贸易伙伴，但彼此间却具有明显的不对称性依赖①。

上述关于台湾外贸对两岸贸易的依存性也可从其他学者的相关研究中得到印证。李非（2000）对1979—1998年两岸贸易总额、台湾对祖国大陆出口总额与台湾外贸总额、出口总额所做的线性回归分析就表明了台湾外贸、出口的增长与两岸贸易、台湾对祖国大陆出口具有明显的正相关性，两岸贸易的发展对台湾外贸的发展、台湾对祖国大陆出口增长对台湾出口的增长有着较大的影响。

---

① 参见商务部台港澳司网页2008年1月25日报道："2007年1－12月大陆与台湾贸易、投资情况"，http：//tga. mofcom. gov. cn/aarticle/d/200801/20080105354007. html。

表3-8　**两岸贸易相互依赖度**　（单位:%）

年度	台湾对大陆贸易占台湾外贸之比重			大陆对台湾贸易占大陆外贸之比重		
	出口比重	进口比重	进出口比重	出口比重	进口比重	进出口比重
1984	1.40	0.58	1.06	0.49	1.55	1.03
1985	3.21	0.58	2.17	0.42	2.34	1.58
1986	2.04	0.60	1.49	0.47	1.89	1.29
1987	2.28	0.83	1.71	0.73	2.84	2.06
1988	3.70	0.96	2.47	1.01	4.06	2.65
1989	5.03	1.12	3.31	1.12	5.63	3.51
1990	6.54	1.40	4.23	1.23	8.24	4.47
1991	9.79	0.46	5.57	1.57	11.75	6.35
1992	12.84	1.03	7.31	1.32	13.09	7.05
1993	16.28	1.31	9.19	1.20	13.46	7.71
1994	16.99	2.17	9.93	1.54	13.85	7.55
1995	17.15	2.97	10.36	2.08	14.71	8.02
1996	17.63	2.97	10.79	2.03	14.93	8.21
1997	18.08	3.41	11.03	2.14	15.77	8.11
1998	17.62	3.91	11.00	2.24	14.15	7.39
1999	17.22	4.07	11.00	2.32	12.86	7.17
2000	16.46	4.43	10.67	2.50	11.11	6.59
2001	20.27	5.47	13.45	2.22	10.51	6.18
2002	23.30	7.04	15.89	2.45	10.68	6.36
2003	25.43	8.61	17.70	2.51	9.28	5.79
2004	26.83	9.95	18.72	2.83	8.72	5.69
2005	28.36	11.00	20.04	2.64	8.53	5.37
2006	28.27	12.23	20.65	2.56	8.00	5.00
2007	30.11	12.77	21.95	2.30	7.77	4.71

注：经济体A对经济体B出口比重系指A对B出口金额占A出口总额的比重，其进口比重、进出口比重类推。

资料来源：整理自台湾“行政院大陆委员会”编制的《两岸经济统计月报》第181期。

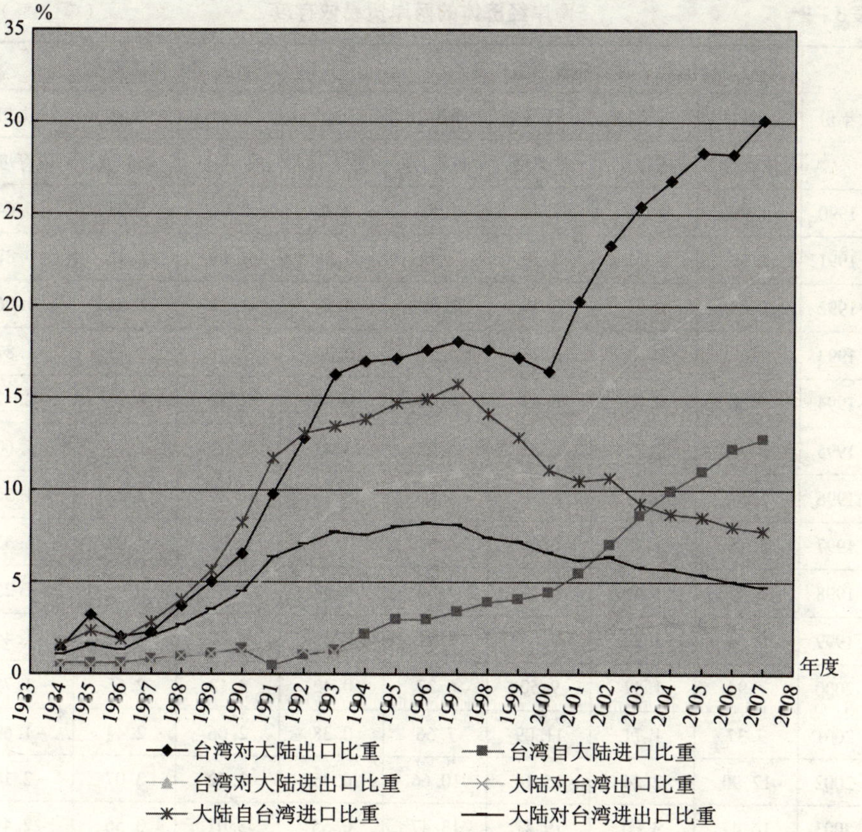

图 3－8　两岸贸易相互依存性发展态势图

资料来源：根据表 3－8 数据绘制。

（四）两岸经济体对两岸贸易的依存性及其发展态势

两岸贸易相互依赖度表明两岸贸易往来关系对两岸经济体各自对外贸易的重要性，显示了两岸经济体在商品市场供求方面的依存性与一体化态势。但由于各经济体的外向型程度（如贸易占国内生产总值的比例，即贸易依存度）不同，两岸贸易相互依赖度不能完全代表两岸经济体对两岸贸易往来关系的依赖程度，更无法真正反映两岸经济体之间的相互依存性大小。因此，有必要进一步采用两岸贸易往来（出口或进口）金额以及进出口差额占各自 GDP 的比例指标，以衡量两岸经济体对两岸贸易往来关系的依存性。本书把这种比例指标称为“两岸经济体的两岸贸易依存度”。表 3－9 及图 3－9显示了 1995 年来两岸经济体的两岸贸易依存度及其变动态势。

表 3-9　　两岸经济体的两岸贸易依存度　　（单位：%）

年份	台湾经济对大陆贸易依存度				大陆经济对台贸易依存度			
	出口依存度	进口依存度	贸易依存度	净出口依存度	出口依存度	进口依存度	贸易依存度	净出口依存度
1990	1.99	0.46	2.46	1.53	0.20	0.84	1.04	-0.64
1991	2.53	0.61	3.14	1.92	0.28	1.14	1.42	-0.87
1992	2.88	0.51	3.39	2.36	0.23	1.29	1.52	-1.06
1993	5.60	0.63	6.23	4.97	0.24	2.11	2.35	-1.87
1994	5.58	0.89	6.47	4.69	0.40	2.52	2.92	-2.12
1995	5.40	1.13	6.53	4.27	0.43	2.03	2.46	-1.60
1996	5.59	0.97	6.56	4.62	0.33	1.89	2.22	-1.56
1997	5.48	1.13	6.61	4.35	0.36	1.73	2.08	-1.37
1998	6.02	1.40	7.42	4.62	0.38	1.63	2.01	-1.25
1999	6.54	1.32	7.86	5.21	0.36	1.80	2.17	-1.44
2000	7.94	1.57	9.50	6.37	0.42	2.13	2.55	-1.71
2001	9.37	1.71	11.09	7.66	0.38	2.06	2.44	-1.69
2002	12.90	2.24	15.14	10.66	0.45	2.62	3.07	-2.16
2003	16.47	3.00	19.47	13.47	0.55	3.01	3.56	-2.46
2004	20.11	4.21	24.31	15.90	0.70	3.35	4.06	-2.65
2005	21.57	4.78	26.34	16.79	0.74	3.33	4.06	-2.59
2006	24.50	5.83	30.33	18.66	0.78	3.29	4.08	-2.51
2007	27.33	6.35	33.67	20.98	0.72	3.12	3.84	-2.39

注：台湾经济对大陆出口依存度、自大陆进口依存度、对大陆贸易依存度、对大陆净出口依存度分别系指台湾对大陆出口、自大陆进口、对大陆贸易、对大陆净出口占台湾 GDP 的比例；大陆经济对台出口依存度、自台进口依存度、对台贸易依存度、对台净出口依存度分别系指大陆对台出口、自台进口、对台贸易、对台净出口占大陆 GDP 的比例。

资料来源：根据海关总署统计的两岸贸易往来数据，国家统计局编订的《中国统计年鉴》（2008 卷）提供的历年大陆 GDP（人民币）数据、人民币对美元年平均汇价（中间价）数据，台湾“行政院主计处”网页（http//：www. stat. gov. tw/lp. asp？CtNode = 2130&CtUnit = 1049&Base DSD = 34）提供的统计年鉴资料（2008 年）关于历年台湾 GDP（美元）数据计算得出。

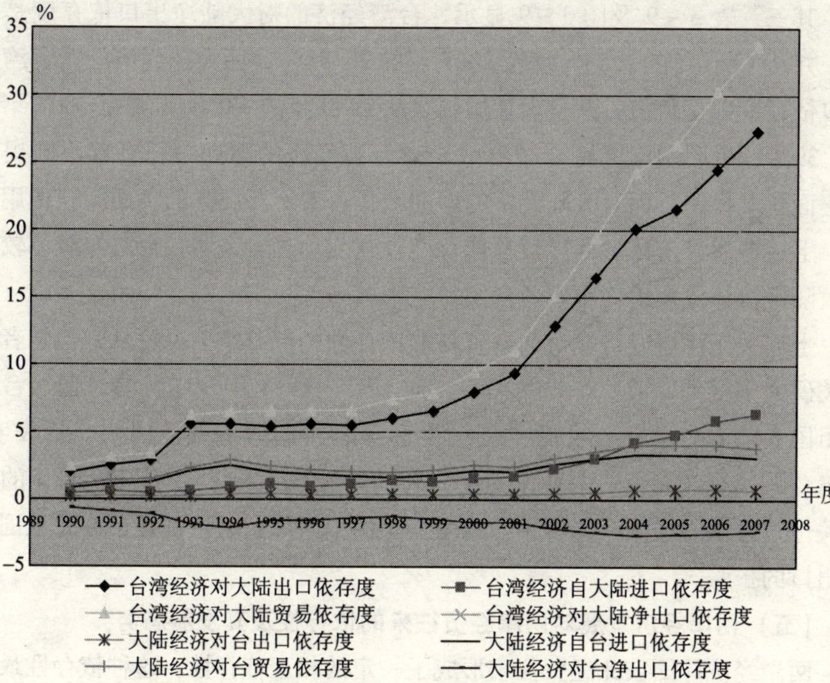

图3－9　两岸经济体的两岸贸易依存度变动态势图

资料来源：根据表3－9数据绘制。

总体上看，两岸经济体对两岸贸易的依存性呈现出三个特征：其一，两岸经济体对对方的出口依存度、进口依存度、贸易依存度都呈现为持续的正增长态势，表明两岸经济体对两岸贸易往来关系的依存性基本上都在不断提高。表3－9及图3－9显示，台湾经济对大陆出口依存度、自大陆进口依存度、对大陆贸易依存度分别从1990年的1.99%、0.46%、2.46%增至2007年的27.33%、6.35%、33.67%。相应地，大陆经济对台出口依存度、自台进口依存度、对台贸易依存度分别从1990年的0.2%、0.84%、1.04%增至2007年的0.72%、3.12%、3.84%。

其二，表3－9及图3－9显示，除了自大陆进口依存度较小（这主要是由于台湾当局长期以来高度限制进口大陆商品所致）之外，台湾经济对大陆其他各项贸易依存度都较大，并远高于大陆经济的相应的各项对台贸易依存度。而且，台湾经济的对大陆贸易依存度的增长速度，1997年以来明显高于大陆经济的对台贸易依存度的增长速度。

其三，表3－9及图3－9显示，台湾经济的对大陆净出口依存度是正值，并从1990年的1.53%增至2007年的20.98%，而大陆经济的对台湾净出口依存度则是负值，并呈现负增长，从1990年的－0.64%降至2007年的－2.39%，表明两岸贸易（净出口）对台湾经济的即期增长有着不断提升的正面拉动作用，而对大陆经济的即期增长有着不断提高的负面漏损作用。

上述两岸经济体的两岸贸易依存度及其变动趋势表明，台湾经济体较之于大陆经济体更多地倚重于两岸贸易往来关系。

上述关于两岸经济体对两岸贸易的依存性的部分结论也可从其他学者的相关研究中得到印证。李非（2000）对1979—1998年两岸贸易总额、台湾对祖国大陆出口总额与台湾“国民生产总值”所做的线性回归分析表明，台湾“国民生产总值”与两岸贸易、台湾对祖国大陆出口都具有明显的正相关性，台湾的经济产出在相当程度上有赖于两岸贸易特别是台湾对祖国大陆出口的扩张。

（五）两岸经济发展对两岸经贸往来的依存性及其发展态势

两岸经济体因彼此经贸往来形成了一定的相互依存性。这种依存性最终必然会体现为两岸经贸往来对两岸经济发展的总体影响。因此，有必要进一步从总体上定量分析两岸经贸往来（两岸经济关系）对两岸经济发展的影响程度，以揭示两岸经济体的相互依存性大小。显然，这可以用两岸经济往来所产生的经济贡献占两岸经济体各自的GDP的比例来衡量。这一比例可称为“两岸经贸往来对两岸经济体的贡献度”，可用以衡量两岸经济相互依存的程度大小。

这里的计算问题主要是分别估算两岸贸易、两岸投资对两岸经济发展的贡献。就两岸贸易对两岸经济发展的贡献而言，可以用外贸总额与“外贸乘数”（Foreign-trade Multiplier）的乘积指标来计量。所谓“外贸乘数”，是指通过贸易所能获得的经济实质效益或福利（Farmer，2000）。王直等学者（Wang，1997；Wang & Schuh，2000）利用“可计算一般均衡”（Computable General Equilibrium）世界贸易模型，模拟祖国大陆与台湾地区加入WTO以及台湾、香港与大陆经济一体化的潜在影响，估计祖国大陆的外贸乘数在19.4%－28.7%之间，而台湾经济体的外贸乘数在22.3%—32%之间。

由于台湾当局至今仍然不开放或高度限制祖国大陆资本在岛内投资，计算期内大陆资本未对台湾投资或投资金额极少，因此计算期内大陆资本对台湾投资及其对台湾经济发展的贡献可以忽略不计。就台商投资对祖国大陆经济发展的贡献来说，可以用台商在大陆的总产出与其附加价值率的乘积指标来计量。依据王直等学者（Wang，1997；Wang & Schuh，2000）的估计，台商在大陆的总产出的附加价值率约为26%。台商在大陆的总产出方面，根据高长（1997）的研究，至1995年底台商对大陆累计投资金额为116.06亿美元，而1995年台商在大陆的总产出为336亿美元。假设台商投资对大陆经济发展的贡献与台商对大陆累计投资金额成正比，就可据此估算台商历年投资对大陆经济发展的贡献。

表3-10估算了近10余年来两岸经贸往来对两岸经济发展的贡献大小，也就是两岸经济体因两岸经济往来形成的相互依存性大小。图3-10显示了近10年来两岸经贸往来对两岸经济体的贡献度变动态势，也就是两岸经济体相互依存性的发展态势。总体上看，近10年来，两岸经贸往来对两岸经济体的贡献度，或者说两岸经济体对两岸经贸往来的依存性，具有如下几个重要特征。

一是近10余年来两岸经贸往来对两岸经济体的贡献总体上保持着不断增加的态势，两岸经济体对两岸经贸往来的依存性在持续上升。两岸经贸往来（两岸贸易）对台湾经济的贡献度，从1995年的1.46%—2.09%增至2007年的7.51%—10.78%。与此同时，两岸经贸往来（两岸贸易与台商投资）对大陆经济的贡献度，从1995年的1.68%—1.90%增至2003年的2.36%—2.70%，之后呈现下降态势，至2007年的1.81%—2.16%。

二是两岸经贸往来对台湾经济的贡献的增长速度较快，而且，自2000年以来，两岸经贸往来对台湾经济的贡献超过了对大陆经济的贡献，台湾经济较之于大陆经济对两岸经贸往来的依存性要高，并在不断上升，两岸经济相互依存性的不对称特征越来越明显。

三是近10余年来的两岸贸易对台湾经济的贡献度，也明显地远远高于对大陆经济的贡献度。换言之，台湾经济对两岸贸易的依存性，远远高于大陆经济对两岸贸易的依存性。

四是台商投资对大陆经济的贡献度，从1995年的1.20%增至2002年1.72%的高峰后，开始缓慢下滑至2007年的1.06%。这种下滑态势明显影

表 3-10　　两岸经贸往来对两岸经济体的贡献度　　（单位：%）

年份	两岸经贸往来对台湾经济的贡献度（外贸乘数：22.3%）	两岸经贸往来对台湾经济的贡献度（外贸乘数：32%）	两岸经贸往来对大陆经济的贡献度（外贸乘数：19.4%）	两岸经贸往来对大陆经济的贡献度（外贸乘数：28.7%）	台商对大陆经济的贡献度（台商在大陆总产出的附加价值率：26%）	两岸贸易对大陆经济的贡献度（外贸乘数：19.4%）	两岸贸易对大陆经济的贡献度（外贸乘数：28.7%）
1995	1.46	2.09	1.68	1.90	1.20	0.48	0.70
1996	1.46	2.10	1.76	1.96	1.33	0.43	0.64
1997	1.47	2.12	1.86	2.05	1.45	0.40	0.60
1998	1.66	2.38	1.96	2.15	1.57	0.39	0.58
1999	1.75	2.51	2.08	2.28	1.66	0.42	0.62
2000	2.12	3.04	2.14	2.38	1.64	0.49	0.73
2001	2.47	3.55	2.13	2.36	1.66	0.47	0.70
2002	3.38	4.84	2.31	2.60	1.72	0.60	0.88
2003	4.34	6.23	2.36	2.70	1.67	0.69	1.02
2004	5.42	7.78	2.33	2.71	1.54	0.79	1.16
2005	5.87	8.43	2.19	2.57	1.40	0.79	1.17
2006	6.76	9.70	2.04	2.42	1.25	0.79	1.17
2007	7.51	10.78	1.81	2.16	1.06	0.74	1.10

注：1. 各年台商总产出 = 1995 年台商总产出（336 亿美元）× 至该年的台商对大陆累计投资金额/至 1995 年的台商对大陆累计投资金额（116.06 亿美元）。2. 各年台商对大陆的经济贡献度 = 100 × 各年台商总产出 × 台商在大陆总产出的附加价值率（26%）/该年大陆 GDP。3. 两岸贸易对两岸经济体各自的贡献度 = 100 × 两岸贸易总额 × 两岸经济体各自的外贸乘数/两岸经济体各自的 GDP。4. 两岸经贸往来对两岸经济体的贡献度 = 两岸投资的贡献度 + 两岸贸易的贡献度。5. 所涉计算期中大陆未对台湾投资或投资金额很少，因此本表估算中忽略大陆对台投资及其对台湾经济的贡献。

资料来源：根据海关总署统计的两岸贸易往来数据，商务部统计的大陆实际利用台资数据，国家统计局编订的《中国统计年鉴》（2008 卷）提供的历年大陆 GDP（人民币）数据、人民币对美元年平均汇价（中间价）数据，台湾“行政院主计处”网页（http//：www.stat.gov.tw/lp.asp？CtNode = 2130&CtUnit = 1049&BaseDSD = 34）提供的统计年鉴资料（2008 年）关于历年台湾 GDP（美元）数据计算得出。

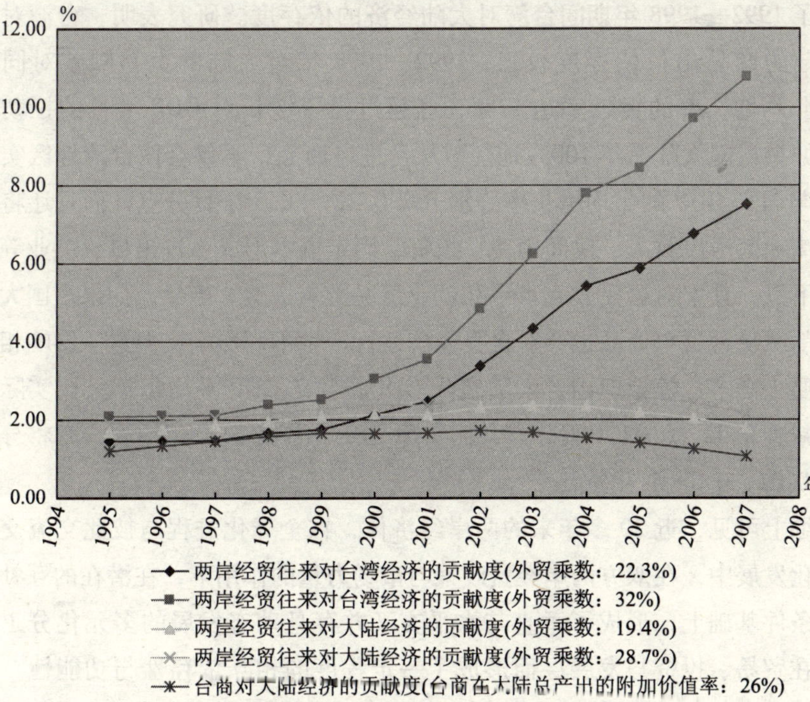

图 3－10　两岸经贸往来对两岸经济体的贡献度变动态势图

资料来源：根据表 3－10 数据绘制。

响了两岸经贸往来对大陆经济的贡献度的变动态势，后者自 2003 年后在两岸贸易贡献度还在增加的过程中也呈现了下滑态势。

需要指出的是，由于台湾当局长期以来对进口大陆商品、对台商赴大陆投资进行的是严格管制下的逐步有限开放，并至今对大陆资本赴台投资不予开放或高度设限，因此，上述两岸经贸往来及其对两岸经济体的贡献以及两岸经济相互依存性，是在台湾当局有限制的经贸政策环境空间的约束下由市场机制主导形成的，因而远未穷其潜力，未能达到其可能的规模与程度。如果台湾当局全面开放大陆商品的进口、全面开放台商赴大陆投资，特别是开放大陆资本赴台投资，两岸经济关系中的不对称特征就会得以改变，两岸经贸往来对两岸经济的贡献以及两岸经济相互依存性也就有望进一步提高。

上述结论可从一些学者的有关研究中得到印证。潘文卿、李子奈（2000）通过“祖国大陆与台湾宏观经济联接模型”，从商品贸易方面定量研究了1992—1998年期间台湾对大陆经济的依存度。研究表明，台湾对祖国大陆的商品出口依存度较强，1992—1998年对大陆的贸易顺差对同期GDP年均增长率的贡献率达17%，已超过投资增长对GDP增长的拉动作用；如果祖国大陆每年100%地削减从台进口商品，不仅会使台湾地区实际GDP与名义GDP的年均增长率分别下降0.22与0.5个百分点，而且还将造成台湾地区居民收入、民间消费、投资、固定资本形成、进出口、就业等的整体下滑，其中对居民收入水平和就业情况影响最大。当然，如果祖国大陆完全削减从台进口商品也会对自身经济运行产生不利影响，但这一影响相对来说要小得多：模拟期内，大陆实际GDP、名义GDP平均每年只比实际值分别减少0.02、0.03个百分点，而实际GDP、名义GDP年均增长率将分别下降0.01、0.02个百分点。

综上可见，近20多年来的两岸经济体，在全球化进程与彼此交流交往的深化发展中，在双方两岸经贸政策与市场力量的作用下，在潜在的互补性发展条件基础上，形成了垂直与水平交叉并存且动态发展的多元化分工关系，在贸易、投资与发展层面形成了一定程度的相互依存性与功能性一体化，以及合作与竞争并行的发展态势；这种相互依存性与一体化在动态变化中总体上保存了上升趋势；但是，除了台湾在对外投资方面对大陆市场形成了过高的依赖、在出口层面对大陆市场有着较高的依赖之外，两岸经济体在其他单一层面与总体层面的相互依存与一体化程度基本上还处于较低水平；而且，两岸经济相互依存性还呈现了较大程度的不对称性特征：台湾经济体对两岸经贸往来的依赖程度明显高于大陆经济体。当然，必须指出的是，两岸经济体的上述相互依赖的程度及其不对称相互依赖特征在很大程度上是由于台湾当局长期以来的大陆经贸政策压制作用的结果。这种压制作用一旦消除，两岸经济相互依赖的程度将有望进一步提升，不对称性特征也将得到较大程度的消减。

二、两岸经济制度性合作与一体化的内部动因与必要性

如果说两岸经济关系20余年来的持续快速发展及其在发展中形成的相互依存与一体化态势，对促进两经济体的发展与转型、推动两岸人员与各项往来、增进两岸共同利益、稳定与发展两岸政治关系发挥了重要作用（张

冠华，2005），那么，在两岸当前的政治经济关系状态下，两岸经济体之间建立制度性的合作与一体化，显然有其内在的政治经济动因与必要性。

（一）两岸经济制度性合作与一体化的内在经济动因与利益

如上所述，自祖国大陆采取“和平统一”与改革开放政策以来，近20多年来的两岸经济交流与合作，在两岸经济体潜在的互补性发展条件基础上，在全球化力量的推动下，不断突破两岸政治关系的约束，在全球化进程中日益加强，两岸经济关系持续快速发展。当前，两岸经济体在分工、贸易、投资方面有着较为密切的联系，在发展上形成了一定的相互依存性，功能性一体化正在自发形成和深化之中。但与此同时，20多年来的两岸经济交流与合作，又是在有限制的经贸政策环境空间的约束下，由市场机制主导进行的，呈现出单向、间接、民间的状态，不仅本身未能实现其可能的发展规模，而且远未充分发挥其对两岸经济发展的促进作用；两岸经济体在基于互补性的交流交往中呈现了竞争性态势，在相互依存性的发展中呈现了不对称性特征。两岸经济体潜在的互补性优势的进一步发挥、竞争性问题的协调、两岸经贸往来格局与相互依存性中不对称特征的消减，两岸经济交流与合作的进一步扩展，以及两岸经贸往来对两岸经济发展贡献的进一步提高，都有赖于两岸经济关系的正常化以及制度性合作与一体化。这显然构成当前两岸经济体迈向关系正常化以及制度性合作与一体化的一个内在需要。

不仅如此，当前创新两岸经济交流与合作方式，实行一定程度及形式的制度性合作与一体化，是充分整合利用两岸较强的经济互补性，增强两岸经济交流与合作，实现两岸经济持续发展，在经济全球化深化发展中进一步谋求各自最大化利益的需要。当前，台湾产业面临产品升级机会不足、资源外流、土地成本过高、电力供给不足、资金与技术结合困难、研发能力不足等转型的障碍，在传统产业和新兴产业不断向大陆等地转移过程中，新的支柱产业的定位与形成还未跟上；而大陆方面，虽然保持了较好的经济增长势头，但仍然面临着巨大的就业压力，经济结构与发展水平还相对落后，需要进一步转变经济增长方式、参与经济全球化、拓展海外市场。因此，随着经济全球化深化发展，深入挖掘与充分利用两岸较强的经济互补性，进一步增强两岸经贸交流与合作，对双方获取经济全球化利益意义重大。一方面，台湾可以充分利用大陆广阔的市场容量、丰富的物产与人力资源、较为雄厚的工业基础、较高的研发能力，来克服自身的资源缺乏、市场狭小、研发能力不足等困难与约束，以进一步扩张贸易和投资，加快产业的转型与升级；另一方面，大陆可以充分借助台湾在资金、技术、企业管理水平、市场营销能力、海外市场开拓能力以及高新技术产业化与市场化方面的优势，来克服自身在经济发展过程中所面临的种种瓶颈与约束，以进一步发展出口生产，促进经济增长与就业，加快高新技术产业化。显然，海峡两岸较强的经济互补性为进一步增强两岸经济交流与合作以获取经济全球化利益提供了动力和可能性。但是，众所周知，由于政治原因，长期以来两岸经贸交流与合作不仅处于自发性发展状态，而且受到台湾当局的人为压制而呈现单向、间接、民间格局，严重阻碍了两岸经济互补性优势的发挥。因此，创新两岸经济交流与合作方式，特别是实行两岸经济关系正常化以及制度性经济合作与一体化，是进一步增强两岸经济交流与合作以获取经济全球化利益的必然要求和选择。

事实上，两岸经济制度性合作与一体化的上述经济动因，在台湾方面体现在萧万长（2001）基于台湾利益优先角度倡议建立“两岸共同市场”的经济目的上：一方面企图通过两岸经贸的有效整合，推动台湾经济成功转型，摆脱困境；另一方面希望通过建立两岸定期、官方性质的协商机制，解决两岸经贸往来中产生的各种问题，以利于两岸经贸关系健康持续发展，特别是对两岸经贸整合进行适当的引导与规范，将两岸分工格局与两岸经贸关系发展导向有利于台湾的方向，消减对台湾社会经济结构的不利冲击，并保证台湾在新的分工体系中占据一个较好的战略位置。事实上，在大陆已成为世界经济的一个引擎与中心的现实面前，在两岸经济关系对台湾经济发展有着不容忽视的重要作用的现实面前，加强两岸经济交流与合作是台湾经济发展的必然选择，并已成为台湾岛内各界主流的意见。

（二）两岸经济制度性合作与一体化的内在政治动因与利益

经济一体化不仅有其经济动因与利益诉求，而且通常也出于政治目的与利益的考虑。两岸经济制度性合作与一体化的政治动因主要体现在以下几个方面。

首先，通过经济合作与一体化安排加强彼此间的经贸关系，以减小两岸出现对立或冲突的风险，促进两岸关系和平稳定发展，是两岸经济制度性合作与一体化的一个主要政治动因与利益。

理论与实践表明，市场机制主导的全球化进程以及为追求自身利益最大化的单边经贸政策，都可能导致收入的再分配与生产的重新布局而恶化区域内的安全环境，而区域内各成员间积极的制度性经济合作与一体化政策措施将会有利于减少区域内的冲突，促进区域内经济贸易的政策通常都有利于增强区域内的安全与和平。

就两岸而言，有必要以经济一体化的方式来加强两岸经贸关系进而减小两岸出现对立或冲突的风险。一方面，近20多年来两岸经济关系的发展特别是相互依存性的不断提升，虽然尚未消弥两岸的政治分歧，但显然有力地稳定了两岸政治关系发展局势，因为它迫使两岸不得不顾忌到严重政治对抗与冲突可能给双方社会经济利益带来的巨大损害，从而将对抗与冲突程度限制在可控制的范围之内。但另一方面，如上所述，两岸经济体在全球化进程中由市场机制主导并受到两岸政治关系型塑的经济关系格局，已经存在明显的竞争性与不和谐一面；而且，随着两岸经济交流规模的扩大，必然导致双方在贸易、投资、知识产权等方面的摩擦与纠纷的增多，需要双方“看得见的手”的积极作用与安排，通过建立正常的交流与合作机制加以解决。否则，不仅会对两岸经济关系产生负面影响，而且可能外溢到两岸政治关系层面。然而，两岸政治层面至今尚未建立必要的交流与合作机制，不仅影响了上述问题的解决，而且也不能充分发挥经济关系与政治关系的积极互动效应。

因此，通过在两岸之间建立制度性的经济合作与一体化安排，以加强彼此间的经贸关系，防止两岸经济摩擦与纠纷，并进一步发挥经济关系对政治关系的促进作用，减小两岸出现对立或冲突的风险，促进两岸关系的和平与稳定发展，已成为当前两岸经济制度性合作与一体化的一个广为两岸各方所认同的主要的政治动因。萧万长（2001）就认为，经贸往来是建立两岸和平的关键基础；在目前情况下，淡化政治分歧，强化经济合作，建立“两岸共同市场”，使得两岸经由利益的结合变成共存体，以增加台湾的安全保障；而建立两岸定期、官方性质的协商机制，本身就具有突破现阶段两岸中止协商对话的局面、缓和台海紧张关系的政治意义。事实上，一旦两岸正式启动制度性经济合作与一体化，实际上就是向国际社会表明两岸和平、发展、合作甚至和平统一的愿望与决心，从而消除国际社会对台海安全乃至亚太安全问题的担心，有助于提升台海安全乃至亚太安全的确定性，并使那些对两岸不怀好意、企图打“台海牌”的国际势力失去筹码。这反过来显然又会有助于两岸政治经济利益的获取与增进，以及两岸政治经济关系的稳定与发展。

其次，通过经济一体化为政治一体化铺平道路和奠定基础，促进两岸统一问题的和平解决，是两岸经济制度性合作与一体化的又一个政治期待。

区域经济一体化虽不必然引致区域政治一体化，但不仅相应会对区域政治一体化提出一定的要求，而且可为区域政治一体化铺平道路和奠定基础，大大降低政治一体化的内部风险，因为在经济领域的共同行动以及在共同行动中共同利益的获取与增进有助于区域成员产生相互信任，形成政治共识。

就两岸而言，在和平发展与和平统一战略架构下，启动两岸经济制度性合作与一体化进程，协调两岸经济分工格局，加速推动两岸经济交流与合作，进一步发展两岸经济关系，不仅有利于进一步促进两岸间的各项交流交往，化解两岸政治对立态势，增进了解，累积互信，建立共识，而且有助于缩小两岸经济差距，增强两岸同胞的认同感，更重要的是，可以进一步密切两岸经济关系，增进相互依存性与功能性一体化程度，遏制分离主义倾向，最终为两岸和平统一构筑坚实而且必要的经济、社会和政治基础与动力。

事实上，对这一政治动因，中国大陆方面是自不待言地一贯坚持。而台湾各界不少人士也都希望在两岸互动中从经贸关系入手来化解政治僵局。即便是主张“台独”的原民进党当局对此主张也是基本认同的。陈水扁2001年元旦讲话曾提出从两岸经贸与文化统合开始着手，逐步建立两岸间的信任，进而共同寻求两岸永久和平、政治统合新架构的所谓“统合论”。萧万长“两岸共同市场”构想的一个政治目的，就是以两岸经贸统合来突破两岸政治现状。萧万长指出，虽然两岸政治上的猜忌、对立仍然存在，但是经济上却往来密切，这才是最大公约数；台湾和中国大陆若能经贸统合，利益的结合就能产生互补、互利、互助、互赖，就变成共存、共荣、双赢的局面；到时候再谈政治结合，效果才会出来（林秀姿、刘胜鸿，2001）。根据萧万长（2001）本人的说明，其“两岸共同市场”构想的主要内涵就在于：①以欧洲各国由经济整合走向政治统合的模式与精神作为重要参考，从降低贸易障碍开始，扩及商品、人员、资金、服务、资讯等生产资源移动的全面自由化，进而发展到经济政策协调乃至政治的联盟；②从经济合作、经济主权的共享扩大到政治主权的共享。两岸通过建立共同市场这样经济事务的协商合作关系，建立良好缜密的互动机制，降低“一个中国”的政治争议，使一个中国问题在经济上的一个大中华形成后能够逐步得到解决。

需要指出的是，萧万长倡导的“两岸共同市场”构想及其“从经济整合走向政治统合”的核心内涵，虽在形式上与陈水扁的“统合论”相似，萧万长本人也承认其“两岸共同市场”构想与陈水扁的“经贸统合”方向相同，但实际上，萧万长主张两岸回到1992年“双方各自以口头声明方式表述一个中国”的共识作为推动其构想的基础，而陈水扁的“统合论”是基于其所谓的“一边一国”框架，因而缺少一个两岸可以共同接受的前提和基础。更有“台独”势力企图利用两岸经济制度性合作与一体化彰显其所谓的对等政治地位，实现其“台独”目的。这显然是二者之间的重大差别。萧万长明确将“九二共识”作为推动“两岸共同市场”的基础，是因为他深切感到两岸经济制度性合作与一体化对台湾未来发展的重要性，而两岸僵局的症结在于是否承认“一个中国”原则，台湾如果不回到“九二共识”的立场，“两岸共同市场”构想就没有现实可能性。

第三节　两岸经济制度性合作与一体化的外部动因及必要性分析

区域合作与一体化不仅是相互依赖的区域内各成员和平共处、共同发展的需要，而且也是面对共同的区域外部因素威胁的集体应对和选择。就两岸经济体而言，当前世界经济的全球化趋势及其各种组织表现形式，特别是在全球多边层面建立的世界贸易组织（WTO）与在区域层面蓬勃发展的区域经济一体化组织，在为两岸经济体提供更多发展机会的同时，也构成两岸经济发展和两岸经济关系发展面临的共同的外部威胁因素①。迈向合作与一体

① 包括笔者在内的许多学者曾经对此做了深入研究，参见李非（2002、2003）、唐永红（2004、2005a）等等。

化是两岸经济体共同应对外部环境因素威胁的一个明智和有效的选择。

一、应对经济全球化的不确定性与风险

众所周知，全球化是世界经济发展的一个主流趋势。经济全球化就其本质而言，是市场机制在全球范围内的扩展，是分工从国内到国际的延伸，是生产社会化、经济国际化发展的必然结果和趋势。因而，经济全球化又是一个利弊兼存的动态发展过程。一方面，经济全球化以效率原则内在要求产品和要素在全球范围的自由流动以及在全球范围资源配置的无歧视性，因而经济全球化内在要求世界经济做全球一体化的制度安排（WTO 就是这样的一个制度安排），以突破市场障碍和各种约束，降低直接的生产成本和间接的交易成本，提高资源配置及使用的效率与效益，从而为追逐利益最大化的各经济体的结构调整和经济发展提供了更多机会与空间。另一方面，当前的经济全球化既是市场机制在全球范围内的扩展，就不可避免地具有市场机制的内在局限性，特别是在加剧市场竞争与传递效应的同时增加了经济发展与运行的不确定性和风险。因此，全球化下的经济安全与风险防范以及竞争力培育，特别是参与全球化方式和路径选择，是任何追逐利益最大化的经济体都必须认真考虑的问题。各经济体应主要根据自身经济发展水平、经济开放度、政策取向等因素，选择单边的、双边的、区域多边的乃至全球多边的不同的方式，采取国际垂直分工、水平分工和交叉分工等不同的途径，介入经济全球化进程的不同阶段。相应地，各经济体之间的交往与合作方式也随着经济全球化发展而变化发展。

就两岸经济体而言，随着参与全球化进程的深化，创新两岸经济交流与合作方式，实行一定程度与形式的经济合作与一体化安排，是进一步增强两岸经济交流与合作，应对经济全球化不确定性与风险的需要。如上所述，经济全球化是一个充满不确定性和风险的过程，全球化下的经济安全与风险防范是任何追逐利益最大化的经济体都必须认真考虑的问题。国际市场多元化战略与一体化战略以及自身经济结构调整成为应对全球化不确定性与风险的主要手段。两岸经济体在新世纪伊始先后加入了经济全球化在全球多边层面的组织实现形式——WTO。加入 WTO 意味着进一步参与经济全球化，两岸经济体各自的开放度与对外依存度日益提高，在获取越来越多的经济利益机

会的同时面临着越来越高的经济风险。事实上，当前两岸各自对外经贸活动的伙伴与市场都呈现过度集中和倚重现象，经济全球化的风险已在两岸频频显现。特别是台湾，其典型的外向型经济模式更深受国际市场不确定性因素与风险的影响和制约。长期以来，台湾经济对美国、日本等少数几个市场的高度依赖，以及过分围绕这些市场的经济结构定位，已严重影响到自身经济的持续、稳定发展。日本经济已经长达10年的衰退、美国经济随着知识经济泡沫破灭而来的增长减速明显地对当前台湾经济的发展构成了阻碍。分散和规避全球化风险需要两岸进一步强化相互间的经济交流与合作。有鉴于此，两岸经济体，特别是台湾方面，在经济全球化深化发展中，特别是在面临当前国际金融危机的巨大冲击下，在谋求市场多元化发展以减轻对少数国家经济的过度依赖并分散经济风险的同时，应积极创新两岸经济交流与合作方式，在两岸全面、直接、双向“三通”与两岸经贸关系正常化基础上实行制度性经济合作与一体化，进一步便利和增强两岸经济交流与合作，以相对稳定的一体化内部市场规避经济全球化风险，并促进经济结构调整，增强市场竞争能力和抗风险能力。

二、应对区域一体化的竞争与边缘化效应

创新两岸经济交流与合作方式，实行一定程度与形式的经济一体化安排，也是两岸经济体在世界经济全球化与区域经济一体化深化发展中增强国际竞争力和防止边缘化的需要。一方面，经济全球化追逐利益最大化的内在动机和制胜国际市场竞争的外在压力要求变革经济活动的方式，降低经济活动的直接成本与间接成本，不断提升国际市场竞争能力；要求贸易、投资等经济活动的自由化与便利化，撤除经济活动的各种壁垒和约束，不断扩张经济活动的市场。另一方面，众所周知，作为参与经济全球化的一个现实途径与方式，区域经济一体化运动正在全球范围蓬勃发展。在经贸活动与利益方面具有或多或少的排他性和转移效应的区域经济一体化组织的广泛建立和发展，无疑将使国际经济竞争主体多元化的同时加剧国际经济竞争，从而使单一经济体在国际经济竞争及全球多边经贸谈判中面临更大的挑战和压力。因此，两岸经济体应意识到强化业已形成的功能性利益共同体的必要性和紧迫性。

变革两岸经济交流与合作方式，在两岸全面、直接、双向“三通”与两岸经贸关系正常化基础上实行制度性经济合作与一体化，不仅将为两岸的贸易与投资者提供十分便利的条件，大幅度提高市场竞争力，赢得更多商机，获得更丰厚利润，更为重要的是，将为两岸比较优势的结合与实现、分工与协作的进一步形成与发展以及两岸功能性经济一体化深化发展铺平道路，从而有助于国际市场竞争力的提升，并防止被当前蓬勃发展的区域经济一体化浪潮边缘化，增强参与经济全球化和WTO等全球多边经贸体制的实力，特别是有助于台湾经济的转型，促进其“亚太营运中心”与“全球营运中心”的形成①。

事实上，台湾经济体是一个出口贸易依存度较高的外向型经济体②，面对以东盟加一、东盟加三为代表的东亚区域经济一体化的快速发展可能带来的边缘化效应，特别是2010年中国—东盟自由贸易区（CAFTA）实施零关税对台湾相关产业（如石化、汽车、纺织等产业）可能产生的重大冲击，加之持续蔓延的全球金融海啸对台湾实体经济的打击，岛内呼吁尽快商签综合性经济合作协议（CECA）或经济合作架构协议（ECFA）的声音不断高涨，希望以此减缓对台湾经济尤其是相关产业的冲击。

但值得注意的是，当前台湾新当局力推与大陆商签CECA或ECFA的一个重要动机，在于马萧竞选白皮书所谓的“以两岸连结突破参与区域合作瓶颈”。台湾新当局认为，台湾参与国际区域经济一体化安排拓展国际经济空间的努力受到大陆方面的打压，一旦与大陆签订了CECA或ECFA等经济一体化协议，大陆方面就不得阻止台湾参加东盟加三、东盟加六等区域经济一体化安排。

三、促进WTO下两岸经济关系紧密发展

创新两岸经济交流与合作方式，实行一定程度与形式的经济合作与一体

---

① 马萧竞选白皮书提出“双营运中心”计划，即将台湾建设成为“台商根留台湾以台湾为全球营运中心”与“外商聚集台湾以台湾为亚太营运中心”。这一计划是马萧竞选白皮书提出的“全球连结新蓝图”中“以台湾为核心整合全球与大陆市场商机”的一个重要设想与环节。

② 2008年台湾出口占其GDP总额的比重为73.48%，台湾经济发展对出口的依赖远高于日本（15.75%）、韩国（38.25%）与大陆（37.13%）。

化安排，也是应对加入 WTO 及经济全球化深化发展对两岸经贸关系再发展的挑战的需要。加入 WTO，意味着两岸经济全球化进程的深化，两岸经济体都将在同一国际多边贸易体制的约束下，进一步按照世界市场经济运行规则运作，特别是在对外开放、参与经济全球化方面，必须遵循 WTO 无歧视原则，从过去的单边的、主动的、选择性的方式向着 WTO 下多边的、有规则的、全方位方式转变。从而，两岸经贸关系的发展面临新的机遇和挑战，两岸经济体之间的交往与合作方式面临变革的要求，需要在 WTO 下探索两岸经济交流与合作的新形式。

众所周知，这些年来，大陆对台湾实行的特殊优惠政策对于两岸经贸关系的发展特别是台湾在与大陆的经济合作中的显著成就的取得具有不可小视的作用。而随着两岸经济体先后加入 WTO，两岸经贸关系的再发展和台湾对大陆的经贸活动将在分享大陆市场的进一步开放的好处中面临一些挑战：一是 WTO 的无歧视原则等有关规定要求拉平台湾与其他成员方在中国大陆所享有的待遇差别，从而使台湾经济面临更大的竞争压力；二是 WTO 下大陆的市场开放和关税减让对所有成员方适用，这使得台湾生产的一些缺乏价格和质量优势的产品在进入大陆市场的出口竞争中被淘汰①；三是 WTO 下大陆市场环境的稳定性与透明性的增强，加之大陆着眼于扩大外资来源及其规模与技术含量的外资政策调整，使得台湾的一些中小型的、劳动力与资源导向型的对大陆投资受到欧、美、日等地的资金、技术密集型大企业的大规模的、市场导向型对华投资的强大竞争；四是随着改革开放的进一步深化发展，WTO 下大陆已逐步调整或取消其特殊经济区的某些不符合 WTO 规定和市场经济发展要求的特殊优惠政策，这也对两岸经贸往来带来一定程度的影响。

显然，随着两岸经济体加入 WTO，两岸经贸关系的再发展以及台湾经

---

① 近年来台湾产品在大陆进口市场占有率逐年下滑。1994 年台湾在大陆市场占有率 12.5%，韩国仅 6.3%，但 2005 年台湾在大陆市场的占有率降至 11.3%，为韩国超越；2008 年，在韩国对大陆出口成长 11.5%、日本成长 14.4%、美国成长 9.5%、欧盟更成长 16.6% 的同时，台湾对大陆出口却衰退 0.4%，结果台湾在大陆市场的占有率进一步降至 7.6%，又被美国超越。台湾在大陆市场排名五年内由第 2 位落至第 4 位，这突显台湾产品在大陆的既有优势已不复当年，台湾外贸竞争力在急速下降。

济在大陆市场中竞争利益的保障，需要在 WTO 下探索两岸经济交流与合作的新形式。一个可以选择的方式就是海峡两岸经济体或者是两岸四地经济体一起，利用 WTO 最惠国待遇等原则的例外安排，在 WTO 框架下建立诸如“两岸自由贸易区”、“中华自由贸易区”之类的经济一体化组织形式，以便相互间继续给予较 WTO 一般成员方的更为特殊优惠的政策措施，从而不仅可以保护和促进两岸或两岸四地间的投资与贸易，而且能够通过协议方式，合理地协调各自的经济政策，充分整合两岸或两岸四地潜在的互补性优势和经济贸易实力，加强两岸或两岸四地的经济紧密性，增强参与经济全球化进程与 WTO 等多边经贸体制的实力与能力。当然，克服 WTO 下两岸经贸关系发展特别是台湾经贸利益所面临的上述挑战，以及为应对挑战而实行经济合作与一体化安排，都有赖于两岸全面、直接、双向“三通”与两岸经贸关系正常化的实现。

第四节　本章小结

区域合作与一体化不仅是相互依赖的区域内各成员和平共处、共同发展的需要，而且也是面对共同的区域外部因素威胁的集体应对和选择。本章借鉴区域一体化的动因与必要性理论，在对近 20 余年来两岸经济关系的发展演变及其影响因素进行简要回顾与归纳总结的基础上，分别从两岸政治经济关系发展的内在需要特别是当前两岸经济体的相互依存性与功能性一体化发展态势、经济全球化的不确定性与风险、区域一体化的竞争与边缘化效应以及 WTO 下两岸经济关系发展面临的挑战等角度，考察和评估了当前两岸经济制度性合作与一体化的内、外部动因与必要性。本章研究的主要结论如下：

当前两岸经济制度性合作与一体化，既有其内部动因，也有其外部动因；不仅有其经济动因与利益诉求，而且也出于政治目的与利益的考虑，且在两岸有着不完全一致的政治经济动因。

从其内在经济动因看，两岸经济制度性合作与一体化，是应对当前两岸经济关系发展状态、整合两岸较强的经济互补性，增强两岸经济交流与合作，实现两岸经济持续发展，在全球化中谋求利益最大化的内在需要。

自祖国大陆采取和平统一与改革开放政策以来，近20多年来的两岸经济交流与合作，在两岸经济体潜在的互补性发展条件基础上，在全球化力量的推动下，不断突破两岸政治关系的约束，在经济全球化进程中日益加强，在两岸贸易、投资、金融、人员往来等方面总体上都保持着持续快速发展的势头。而且，近20余年来的两岸经济体，随着全球化进程深化与彼此逐步开放，在全球化力量与市场机制以及两岸经贸政策的作用下，形成了垂直与水平交叉并存且动态发展的多元化分工关系，在贸易、投资与发展层面形成了一定程度且动态发展的相互依存性，功能性一体化正在自发形成和深化之中，为制度性合作与一体化构成了一个内在需要及基础条件。但与此同时，近20余年来两岸经济交流与合作，是在台湾当局限制性的大陆经贸政策环境空间的约束下，由市场机制主导下自然进行的，不仅本身呈现出单向、间接、民间的状态，未能实现其可能的发展规模，而且使得两岸经济体在总体层面的相互依存与一体化程度尚处于较低水平（个别单一性指标除外，例如：台湾在对外投资方面对大陆市场形成了过高的依赖、在出口层面对大陆市场有着较高的依赖），在相互依存性的发展中呈现了不对称性依赖特征（台湾经济体对两岸经贸往来的依赖程度明显高于大陆经济体），在基于互补性的交流交往中呈现了竞争性态势，从而远未充分发挥其对两岸政治经济发展的促进作用。

两岸经济关系发展中的这种格局与不对称相互依存性的存在，一方面表明两岸经济交流与合作不仅本身未能实现其可能的发展规模，而且远未充分发挥其对两岸经济发展的促进作用，有着进一步提升的空间，另一方面也可能使得台湾当局在两岸经贸往来与两岸政治经济关系中具有较高的敏感性与脆弱性。台湾当局不免会担心两岸经济的不对称性相互依存可能会带给台湾以较高的经济风险，更会担心由此影响其在两岸政治关系博弈中的力量。这种担心显然会影响到台湾当局对进一步发展两岸经贸交流与合作的态度。

但是，鉴于全球化下经济交流与合作是必然的选择、相互依存性与功能性一体化的提升是必然的趋势，更鉴于形成两岸经贸往来与相互依存不对称格局的一个重要原因就在于长期以来台湾当局大陆经贸政策的限制性作用，因此，两岸经济体潜在的互补性优势的进一步发挥、竞争性问题的协调、两岸经贸往来与相互依存性中不对称特征的消减，两岸经济交流与合作的进一步扩展，以及两岸经贸往来对两岸经济发展与两岸政治关系发展贡献的进一步提高，显然都有赖于两岸经济关系正常化以及制度性合作与一体化。这显然构成当前两岸经济体迈向关系正常化以及制度性合作与一体化的一个内在需要。不仅如此，当前实行一定程度及形式的制度性合作与一体化，是充分整合利用两岸较强的经济互补性，增强两岸经济交流与合作，实现两岸经济持续发展，在经济全球化深化发展中进一步谋求各自最大化利益的需要。

从其内在政治动因看，首先，通过在两岸之间建立制度性的经济合作与一体化安排，以加强彼此间的经贸关系，防止两岸经济摩擦与纠纷，并进一步发挥经济关系对政治关系的促进作用，减小两岸出现对立或冲突的风险，促进两岸关系的和平与稳定发展，已成为当前两岸经济制度性合作与一体化的一个广为两岸各方所认同的主要的政治动因。事实上，一旦两岸正式启动制度性经济合作与一体化，实际上就是向国际社会表明两岸和平、发展、合作甚至和平统一的愿望与决心，从而消除国际社会对台海安全乃至亚太安全问题的担心，有助于提升台海安全乃至亚太安全的确定性，并使那些对两岸不怀好意、企图打“台海牌”的国际势力失去筹码。这反过来显然又会有助于两岸政治经济利益的获取与增进，以及两岸政治经济关系的稳定与发展。

其次，在两岸和平发展与和平统一战略架构下，启动两岸经济制度性合作与一体化进程，协调两岸经济分工格局，加速推动两岸经济交流与合作，进一步发展两岸经济关系，不仅有利于进一步促进两岸间的各项交流交往，化解两岸政治对立态势，增进了解，累积互信，建立共识，而且有助于缩小两岸经济差距，增强两岸同胞的认同感，更重要的是，可以进一步密切两岸经济关系，增进相互依存性与功能性一体化程度，遏制分离主义倾向，最终为两岸和平统一构筑坚实而且必要的经济、社会和政治基础与动力。事实上，对这一政治动因，中国大陆方面是自不待言地一贯坚持。而台湾各界不少人士也都希望在两岸互动中从经贸关系入手来化解政治僵局。即便是主张“台独”的原民进党当局对此主张也是基本认同的。但“台独”势力是基于其“一边一国”框架来规范两岸经济制度性合作与一体化问题的，并企图利用两岸经济制度性合作与一体化彰显其所谓的对等政治地位，实现其“台独”目的。而当前的台湾国民党新当局则是在利用两岸经济制度性合作与一体化彰显对等地位的同时，企图拓展其国际空间，避免边缘化。

从其外部动因看，两岸经济制度性合作与一体化也是两岸经济体应对共同的外部环境因素威胁的一种需要和选择。当前，世界经济的全球化趋势及其各种组织表现形式，特别是在全球多边层面建立的世界贸易组织与在区域层面蓬勃发展的区域经济一体化组织，在为两岸经济体提供更多发展机会的同时，显然也构成两岸经济发展和两岸经济关系发展共同面临的外部威胁因素。研究表明，当前创新两岸经济交流与合作方式，实行一定程度与形式的经济合作与一体化安排，是两岸经济体在经济全球化深化发展进程中进一步增强两岸经济交流与合作，应对经济全球化不确定性与风险的需要；是两岸经济体在世界经济全球化与区域经济一体化深化发展中增强国际竞争力和防止边缘化的需要；也是两岸经济体应对加入 WTO 对两岸经贸关系再发展挑战的需要。

总之，在两岸当前的政治经济关系状态与内外环境条件下，两岸经济体之间建立制度性的合作与一体化，具有一定的政治经济动因与必要性；虽然在当前的两岸方面有着不完全一致的政治经济动因，但总体说来，两岸经济制度性合作与一体化不仅是两岸应对经济关系状态与内外环境、增强经济交流合作、实现经济持续发展、追求利益最大化的必然要求，而且也是密切两岸联系、稳定两岸关系、促进两岸和平与发展乃至统一的客观需要。一句话，迈向合作与一体化是两岸经济体应对内外部环境因素状态及其变化的一个明智和有效的选择。

第四章　两岸经济制度性合作与一体化的条件及可行性研究

随着经济全球化与区域一体化以及两岸经济关系的深化发展，两岸经济制度性合作与一体化成为两岸经济体自身发展的必然与要求。然而，诚如区域一体化理论与实践所表明的，区域合作与一体化是一个艰难的渐进过程，需要一定的政治、经济与社会条件。本章借鉴关于区域一体化的条件与可行性的理论观点与分析框架，考察当前两岸经济制度性合作与一体化的条件与可行性问题。第一节主要从制度性经济一体化所需要的一般经济条件角度，探讨两岸经济制度性合作与一体化的经济可行性问题；第二节从相关的国际法与国内法的角度，探讨 WTO 下两岸经济制度性合作与一体化的法律性质定位、法律依据与法律途径等问题；第三节主要从当前两岸的政治意愿与共识层面，探讨当前两岸经济制度性合作与一体化的政治可行性问题；第四节对本章的研究进行简要总结。

第一节　两岸经济制度性合作与一体化的经济可行性分析

正如理论研究指出的，就经济层面而言，各种程度与形式的经济合作与一体化需要各自特定的经济条件，但也都必须在经济相互依存性、经济市场规模、经济技术发展水平、经贸政策可协调性等方面具备一些基本经济条件，以实现预期的经济效应。本节首先从这些一般性条件方面考察当前两岸经济制度性合作与一体化的经济可行性，进而阐明各种合作与一体化形式在当前的经济可行性①。

① 笔者曾就本节问题进行过前期研究，参见唐永红（2007b）。

一、经济相互依存性条件下的经济可行性

理论与实践表明，一般而言，成功的区域经济合作与一体化必须具备一定的经济相互依存性条件。合作与一体化区域各成员方间在经济上存在比较紧密的专业化分工关系，从而各成员方能成为彼此的主要经贸伙伴，而对区域外经贸伙伴的依赖性较小，以保证合作与一体化的经贸转向效应较小而经贸创造效应较大。

在这一方面，如关于动因与必要性研究部分的第一节指出的，包括笔者在内的许多学者研究表明（高长 1997；李非，2000、2004；潘文卿、李子奈，2000；童振源，2002；唐永红，2004），近 20 余年来，两岸经济体在潜在的互补性基础上，在不断深化发展的全球化进程与彼此交流交往过程中，在全球化力量与市场机制以及双方两岸经贸政策的作用下，逐渐自然地形成了垂直与水平交叉并存且动态发展的多元化分工关系。目前，两岸产业合作层次不断提高，分工协作日益深化，已由劳动密集型向资本、技术密集型产业转变，由产业之间分工向产业内部分工推进，形成了“研发、生产、销售”合作与一体化和较为紧密的产业发展链。这种分工关系不仅本身就是全球经济分工与生产链条的一个重要环节，而且使得两岸经济体在原来的互补性基础上形成了竞争性与依存性并存的合作与一体化发展态势。

就相互依存性而言，关于动因与必要性研究部分的第三节研究标明，近 20 多年来的两岸经济体在全球化进程与彼此交流交往的深化发展中，在贸易、投资与发展层面形成了一定程度的相互依存性与功能性合作与一体化态势。虽然两岸经济关系在发展中呈现出单向、间接的不对称与不平衡状态，两岸经济体在总体层面的相互依存程度还不够高并呈现了不对称性特征，但这主要是由于台湾方面的限制性大陆经贸政策作用扭曲的结果，并从反面表明两岸经济关系正常化后两岸经济体进行制度性合作与一体化的经济可行性。随着两岸经济关系正常化，可以预期，在两岸经济互补性基础上，两岸经济分工必将进一步深化发展，两岸经济的彼此交流水平与相互依存程度必将进一步提升，彼此交流与相互依存的格局也必将得到改善，相应将进一步降低两岸经济体对其他经济体的依赖程度，从而减小两岸经济制度性合作与一体化的经贸转向效应而提升其经贸创造效应。

二、经济市场规模条件下的经济可行性

理论与实践表明，一般而言，成功的区域经济合作与一体化必须具备一定的经济市场规模条件。合作与一体化区域各成员方必须有着较高的人均收入和较发达的产业体系，从而有着旺盛的最终需求与派生需求以及广阔的国内市场，能够较多地吸纳其他成员方的商品，进而合作与一体化后可以产生较大的经贸创造效应与规模经济效应。从这一方面看，两岸经济制度性合作与一体化在当前和将来可预见的期间内显然有着取得成功所需的市场规模条件。

就大陆经济体而言，首先，祖国大陆有着众所周知的超过13亿的庞大人口规模和纵深宽阔的经济腹地；其次，经过近20多年的持续快速发展，祖国大陆人均国内生产总值（GDP）自2002年起达到了1000美元以上的水平，并仍在以年均约9%的速度持续快速增长，2007年祖国大陆人均国民生产总值（GNP）达到2508美元（参见国家统计局，2008a）；再者，祖国大陆还有着不断发展中的庞大且完备的产业结构体系。根据国家统计局（2008b）有关统计，2007年祖国大陆第一、第二和第三产业增加值占GDP的比重分别为11.7%、49.2%和39.1%，其中，第二产业中的工业增加值占GDP的比重为43.5%。所有这些显示大陆经济体具有旺盛的最终需求与派生需求以及广阔的国内市场空间，可为台湾经济体的产品外销、资本输出、技术与产业转移提供广阔的腹地和市场。事实上，当前台湾经济体正处于一个新的转型期：一方面，在产业转移中为避免制造业的外移造成“产业空洞化”，岛内工业亟需摆脱既有的代工生产模式而向更高层次的创新、研发方向升级；另一方面，已占台湾GDP比重七成以上的服务业，要能带动总体经济的持续增长，也须尽快摆脱内需导向为主的特征，拓展外部服务市场。

就台湾经济体而言，虽然人口规模不到2300万，但早在20世纪80年代就成为了新兴工业化地区和亚洲“四小龙”之一，人均国民生产总值（GNP）自1992年以来（人均GDP自1993年以来）保持在10000美元以上并在总体上保持了持续的增长态势，2007年人均GNP高达17252美元（参见CEPD，2008）。台湾经济体不仅有着较高的现实消费能力，可以为大陆

物美价廉的产品提供巨大的消费市场，而且也具有比较发达的产业结构体系（参见陈恩，2003；韩清海，2004），可以为大陆商品与要素提供较大的配置空间。2007 年台湾地区农业、工业和服务业增加值占台湾地区生产总值（GDP）的比重分别为 1.51%、27.77%、70.71%，其中，工业中的制造业、服务业中的批发零售及餐饮业增加值占 GDP 的比重分别为 24.01%、20.62%（参见台湾“经济部统计处”，2009）。

综上可见，两岸经济市场规模从商品与要素的需求层面上为获取合作与一体化的经贸创造效应与规模经济效应提供了可能。

三、经济技术发展水平条件下的经济可行性

理论与实践表明，一般而言，成功的区域经济合作与一体化必须具备一定的经济技术发展水平条件。合作与一体化区域中至少部分成员方的经济技术发展水平较高，在贸易商品上具有成本优势，从而能最大限度地降低经贸转向效应，并能保证相对落后的成员方通过区域经贸合作逐步提高技术水平、优化经济结构，从而获得合作与一体化的动态收益。从这一方面看，两岸经济制度性合作与一体化在当前和将来可预见的期间内显然有着取得成功所需的经济技术发展水平条件。

就大陆经济体而言，众所周知，当前，祖国大陆作为“世界制造工厂”在劳动力密集型产品和部分资本技术密集型产品的国际竞争力方面有着一定的成本优势，作为发展中国家具有广阔的市场容量、较为雄厚的工业基础、较高的研发能力。

从对外贸易方面看，有关统计显示，“十五”期间祖国大陆对外贸易年均增长 24.6%，创下改革开放以来外贸发展最快纪录，远高于同期世界贸易和我国经济增长水平；2004 年祖国大陆外贸进出口总额首次超过 1 万亿美元大关，成为仅次于美国和德国的“世界贸易第三强”；2005 年祖国大陆不仅进出口贸易总量达到 14221.2 亿美元，跻身世界贸易大国前三强，而且进出口商品结构得到进一步优化，工业制成品出口比重提高到 93.6%，机电产品和高新技术产品成为出口主导产品，占出口总值的比重分别提高到 56%、28.4%，显示祖国大陆对外贸易增长方式在由“数量型”向“效益型”转变（中央政府门户网站，2006a、b）。2007 年中国大陆出口总额达

12179.39亿美元，约占世界总出口（138980亿美元）的8.8%，跃居世界出口大国第二强；进口总额达9558.45亿美元，占世界总进口（142110亿美元）的6.7%，维持世界进口大国第三强的地位，显示祖国大陆商品在国际市场上具有相当大的竞争力①。

从利用外资方面看，“十五”期间，外商对华直接投资超过2700亿美元，祖国大陆吸收外商直接投资名列全球第三，并继续居发展中国家首位；引进外资项目的质量也在不断改善，以IT产业、先进制造业为代表的高科技含量、高附加值项目所占比例大幅增加，外商注资建立研发中心和地区总部的数量不断上升；随着银行、保险、证券、分销等服务业领域的市场准入限制的逐步放开，服务业成为外商投资热点；世界最大的500家跨国公司中，已有450家在华投资（中央政府门户网站，2006a、b）。2006年祖国大陆实际使用外商直接投资金额694.68亿美元，约占当年全球利用外商直接投资（13058.52）的5.32%②。2007年祖国大陆实际使用外商直接投资金额748亿美元，其中，制造业占54.7%；房地产业占22.9%；租赁和商务服务业占5.4%；批发和零售业占3.6%；交通运输、仓储和邮政业占2.7%（国家统计局，2008b）。

再从“走出去”方面看，“十五”期间，祖国大陆企业“走出去”步伐加快，全方位、宽领域的“走出去”格局逐渐形成。对外投资、承包工程、劳务合作等对外经济合作业务遍及世界近200个国家和地区，基本形成“亚洲为主，发展非洲，拓展欧美、拉美和南太”的多元化市场格局。对外经济合作拓展到以工业制造、建筑、石油化工、资源开发、交通运输、水利电力、电子通讯、商业服务、农业等为主，并广泛涉及国民经济诸多领域，如环境保护、航空航天、核能和平利用以及医疗卫生、旅游餐饮、咨询服务等（中央政府门户网站，2006a、b）。2002年至2005年，我国企业对外直接投资净额（非金融类）累计达179亿美元，年均增长36%，其中，2005年境外并购类投资占同期对外直接投资总额的54.7%，主要集中在电讯、

① 比例数据根据台湾“经济部统计处”（2009）提供的有关数据计算得出。

② 比例数据根据国家统计局（2008c）发布的《国际统计数据2007》提供的外商直接投资数据计算得出。

汽车、资源开发等领域；对外承包工程累计完成营业额726亿美元，比“九五”时期增长一倍；对外劳务合作累计完成营业额173亿美元，比“九五”时期增长近五成；2005年末在外各类劳务人员达56万人，比“九五”期末增加12.5万人（中央政府门户网站，2006a、b）。2006年祖国大陆对外直接投资（非金融类）161.30亿美元，约占当年全球对外直接投资（12157.89亿美元）的1.33%①。2007年对外直接投资额（非金融类）187亿美元，比上年增长6.2%；全年对外承包工程完成营业额406亿美元，比上年增长35.3%；对外劳务合作完成营业额68亿美元，增长26.0%（国家统计局，2008b）。

而台湾经济体方面，众所周知，作为新兴工业化地区有着现代化的经济结构，在资金、技术、企业管理水平、市场营销能力、高新技术产业化与市场化以及技术密集型产品方面具有一定的竞争优势。

以对外贸易为例，2007年台湾出口2466.77亿美元，约占世界总出口的1.8%，在出口总额排序中居第16位；进口2192.52亿美元，约占世界总进口的1.5%，在进口总额排序中居第17位②；当前，台湾出口产品以工业制成品为主，2007年台湾重化工业产品出口占台湾总出口的82.8%，非重化工业产品出口占总出口的16.3%，农产品、农产加工品出口分别仅占总出口的0.2%、0.8%；工业制成品出口中又以电子产品、基本金属及其制品、信息与通讯产品、机器、纺织品、精密仪器、塑料及其制品、电器产品设备等技术密集型产品为主。按照SCC分类，在劳动密集型出口产品中，高劳动密集度产品占34.5%，中劳动密集度产品占41.4%；在资本密集型出口产品中，高资本密集度产品占58.7%，中资本密集度产品占38%；在技术密集型出口产品中，高技术密集度产品占51.1%，中技术密集度产品占41.3%；在能源密集型出口产品中，高能源密集度产品占25.3%，中能源密集度产品占37.9%（台湾“经济部统计处”，2009；CEPD，2008）。当前，台湾进口产品以农、工业原料与资本货物为主，2007年台湾农、工业

① 比例数据根据国家统计局（2008c）发布的《国际统计数据2007》提供的对外直接投资数据计算得出。

② 比例数据根据台湾“经济部统计处”（2009）提供的有关数据计算得出。

原料进口占台湾总进口的76.5%，资本货物进口占台湾总进口的16.2%，消费品进口占台湾总进口的7.3%；按照SCC分类，在劳动密集型进口产品中，高劳动密集度产品占30.1%，中劳动密集度产品占32.8%；在资本密集型进口产品中，高资本密集度产品占53.5%，中资本密集度产品占38.1%；在技术密集型进口产品中，高技术密集度产品占38.7%，中技术密集度产品占56.0%；在能源密集型进口产品中，高能源密集度产品占37.3%，中能源密集度产品占34.1%（台湾“经济部统计处”，2009；CEPD，2008）。

再从对外直接投资方面看，当前台湾是一个有着净资本输出的经济体系。2006年台湾对外直接投资约占世界对外直接投资总额的1%①。2007年台湾经济体对外直接投资总额达到164.40523亿美元，吸引外来直接投资153.61173亿美元，全年净资本输出10.79350亿美元（台湾“经济部统计处”，2009；CEPD，2008）。此外，众所周知，在祖国大陆服务业不发达的同时，台湾在财务、会计、金融、法律、电讯等服务业方面具有较大优势。

台湾经济研究院利用显示性比较利益指标（RCA）对2002年两岸经济体各行业产品的出口竞争力进行了揭示和比较（参见表4－1）②，其分析结论大致证实了上述判断。RCA指标计算结果表明，在国际市场上，台湾的纺织业和电子业有着极强的出口竞争力（RCA指标都在2.5以上），渔产、机器设备和其他制造业具有较高出口竞争力（RCA指标都在1.0以上）；大陆的成衣、纺织品有着极强的出口竞争力（RCA指标分别为4.79、2.75），稻米、渔产、猪肉产品、电子、其他制造、商品买卖具有较高出口竞争力

① 比例数据根据台湾“经建会”（CEPD，2008）编订的*Taiwan Statistical Data Book* 2008提供的台湾对外直接投资数据与国家统计局（2008c）发布的《国际统计数据2007》提供的世界对外直接投总额数据计算得出。

② 所谓RCA指数是指以某国或地区某种产品的全球出口市场占有率与该国或该地区总出口占全球出口市场占有率的比值。$RCA_i = (X_{ij}/\sum_j X_{ij}) / (\sum_i X_{ij}/\sum_i \sum_j X_{ij})$，其中，$X_{ij}$是指j国或地区的i产品的出口总值，$\sum_j X_{ij}$是指所有国家或地区i产品的出口总值，$\sum_i X_{ij}$是指j国或地区所有产品的出口总值，$\sum_i \sum_j X_{ij}$是指全球所有产品的出口总值。RCA指数值越大，说明j国或地区i产品越具有比较利益，其国际出口竞争能力愈强。RCA将各国各产业的全球出口市场占有率或在该国总出口的比例标准化，涵盖了各经济贸易伙伴规模的大小及该产品的相对重要性等因素的影响，使相同的产品在各国间的相对竞争力以及不同产品在一国内的相对竞争力，皆可用同一指标来表达。这一指标较市场占有率更能说明产业竞争力的情况。

（RCA 指标都在 1.0 以上）。RCA 指标同时表明了两岸之间产品竞争力的相对强弱：台湾在电子、机器设备、化学及橡塑胶、钢铁以及金融、保险、商业和其他服务等方面具有明显的优于大陆的竞争力；大陆在农矿产品、其他制造业、商品买卖与水上运输方面较台湾有明显的优势。

综上所述，可以预期，建立在两岸现有经济技术条件基础上的两岸经济制度性合作与一体化，不仅会因贸易转向效应较小而获得较高的静态收益，而且，从长远来看，两岸经济体都可能获得一定的动态收益。祖国大陆可通过两岸经贸合作实现促进技术进步与提升产业结构的目的，台湾经济体可通过两岸分工、贸易与合作实现提升研发能力与促进经济结构转型的目的。

表 4－1　　显示性比较利益指数（RCA）

商品	中国大陆	中国台湾	中国香港	日本	韩国	新加坡	美国	欧盟
稻米	1.66	0.05	0.00	0.09	0.13	0.02	1.12	0.33
其他谷物	0.86	0.00	0.00	0.00	0.00	0.00	2.61	0.58
蔬果	0.79	0.09	0.00	0.03	0.09	0.09	0.09	0.99
林产	0.32	0.09	0.00	0.03	0.03	0.46	1.44	0.37
渔产	1.59	1.06	0.49	0.13	1.52	0.49	0.46	1.03
牛肉及其他畜产	0.95	0.26	0.04	0.05	0.05	0.10	1.23	0.98
猪肉产品	1.11	0.52	0.02	0.02	0.39	0.02	1.10	1.38
乳制品	0.05	0.01	0.04	0.02	0.02	0.15	0.19	1.80
其他农作物	0.76	0.29	0.23	0.12	0.35	0.38	0.93	0.82
矿产	0.35	0.01	0.00	0.01	0.01	0.00	0.14	0.32
纺织	2.75	2.73	2.48	0.50	3.02	0.21	0.45	0.89
成衣	4.79	0.69	6.25	0.09	0.81	0.17	0.36	0.65
石油	0.32	0.15	0.00	0.15	1.61	3.63	0.47	0.75
化学及橡塑胶	0.70	0.99	0.27	0.88	0.96	0.68	1.06	1.32
钢铁	0.74	0.93	0.09	1.43	1.55	0.18	0.37	1.12
汽车及零件	0.07	0.15	0.01	2.08	1.03	0.05	0.92	1.23
电子	1.14	2.86	0.99	1.91	2.23	4.18	1.17	0.63
机器设备	0.83	1.07	0.59	1.70	0.74	0.70	1.27	1.16
其他制造	1.75	1.06	0.43	0.62	0.91	0.37	0.97	1.05
公用事业	0.22	0.01	0.25	0.04	0.01	0.02	0.22	1.26

续表

商品	中国大陆	中国台湾	中国香港	日本	韩国	新加坡	美国	欧盟
营造	0.38	0.45	0.77	2.20	0.05	0.04	0.80	1.30
商品买卖	1.38	0.25	18.81	0.55	0.70	1.85	0.62	1.11
水上运输	0.74	0.57	0.74	1.21	0.14	0.21	0.58	1.00
其他运输	0.52	0.51	0.69	0.77	0.52	0.70	1.44	0.94
通讯	0.31	0.38	0.69	0.76	0.97	0.13	1.20	1.11
金融服务	0.07	0.40	0.74	0.58	0.23	0.10	1.94	1.37
保险	0.25	0.39	0.77	0.81	0.77	0.84	0.93	1.30
商业服务	0.11	0.45	0.78	0.27	0.91	2.28	1.13	1.13
其他服务	0.18	0.37	0.48	0.74	0.57	0.33	2.41	0.99

注：所谓RCA指数是指以某国或地区某种产品的全球出口市场占有率与该国或该地区总出口占全球出口市场占有率的比值。$RCA_i = (X_{ij}/\sum_j X_{ij}) / (\sum_i X_{ij}/\sum_i \sum_j X_{ij})$，其中，$X_{ij}$是指j国或地区的i产品的出口总值，$\sum_j X_{ij}$是指所有国家或地区i产品的出口总值，$\sum_i X_{ij}$是指j国或地区所有产品的出口总值，$\sum_i \sum_j X_{ij}$是指全球所有产品的出口总值。RCA指数值越大，说明j国或地区i产品越具有比较利益，其国际出口竞争能力愈强。资料来源：根据台湾经济研究院计算数据整理。参见王红霞（2003），第209－210页。

四、经贸政策可协调性条件下的经济可行性

某种程度与形式的经济合作与一体化安排需要成员方之间彼此开放相应的市场，需要成员方之间彼此经贸往来活动具有相应的自由化与便利化程度。理论与实践表明，一般而言，成功的区域经济合作与一体化还需要成员方在经贸政策方面具备一定的可协调性。合作与一体化区域各成员方经济发展水平差距不大，经济与贸易政策乃至文化传统与政治体制也基本相同，从而不仅有利于区域经贸活动往来，而且容易协调成员方之间的经贸政策，不会给任何一方造成较大冲击，进而有助于合作与一体化的启动与深化发展。

就两岸经贸政策的可协调性而言，一方面，除了必要的政治共识之外（政治上的可行性将在稍后的第三节详细探讨），海峡两岸当前在经济发展水平上的差距和在经贸政策上的差别，显然对当前两岸经贸政策的可协调性有着一定的影响；另一方面，市场经济体制与两岸文化传统的共性又为两岸经贸政策的协调奠定了一个重要的体制基础与可能性，而WTO下的两岸经

济体在当前及可预见的将来都以积极主动地姿态参与全球化与一体化进程，以及为此已经采取和将进一步采取的经贸自由化措施，特别是如关于动因与必要性研究部分的第一节所述的在两岸经贸政策上的不断放松与开放，也将为两岸经贸政策的协调提供契机。

从现状上看，众所周知，台湾经济体具有较完善的市场经济体制，对外经贸体制与政策基本符合 WTO 要求和国际惯例，对外开放领域及程度都有着较高的水平；台湾“经建会”编订的《Taiwan Statistical Data Book 2008》显示，随着贸易自由化的推进，台湾经济体的关税总水平、关税对财政收入的重要性都在逐步下降，2007 年台湾经济体的关税收入约为其进口总额的 1.1%，而关税收入仅占税收总收入的 4.7%①。

而祖国大陆方面也在加入 WTO 前后的“十五”期间全面履行加入 WTO 承诺，大幅降低关税水平，取消非关税措施，放宽服务业市场准入和外商对华投资限制，修订大批法律法规，使得对外经贸体制与政策基本符合 WTO 要求，对外开放向更高层次更广领域稳步推进。根据有关统计显示②，祖国大陆关税总水平已由加入 WTO 之前的 15.3% 降到 2005 年的 9.9%，承诺的降税义务基本完成；2006 年祖国大陆经济体的关税收入约为进口总额的 1.8%，而关税收入仅占全年税收收入总额的 3.3%。祖国大陆还按照承诺，取消了对 424 个税号的产品实行进口配额和许可证管理；逐步放开了银行、保险、证券、分销等服务业领域的市场准入限制（电信、法律、会计、医疗、教育等服务部门的对外开放也在稳步推进）③；大幅修订了包括《外资法》《外贸法》在内的 2000 多个法律法规，国务院先后取消和调整行政审批项目 1806 项，31 个省（区、市）共取消和调整审批项目 22000 多项，尤其取消了大量内部文件，实行了“阳光政务”，从而逐步形成了符合 WTO

① 比例数据根据台湾“经建会”（CEPD，2008）编订的 *Taiwan Statistical Data Book* 2008 中有关数据计算得出。

② 除了 2006 年有关比例数据是根据国家统计局（2008a）发布的《中国统计年鉴 2007》中有关数据计算得出之外，其他数据转引自中央政府门户网站（2006a、b）。

③ 自加入 WTO 以来到“十五”末，祖国大陆对外资银行开放人民币业务的城市已有 25 个，外资银行在大陆共设立了 226 家营业性机构、249 家代表处；来自 15 个国家和地区的 44 家保险公司在华设立了 100 个营业性机构；从事分销的外资商业企业超过 900 家。祖国大陆还批准外资参股证券公司 3 家、外资参股基金管理公司 20 家。

要求的法律法规体系，推动了市场经济法律体系的完善，对政府职能的转变、提高透明度和依法行政也起到了促进作用。此外，“十五”期间，内地与香港、澳门签署了《关于建立更紧密经贸关系的安排》（CEPA），对原产港澳地区的商品实行零关税；祖国大陆与文莱、印度尼西亚等东盟6个国家开始实施中国－东盟自由贸易区协定税率。

综上可见，在经济层面上，两岸经贸政策尤其是对外贸易政策已具有一定程度的可协调性。

五、当前各种经济合作与一体化形式的经济可行性

对当前的两岸经济体应采取何种程度与形式的合作与一体化安排？学者们有不同看法，主要有自由贸易区和共同市场两种主张。大陆学者方面，迟福林（2002）认为，两岸经济制度性合作与一体化采取自由贸易区模式是比较现实的选择，在两岸四地逐渐建立起一种要素无障碍流动的自由贸易关系，能具体体现“两岸四地”之间一个国家几个关税区的特殊关系和客观现实，并适应两岸加入WTO后两岸四地经贸关系发展的大趋势。林凌（2002）提出建立多种层次的自由贸易区模式，即内地与港澳可以采取区域接壤地自由贸易区，两岸四地也可以采取共同市场式自由贸易区，对某些产业实行新加坡－日本投资协议式自由贸易。林媛媛（2003a、b）提出先在厦门、金门建立区域性自由贸易区，然后进一步建立台湾与闽东南地区自由贸易区，最后形成海峡两岸自由贸易区。李非（2001，2005）、庄宗明和张启宇（2005）、黄梅波和郑莹（2005）等主张两岸经济制度性合作与一体化采取共同市场模式。笔者曾提出先行在两岸次区域层面建立厦金、厦高等自由经贸区，以开放性两岸次区域自由经贸区导向两岸全面性经济合作与一体化（参见唐永红，2005b、2006a、2007a）及唐永红、邓利娟，2005a、b）。台湾人士方面，众所周知，萧万长主张建立两岸共同市场（参见邓利娟，2001），而高长（2003）主张两岸成立自由贸易区，高孔廉（2004）主张模仿欧洲联盟建立两岸经济共同体。

笔者认为，应主要根据两岸经济体当前的基础条件和应对内外环境发展形势的需要来决定当前两岸经济制度性合作与一体化的适宜程度与形式。区域经济合作与一体化理论与实践表明，从自由贸易区到关税同盟再到共同市

场进而经济联盟等各种程度与形式的合作与一体化，相应需要各成员方在经济发展基础层面与经贸政策可协调性层面具备一定的条件。如上所述，当前的两岸经济体已具备进行一定程度与形式的合作与一体化安排所必需的一些基本经济条件，然而，即便从如上所述的经济层面看，并非合作与一体化的各种程度与形式都适宜于当前的两岸经济状态。

其一，如上所述，虽然两岸经济体当前的关税收入在财政收入中的重要性已经相差不多，但两岸经济体当前的关税水平尚有较大的差距，关税工具在当前对两岸经济体的重要性还存在比较明显的差异，特别是两岸经济体各行业当前的对外关税水平尚存在较大差距，因此，为避免共同对外关税与贸易政策对两岸经济体的不对称性冲击影响的出现，关税同盟在当前就不宜作为两岸经济制度性合作与一体化的实践形式。

其二，如上所述，当前两岸经济体不仅在基本制度层面存在较大的差异，而且处于不同的发展阶段水平上，祖国大陆经济体总体上处于工业化的中期阶段，且发展不平衡，部分地区尚处于初期阶段，而台湾经济体已基本完成工业化，并开始迈向后工业化阶段，因此，近期内两岸经济体在财政、货币、收入分配、区域开发等宏观政策层面基本上难以统一，经济联盟及其之上的合作与一体化程度与形式对两岸经济体来说只能是未来的理想目标，而不能作为当前甚至近期的现实选择①。

其三，众所周知，当前的经济全球化早已超越货物贸易自由化阶段而进入包括服务贸易自由化、金融全球化、投资自由化、生产要素流动全球化的全方位发展阶段，而作为全球化在全球层面的一种多边组织与实现形式的WTO的管辖范围也因此超越了货物贸易自由化而扩展到了服务贸易自由化、与贸易有关的投资措施及知识产权等领域，因此，当前，两岸经济体单纯在两岸货物贸易领域的自由化安排已经不能满足形势发展的需要，有必要同时

---

① 近年来一些学者对两岸经济政策一体化的可行性进行了一些研究，得出了类似的结论。例如黄绍臻（2005）认为海峡两岸制度性经济一体化要从低级向高级逐步发展，从贸易正常化开始，经“更紧密经贸关系安排”，再发展到共同市场模式。朱孟楠、陈硕（2004）根据最优货币区理论实证分析了两岸四地构建“中元区”的现实可行性及前景，认为从建立统一货币区的经济和非经济因素来看，目前两岸四地建立“中元区”有一定的基础，但还不具备充分的条件。因此，只能分阶段分层次地进行货币合作，最终建立统一的货币区。

在两岸货物贸易自由化、两岸服务贸易开放、两岸经贸活动便利化乃至两岸生产要素流动自由化等方面进行适当程度与形式的合作与一体化安排。

综上所述，当前，两岸在经济相互依存性、经济市场规模、经济技术发展水平、经贸政策可协调性等经济层面，已初步具备进行一定程度与形式的经济合作与一体化安排以实现预期经济效应所需的一些基本条件；但是，当前不平衡的两岸经济基础条件决定了两岸经济制度性合作与一体化应循序渐进。为顺应经济全球化与 WTO 多边贸易自由化发展形势的需要，当前，如果政治条件许可，并在两岸经贸关系正常化实现的基础上，两岸经济体宜从内容广泛的新型自由贸易区形式着手①，进而迈向关税同盟、共同市场、经济与货币联盟等更为高级的合作与一体化形式。

第二节　两岸经济制度性合作与一体化的法律可行性分析

WTO 下两岸经济制度性合作与一体化安排因两岸关系的特殊性，不仅要考虑经济层面的条件与可行性，而且还要从相关的国际法与国内法的角度考虑其法律层面的可行性。近年来，包括笔者在内的一些学者对此问题做了一定的分析与探讨。本节在学界现有研究基础上，对 WTO 下两岸经济制度性合作与一体化的法律性质定位、法律依据与途径等问题进行进一步的探讨②。首先，基于 WTO 的成员资格规定以及两岸四地在 WTO 中“一国四席”格局的形成及其形成因素，阐明 WTO 下两岸四地及其经贸关系的法律地位，进而阐明 WTO 下两岸四地彼此之间进行制度性经济合作与一体化的法律定位、依据与途径，以及两岸四地各自与其他 WTO 成员方之间进行制度性经济合作与一体化的法律可行性。

---

① 事实上，马萧竞选白皮书所谓的“综合性经济合作协议（CECA）”以及最近台湾新当局又改称的“经济合作架构协议（ECFA）”，从其提出的经贸自由化与便利化程度与领域看，实质上也就是自由贸易协议或迈向自由贸易的协议。

② 本节的研究成果已在学术刊物与研讨会上正式发表，参见唐永红（2006b）。

一、两岸经济制度性合作与一体化的法律定位与依据：相关争论

众所周知，由于《马拉喀什建立世界贸易组织协定》（以下简称《WTO协定》）关于WTO成员资格的规定、包含两岸四地在内的整个中国独特的历史发展进程和“一国两制”的政策取向等因素的综合作用，两岸四地在WTO中形成了“一国四席”的格局：中国大陆经济体以中华人民共和国主权国家的资格、台湾经济体以“台湾、澎湖、金门、马祖单独关税区”（简称“中国台北”）[①] 的资格分别于2001年12月11日、2002年1月1日成为WTO的正式成员，而在此前的1995年1月1日，中国香港（Hong Kong，China）、中国澳门（Macao，China）已分别以单独关税区的资格和GATT缔约方地位成为了WTO创始成员。

尽管如众所周知的WTO成员间可以援引“WTO一体化例外”规则进行经济合作与一体化安排，但由于作为一个主权国家内的不同关税领土的两岸四地，在WTO中的“一国四席”的特殊法律地位以及在此基础上进行合作与一体化安排，在国际上均没有先例可言，因此，加入WTO前后，包括笔者在内的许多学者对WTO下两岸四地经贸关系的法律定位以及在此基础上进行合作与一体化安排（或更紧密经贸关系安排）的法律途径与可行性做了较多探讨与争论（参见曹小衡，2001；曾令良，2003；朱兆敏，2003；曾华群，2003；范宏云、余雄，2003；王红霞，2003；周忠菲，2003；唐永红，2004、2005a、2006b；等等）。归纳起来，代表性的观点有如下三种。

其一是所谓的“国内经贸关系论”，认为WTO下两岸四地经贸关系本质上为国内经贸关系，至少在产品和服务市场准入领域，WTO其他成员方不能援引最惠国待遇原则，两岸四地可以据此法律依据与基础进行更紧密经贸合作（参见朱兆敏，2003）。

其二是所谓的“泛国际化论”，认为WTO这一国际经济组织下的成员

---

① 在加入WTO的有关文件中英文为 the Separate Customs Territory of Taiwan，penghu，Kinmen and Matsu，简称英文为Chinese Taipei。对此简称，中国大陆一般译为“中国台北”或“中国台湾”，台湾地区一般译为“中华台北”。

方之间的关系是一种国际关系，同为 WTO 成员的两岸四地因此具有同等的对外签订国际经贸关系条约、参加国际经济组织的权力，两岸四地不仅相互间可以而且可以自由地与 WTO 其他成员进行经济合作与一体化安排（参见朱兆敏，2003）。

其三是认为 WTO 下两岸四地经贸关系，一方面是作为 WTO 平等成员之间的经贸关系，WTO 下两岸四地经济合作与一体化安排因此须符合 WTO 有关规则，并需要援引众所周知的“WTO 一体化例外”规定（参见曾华群，2003；曾令良，2003；唐永红，2004、2005a）；另一方面又是同一主权国家内部不同关税区之间的经贸关系，其中，作为非主权国家的单独关税区的香港、澳门、台湾，对外签订国际经贸关系条约、参加国际经济组织必须得到其所属主权国家（中国）的授权或确认（范宏云、余雄，2003；王红霞，2003）。

笔者持第三种观点（唐永红，2006b）。下面着重阐明笔者对 WTO 下两岸四地经贸关系与合作与一体化的法律定位、法律依据与途径等问题的基本看法。

二、两岸经济制度性合作与一体化的法律定位与依据：基本认识

笔者认为，两岸四地在 WTO 中“一国四席”格局的形成及其形成因素，确立了 WTO 下两岸四地及其经贸关系的法律地位，进而构成两岸四地经济合作与一体化安排的法律前提和基础，并决定了 WTO 下两岸四地制度性经济合作与一体化的法律定位与依据。

其一，WTO 下两岸四地经贸关系首先是作为 WTO 平等成员方之间的经贸关系，WTO 下两岸四地经济合作与一体化安排必须遵循 WTO 的有关规定与要求，并需要援引“WTO 一体化例外”规定。

众所周知，根据 GATT1947 第 26、32、33 条的规定，主权国家并不是 GATT 缔约方资格的必要条件；任何经济体，无论是否是主权国家，只要构成一个关税区，就可按照一定的条件与程序成为 GATT 的缔约方①。WTO 沿

① 参见白石广生（2002a），第 541－543、548－549 页。

袭了 GATT 有关缔约方资格的规定。根据《WTO 协定》第 11、12 条（WTO 关于成员资格的规定）①，WTO 成员有创始成员（Original Members）与加入成员（Members by Accession）之分，任何主权国家或单独关税区都可按照与 WTO 议定的条件与程序成为 WTO 成员。两岸四地由于众所周知的独特历史发展进程和“一国两制”的政策取向等因素事实上形成了四个独立的关税区，而作为主权国家的中华人民共和国对此也予以了确认。正是这种确认与 WTO 关于其成员资格的规定，构成了两岸四地都能成为 WTO 成员、在 WTO 中形成“一国四席”格局的法律依据和基础。

中华人民共和国关于香港、澳门、台湾作为单独关税区的这种确认，既体现为国内法层面上的明确规定，也体现在中国政府与相关外国政府或国际组织在处理港、澳、台问题的灵活安排与共识上。《中华人民共和国对外贸易法》第 69 条明确规定“中华人民共和国的单独关税区不适用本法。”在 1984 年签订的《中华人民共和国政府和大不列颠及北爱尔兰联合王国政府关于香港问题的联合声明》（简称《中英联合声明》）及 1987 年签订的《中华人民共和国政府和葡萄牙共和国政府关于澳门问题的联合声明》（简称《中葡联合声明》）的有关规定基础上，1990 年《中华人民共和国香港特别行政区基本法》第 116、151、152 条及 1993 年《中华人民共和国澳门特别行政区基本法》第 112、136－138 条分别赋予了香港及澳门特别行政区的单独关税区地位和以“中国香港”及“中国澳门”的名义单独同各国、各地区及有关国际组织保持和发展经济、文化关系，并签订有关协议的权力。1994 年祖国大陆确定两岸经贸交流的性质属于中国主体同其单独关税区（台湾）之间的经贸交流，纳入对外经贸管理体系进行管理。事实上，祖国大陆在处理其与港、澳、台的经贸关系方面，除非有单独的法律法规，通常比照适用国家有关涉外经济法律、行政法规。

---

① 《WTO 协定》第 11 条第 1 款规定，“本协定生效之日的 GATT1947 缔约方和欧洲共同体，如接受本协定和多边贸易协定，并将减让和承诺表附在 GATT1947 之后，将具体承诺减让表附在 GATS 之后，则应成为 WTO 创始成员。”第 12 条第 1 款规定，“任何国家或在处理其对外贸易关系及本协定和多边贸易协定规定的其他事项方面拥有完全自主权的单独关税区，可按它与 WTO 议定的条件加入本协定，此加入适用于本协定及所附多边贸易协定。”参见自石广生（2002a），第 15 页。

1984年签订的《中英联合声明》第3（6）、（10）条、附件1第6节规定，“香港特别行政区将保持自由港和独立关税地区的地位”；“可以‘中国香港’的名义单独地同各国、各地区及有关国际组织保持和发展经济、文化关系，并签订有关协议”；“可参加关税和贸易总协定”。1990年《中华人民共和国香港特别行政区基本法》第116、151、152条进一步重申和明确了上述规定。1986年4月23日，英国政府声明并通知GATT总干事，香港在处理其对外贸易关系和GATT规定的其他事项中具有充分的自主权；根据GATT第26条第5款第3项规定和香港的意愿，香港将被视为GATT缔约方，自本声明之日起生效。中国同时发表了相应的声明，确认了香港的GATT缔约方地位。《WTO协定》生效后，根据其第11条规定，香港基于GATT缔约方地位，于1995年1月1日成为了WTO的创始成员。1997年7月1日中国对香港恢复行使主权后，香港在WTO中正式更名为“中国香港”（Hong Kong，China）。

澳门遵循香港模式成为GATT单独缔约方。根据1987年签订的《中葡联合声明》第2（7）、附件1第10节规定，“澳门特别行政区可以‘中国澳门’的名义单独同各国、各地区及有关国际组织保持和发展经济、文化关系，并签订有关协定”；“作为自由港和单独关税地区”；“继续参加关税和贸易总协定”。1993年《中华人民共和国澳门特别行政区基本法》第112、136－138条进一步重申了上述规定。1991年1月，中、葡两国政府同时向GATT秘书处递交声明。葡萄牙政府声明指出，澳门自1991年1月11日起成为GATT的单独缔约方。中国政府的声明宣布，自1999年12月20日起，澳门特别行政区可以“中国澳门”的名义继续作为GATT的单独缔约方。1995年1月1日《WTO协定》生效后，澳门基于GATT缔约方地位成为WTO的创始成员。1999年12月20日中国对澳门恢复行使主权后，澳门在WTO中正式更名为“中国澳门”（Macao，China）。

1990年1月1日，台湾当局以“台、澎、金、马”关税区（简称“中华台北”）名义申请加入GATT。1992年10月，中国大陆与GATT代表理事会达成共识，在大陆先“恢复”GATT席位后，台湾以“台、澎、金、马”单独关税区（简称“中国台北”）名义，按GATT1947第33条加入GATT。1993年9月29日GATT理事会通过成立台湾加入工作小组决议时，首先郑重引用联合国第2758号决议，声明支持“一个中国”的原则，并以“中国台北”名义通称台湾，将其定位为中国的一个单独关税区（与香港、澳门一样）。1995年WTO成立后，按照《WTO协定》第12条规定，并遵循GATT下的共识，在大陆以主权国家身份成为WTO成员后，台湾以“台、澎、金、马单独关税区”（简称“中国台北”）的名义加入WTO。在大陆加入WTO之后的2002年1月1日，台湾成为WTO的正式成员。

但是，WTO的各种成员，无论是创始成员还是加入成员，也不管是主权国家还是单独关税区，在WTO中的权利与义务方面并无区分，在WTO中的法律地位是平等的。根据《WTO协定》第12条、第14条第2款①的规定，一旦成为WTO成员，就必须遵守《WTO协定》及其所附的多边贸易协定（后者包括《货物贸易多边协定》、《服务贸易总协定》、《与贸易有关的知识产权协定》、《关于争端解决规则与程序的谅解》）。《WTO协定》的“解释性说明”特别指出，“本协定和多边贸易协定中使用的‘国家’一词应理解为包括任何WTO单独关税区成员”②。可见，WTO下同属一个主权国家的中国大陆、香港、澳门、台湾相互之间的经贸关系以及两岸四地同其他成员之间的经贸关系，正如WTO下其他成员之间的经贸关系一样，是没有区分的。换言之，WTO下两岸四地经贸关系是作为WTO平等成员方之间的经贸关系，两岸四地因此具有依据WTO相关规定而进行区域经济合作与一体化安排的主体地位，这就是两岸四地经济体能够进行合作与一体化安排的法律依据。但是，除非可以援引《WTO协定》第13条（多边贸易协定在特定成员间的不适用）或修改WTO规则使得“一国多席”情况可适用非歧视原则的例外，WTO下两岸四地经贸关系与合作与一体化安排必须援引“WTO一体化例外”规定。

然而，从现实角度看，两岸四地难以援引《WTO协定》的互不适用条款③。《WTO协定》第13条第1款规定，任何成员，如在自己成为成员时

---

① 《WTO协定》第14条第2款规定，“在本协定生效之后接受本协定的成员，应执行自本协定生效开始的期限内应执行的多边贸易协定中的减让和义务，如同该成员在本协定生效之日即接受本协定。”参见石广生（2002a），第17页。

② 转引自石广生（2002a），第18页。

③ 具体法律条文参见石广生（2002a），第15－16页。

或在另一成员成为成员时，不同意在彼此之间适用《WTO 协定》及其附件 1（即《货物贸易多边协定》、《服务贸易总协定》、《与贸易有关的知识产权协定》）与附件 2（《关于争端解决规则与程序的谅解》）所列多边贸易协定，则这些协定在该两成员之间不适用。但是，第 13 条第 3 款同时规定了第 1 款规定的适用条件，即只有在不同意对另一成员适用的一成员在部长级会议批准关于加入条件的协议之前，已按此通知部长级会议的前提下，第 1 款的规定方可在该两成员之间适用。而该成员必须得到 WTO 部长级会议 2/3 多数成员的支持，方能加入 WTO。两岸四地各自成为 WTO 成员时都未向 WTO 部长级会议提出彼此不适用的要求，也就意味着 WTO 有关《WTO 协定》及所附多边贸易协定的法律义务对两岸四地都适用。而在加入 WTO 后，两岸四地任何一方要想免除对它方的 WTO 义务，就必须按照第 13 条第 4 款提请 WTO 部长级会议审议通过。也就是说，两岸四地必须在得到 2/3 多数 WTO 成员支持的情况下才能援用第 13 条的例外。显然，在可以预见的将来，这在实践中是难以办到的。所以，WTO 下两岸四地援引《WTO 协定》第 13 条以使其间的经贸关系游离于 WTO 之外的可能性与可行性都极小。同样地，要在法律上修改 WTO 现行规则，规定“一国多席”情况可适用非歧视原则的例外，其难度之大也是不言而喻的。

事实上，WTO 下的两岸四地经济合作与一体化安排也必须遵循 WTO 的有关规定与要求。根据《中华人民共和国加入议定书》第 4 条规定，“自加入起，中国应取消与第三国和单独关税区之间的、与《WTO 协定》不符的所有特殊贸易安排，包括易货贸易安排，或使其符合《WTO 协定》。”① WTO 对两岸四地也有着类似的要求。这种要求表明，WTO 下两岸四地经济体要建立的任何区域经济合作与一体化安排，包括两岸四地经济合作与一体化安排，都必须符合《WTO 协定》有关规定，具体而言，就是要遵循众所周知的 WTO 关于区域经济合作与一体化安排的一般规则与要求。

总而言之，WTO 下两岸四地经贸关系首先是作为 WTO 平等成员方之间的经贸关系，“国内经贸关系论”是难以成立的，WTO 下两岸四地经济合作与一体化安排因此须符合 WTO 有关规则；由于在实践中要援引《WTO 协

---

① 转引自石广生（2002b），第 9 页。

定》第13条的互不适用条款，或者修改WTO规则以使“一国多席”情况可适用非歧视原则的例外的可能性与可行性也都极小，因此，援引“WTO一体化例外”规定，既是WTO下两岸四地经济合作与一体化安排的法律依据，也是其现实选择。

其二，WTO下两岸四地经贸关系又是同一主权国家内部不同关税区之间的经贸关系，其中，作为非主权国家的单独关税区的香港、澳门、台湾，对外签订国际经贸关系条约、参加国际经济组织必须得到其所属主权国家（中国）的授权或确认。

WTO下两岸四地经贸关系首先是作为WTO平等成员方之间的经贸关系，但是，由于两岸四地作为WTO成员的资格如上所述是不一样的，因此，两岸四地经贸关系又有其特殊性，两岸四地作为国际法主体的身份与权力也是不能等同的。

从WTO成员资格看，《WTO协定》第12条的“国家”与“单独关税区”是并列的两类主体概念。这既表明WTO本身并不是主权国家政府间国际组织，也排除了单独关税区等于国家的可能性，从而既赋予了两岸四地都可以成为WTO成员的法律前提，并使得WTO下两岸四地经贸关系成为WTO平等成员方之间的经贸关系，又不仅不影响两岸四地隶属一个主权国家的客观事实与国际社会普遍承认的“一个中国原则”，而且以“一国四席”这一客观事实本身明确反映和强化了WTO各成员和国际社会对“一个中国原则”的共识，表明了WTO下两岸四地经贸关系是作为同一主权国家内部不同关税区之间的经贸关系，而不是国家间经贸关系。

事实上，两岸四地在WTO中“一国四席”的法律安排，是在借鉴了以往两岸四地加入相关国际组织的经验的基础上加以发展而作出的安排。目前，同时能够容纳两岸四地的国际组织，重要的有亚洲开发银行、国际刑警组织、亚太经济合作组织及WTO。这些组织一方面是基于章程都允许非主权国家的地区加入，另一方面是经中国政府与这些组织协商，同意香港、澳门、台湾地区分别以“中国香港”、“中国澳门”、“中国台北”的名义并作为中国的一个地区的身份加入。显然，这种灵活安排本身体现了这些国际组织对“一个中国原则”的认可。进而言之，WTO中“一国四席”的形成并不意味着香港、澳门、台湾在国际上的法律地位得到了改变或提升。事实上，为了防止此类胡乱引申，WTO 在其“解释性说明”中就明确指出，“本协定和多边贸易协定中使用的‘国家’一词应理解为包括任何 WTO 单独关税区成员。对于 WTO 单独关税区成员，如本协定和多边贸易协定中的措词被冠以‘国家（的）’一词，则此措词应理解为与单独关税区有关，除非另有规定。”①

此外，WTO 中“一国四席”的形成，并不意味着同为 WTO 成员的两岸四地因此具有同等的对外签订国际经贸关系条约、参加国际经济组织的权力，也并不意味着香港、澳门、台湾不仅相互间可以而且可以自由地与 WTO 其他成员进行经济合作与一体化安排。因为，从国际法主体身份看，非主权国家实体虽然可以作为国际法主体，但其主体资格与权力是受到严格限制的。例如，作为非主权主体的国际组织的权力与权利是成立该组织的成员授予的，不能超出授权的范围。单独关税区通常是一个主权国家的组成部分。由于单独关税区不是主权国家，作为有限的国际法主体，它本身没有缔约权，对外签订国际经贸关系条约、参加国际经济组织的资格必须得到其所属主权国家的授权或确认，并且其行为与活动要受到一定的限制。事实上，GATT1947 第 26 条第 5 款（c）在规定单独关税区被视为缔约方的条件时，就强调该单独关税区需要经对其负国际责任的缔约方提议并发表声明证实该单独关税区“在其对外贸易关系和本协定中规定的其他事项上”享有完全自主权②。正是基于此认识，WTO 下的香港、澳门、台湾并不天然具有独立的与其他主权国家或单独关税区签订经济合作与一体化协议的权利，而需要得到中国政府的授权或确认。事实上，如上所述，关于这一方面，香港、澳门已分别在《中英联合声明》及《中华人民共和国香港特别行政区基本法》、《中葡联合声明》及《中华人民共和国澳门特别行政区基本法》中得到了中国政府的授权。但由于两岸政治僵局的障碍，两岸尚未就此问题进行磋商，中国政府也没有就此问题发表声明，台湾还没有得到中国政府的授权。所以，当前，台湾是不能与任何其他 WTO 成员签署经济合作与一体化协议的，除非中国政府确认。与此同时，如果两岸能达成共识，那么如前所

① 转引自石广生（2002a），第 18 页。

② 具体法律条文参见石广生（2002a），第 542 页。

述，WTO 下两岸经济制度性合作与一体化是有其法律可行性的。

综上可见，WTO 下两岸四地经贸关系既是作为 WTO 平等成员方之间的经贸关系，同时又是同一主权国家内部不同关税区之间的经贸关系；从国际法与国内法的角度看，所谓“国内经贸关系论”与“泛国际化论”都是难以成立的。WTO 下两岸四地制度性经济合作与一体化，本质上是同一主权国家内部不同关税区作为 WTO 平等成员方之间的经济合作与一体化安排。WTO 下两岸四地之间可以进行经济合作与一体化安排，但须符合 WTO 有关规则。援引“WTO 一体化例外”规定，既是 WTO 下两岸四地经济合作与一体化安排的法律依据，也是其现实选择。

第三节　两岸经济制度性合作与一体化的政治可行性分析

经济合作与一体化不仅是建立在经济条件基础之上的，而且需要政治共识与意愿的推动。本节主要从当前两岸的政治意愿与共识层面，探讨当前两岸经济制度性合作与一体化的政治可行性问题，揭示在当前两岸政治关系下两岸经济制度性合作与一体化所面临的困境与约束。

一、两岸政治意愿与共识下的可行性

首先，如关于区域一体化的条件与可行性理论所阐明的，区域合作与一体化的产生首先需要区域内部结构关系具有足够的向心力。这种向心力既可源于区域内部存在的具有强烈吸引与扩散作用的某种政治、经济、文化中心，也可源于区域内部各方之间由于政治、经济、文化、历史、地域等原因在频繁互动基础上产生的强烈而且基本对称的相互依赖与相互需要，这种频繁的互动、强烈而且基本对称的相互依赖与需要是对区域外的互动、依赖与需要所不能比拟和替代的，并且以彼此势力均衡的印象消除了各方对合作与一体化下可能出现依附甚至吞并的担心。

以此观之，两岸经济制度性合作与一体化在当前尚欠缺足够的向心力。如上一部分研究指出的，虽然经过近 30 年的改革开放发展，当前的祖国大陆已经成为并将在可预见的将来继续成为亚太经济乃至世界经济的一个增长

极，而且当前两岸经济体间也已形成一定程度的相互依存性与功能性合作与一体化态势，但是，主要由于台湾当局的大陆经贸政策长期以来的压制作用等因素，当前两岸经济总体层面上的相互依赖程度还比较低，并且呈现了不对称依赖特征：台湾经济体对两岸经贸往来的依赖程度明显高于大陆经济体。两岸经济关系发展中的这种相互依存格局特别是不对称性特征的存在，一方面表明两岸经济体在交流与合作方面有着进一步提升的空间，特别是一旦实现两岸经济关系正常化，两岸经济相互依存的程度与不对称特征都有望得到较大改善；但另一方面也可能使得台湾当局在两岸经贸往来与两岸政治经济关系中具有较高的敏感性与脆弱性。尽管台湾经济体及其民众在不断发展与日益密切的两岸经济交流合作中获益非浅，但是，在两岸政治互信与共识缺乏的条件下，台湾当局不免会担心两岸经济的不对称性相互依存可能会带给台湾以较高的经济风险，更会担心由此影响其在两岸政治关系博弈中的力量。这种担心显然会影响到台湾当局对进一步发展两岸经贸交流与合作的态度。

其次，如关于区域一体化的条件与可行性理论所阐明的，区域合作与一体化的产生还需要区域内部各方具有改变现有关系状态的强烈愿望与共同认知。这种愿望与认知既是基于历史的经验与教训，也是出于对现实外部环境威胁的共同认知，更是出于获取未来共同收益的强烈期望。

当前，祖国大陆虽然在经济层面没有对台湾经济体形成不可或缺的依赖，但促进国家统一的愿望与认知在历史的经验与教训以及现实外部环境的威胁中由来已久并不断强化，希望通过两岸经济交流、合作与一体化促进两岸和平统一进程。台湾社会的绝大多数民众与“泛蓝”阵营甚至部分“泛绿”人士，在世界经济格局的变动中，特别是在源于两岸交流合作的获益的不断增进中，也越来越深刻地体认到两岸经济交流、合作与一体化的意义与必要性①。然而，主导台湾对大陆经贸政策的台湾原民进党当局，却因其“台独”图谋而置绝大多数民众的意愿和台湾的根本利益于不顾，认为两岸

① 这种民意基础即便是在民进党执政时期也大抵如此。例如，有关调查显示，台湾民众赞成两岸尽快全面“三通”的比例（57.4%）远高于不赞成的比例（27.1%）；表示扩大两岸民间交流比较符合两岸共同利益的比例（80.4%）远高于认为限制民间交流比较符合两岸共同利益的比例（8.1%）。参见陈文俊、苏嘉宏、黄志呈（2005）。

经济交流、合作与一体化的发展会有碍于其“台独”图谋的实现，并拒绝“一国两制”框架安排，主张以“对等的政治实体”及“国家”身份来处理两岸经贸问题。因此，当时，两岸在对两岸政治关系的现实与发展方向以及两岸经济制度性合作与一体化的政治效应的期望与认知方面没有交集，特别是台湾的原民进党当局缺乏以合作与一体化方式强化两岸经贸关系的意愿。但是，2008 年以来的台湾岛内局势与两岸关系发展态势的演变以及全球金融危机的冲击与影响，显然赋予台湾新当局推动两岸经济制度性合作与一体化以强烈愿望。一方面，主张两岸交流合作与和平发展的“泛蓝”阵营，继“县市长”、“立法委员”选举大胜后又重新夺回执政权，这一事实本身就表明台湾同胞求和平、安定与发展的意愿日益增强，两岸和平发展应成为现阶段两岸关系发展的趋势与主题。另一方面，对期望继续执政并面临着连任压力的台湾新当局而言，推动两岸关系和平发展与两岸经济关系的进一步发展也是其必然的选择：一是因为岛内主流民意要求改善和发展两岸关系；二是因为台湾经济越来越离不开大陆，实现全面直接“三通”、推进两岸经济关系正常化以及合作与一体化发展是台湾经济发展的内在要求。

最后，如关于区域一体化的条件与可行性理论所阐明的，区域合作与一体化的产生与深化发展还需要区域内部各方之间主要价值上的相互适应性（相容性）以及在此基础上的行为上的相互可预测性。区域内部各方之间在主要价值上的相互适应性或相容性，是合作与一体化（共同体）意识的基础与部分，对合作与一体化的产生和发展具有至关重要的影响。在此基础上的行为上的相互可预测性，则消除了有碍于合作与一体化的敌对心态或互不信任，使得即使在合作与一体化的相对收益有利于对方的情况下，合作与一体化特别是经济层面的合作与一体化也可能在绝对获益中得到启动并维持。

以此观之，至今，两岸经济制度性合作与一体化在两岸政治层面显然尚缺乏这种政治共识与互信基础。众所周知，在民进党当局时期，两岸政治层面对两岸政治关系的现实与发展方向有着南辕北辙的定位，在对发展两岸经贸关系的价值判断上以及在对两岸经济制度性合作与一体化的政治效应的评判等方面也缺乏基本的政治共识。即便在国民党新当局的现阶段，料也难以形成启动两岸经济制度性合作与一体化的政治共识（已经在野的“泛绿”阵营的强烈反对自不待言）。这是因为两岸双方至今仍然没有形成“两岸同属一个主权国家”的基本共识，更不用说“两岸同属一个中国”国家主权架构。这充分体现在马英九的就职演说关于两岸关系的主张中（马英九，2008）。

马英九就职演说不仅宣誓“将以最符合台湾主流民意的‘不统、不独、不武’的理念，在‘中华民国宪法’架构下”，维持台湾海峡分治现状，而且更以他单方面定义的所谓“一中各表”的“九二共识”①，呼吁“两岸不论在台湾海峡或国际社会，都应该和解休兵”，表明他的头脑中不仅拒绝两岸统一，而且并未承认“两岸同属一个主权国家”。由此可见，马英九呼吁搁置争议，先行推进两岸经贸往来与文化交流全面正常化的真正用心，纯粹是出于振兴台湾的动机与目的，无外乎是要大陆不讲原则与条件地对其经济发展提供支持，配合其振兴经济。这与大陆希望在“一个中国”的原则与前提下通过紧密的交流合作达成国家统一的动机是有着本质的区别的。因此，新形势下大陆不宜对马英九抱有不切实际的期待，还得将两岸关系发展的主导权牢牢掌控在自己手中。

此外，在缺乏基本的政治共识的基础上，并由于历史上的长期隔绝与至今的军事对峙，两岸在制度性合作与一体化等行为活动方面尚缺乏足够的政治互信基础。

然而从两岸社会文化层面看，虽然两岸的政治对立与鸿沟会阻碍两岸经济制度性合作与一体化的启动，但两岸同祖同宗的地缘与血缘关系、“血浓于水”的民族情结与传统文化以及统一愿望，将对两岸经济制度性合作与一体化的生成起到重要的“胶合”作用。这也是在两岸政治僵持下的两岸经贸关系仍能得到持续发展的一个重要因素。

二、两岸政治关系僵局下的困境与约束

尽管如前所述，两岸经济制度性合作与一体化是两岸经济体自身发展的

① “一中各表”的“九二共识”这种定义，马英九在选后与陈水扁会面时已曾表明，并明确所谓“各表”的含义：大陆方面表述为“中华人民共和国”，台湾方面表述为“中华民国”。这种定义，“机巧”地把他所谓的“各表”作为“九二共识”的一项内容，并想以此作为两岸关系的基本定位与台湾拓展国际社会空间的身份与角色依据，体现了马英九所谓的对等、尊严不仅是“政治实体对政治实体”的对等与尊严，也不仅是“政府对政府”的对等与尊严，而且更是“国家对国家”的对等与尊严。

必然与要求，并初步具有一定的经济条件，WTO 在多边层面上也为其提供了法律依据与平台，两岸经济体可以在遵守 WTO 关于合作与一体化的例外规定基础上实行某种程度与形式的合作与一体化安排，但是，WTO 下两岸经济交流、合作与一体化一方面要遵循 WTO 多边贸易体制的有关规范，另一方面如上所述也依然受制于两岸政治关系。事实上，两岸经济交流与合作方式向来受到两岸政治关系的约束。近年来，由于台湾原民进党当局拒绝承认“一中原则”，坚持“台独”分裂立场，更使得这一约束极为突出。

一是在两岸缺乏基本的政治共识与互信、经济问题被高度政治化的背景下，WTO 为两岸经济制度性合作与一体化所提供的良好平台难以得到应有的尊重和应用。

台湾原民进党当局一方面担心两岸过于紧密的交流交往和经贸关系可能危及其所谓的“政治安全”，不利于其“台独”目的，因而尽量阻止或拖延两岸经贸关系正常化进程；另一方面则不顾在 WTO 内的两岸关系仅是中国大陆主体与台湾单独关税区因同为 WTO 成员方而形成的平等经贸主体之间的关系的事实，极力企图借助 WTO 这一经济平台来显示所谓的两岸“主权对等”，把两岸在 WTO 中的平等经贸主体地位和关系上升为国际社会的“平等政治实体”地位和关系，并把两岸政治关系问题国际化。

例如，台湾方面的一些人士经常有意无意地完全照搬国际区域合作与一体化模式来论述、设计、规划两岸经济制度性合作与一体化，将两岸合作与一体化问题与国际区域合作与一体化相提并论，意图借机把两岸政治关系定位为一种“国家间关系”，以规避“一个中国”原则，从而为台湾争取“国际生存空间”。又如，在内地与港澳签订《更紧密经贸关系安排》后不久，国务院台湾事务办公室就表示，祖国大陆方面愿意就两岸建立“更紧密经贸关系”听取岛内各界的意见；商务部原副部长安民表示，非常愿意以适当方式与台湾有关方面就建立两岸“更紧密经贸关系安排”问题展开探讨和磋商。但是，台湾原民进党当局立即以不对等为由，拒绝与祖国大陆商签这类安排。而大陆对任何违反“两岸一中”的做法显然都是不可能同意的。

由此可见，两岸间的经济问题明显被政治化了，虽然两岸经济制度性合作与一体化在经济方面有着强烈的内在动力与外在压力以及初步的经济条件，但却缺乏起码的政治共识与互信基础，因而现有的 WTO 平台无法得到适当应用，即便一些有效的民间对民间的协商方式也不能实现。新形势下，如果台湾新当局在谋求两岸经济制度性合作与一体化与拓展国际经济空间的活动中，仍然不能接受两岸同属一个国家的原则与前提，仍然不能正确认知台湾的单独关税区身份与角色，而仍然坚持所谓的“对等的主权国家”企图，那么两岸经济制度性合作与一体化进程仍将面临两岸政治关系僵局的瓶颈约束。

二是现阶段两岸经济的交流方式构成两岸经济制度性合作与一体化的另一个制约因素。

众所周知，一定的经济合作与一体化方式有赖于一定的经济交流方式，某种程度与形式的经济合作与一体化安排需要成员方彼此开放相应的市场，实现双方商品与要素的相应流动，以及彼此经贸往来活动一定程度上的自由化与便利化。由此观之，现阶段两岸经济的交流方式显然是构成两岸经济制度性合作与一体化的另一个制约因素。如前所述，长期以来的两岸政治关系僵局阻碍了两岸经贸关系的正常化，扭曲着两岸经济交流方式，使其处于局部、间接、单向的不对称状态和高度受限阶段，远未达到制度性经济合作与一体化所要求的起码状态——经济关系正常化，从而从经济交流方式层面制约着当前两岸经济的制度性合作与一体化。

综上可见，从当前两岸的政治意愿层面看，在对两岸政治关系的现实的认知与发展方向定位、对发展两岸经贸关系与两岸经济制度性合作与一体化的政治效应的价值评判等方面缺乏基本的政治共识，在对对方的行为活动与政策主张方面尚缺乏足够的政治互信，加之当前两岸经济体在相互依存性方面的不足与局限，两岸经济制度性合作与一体化在当前尚欠缺足够的向心力和政治共识前提。在两岸缺乏基本的政治共识与互信、经济问题被高度政治化的背景下，WTO 为两岸经济制度性合作与一体化所提供的良好平台难以得到应有的尊重和应用；长期以来的两岸政治关系僵局还阻碍了两岸经贸关系的正常化，扭曲着两岸经济交流方式，制约着当前两岸经济的制度性合作与一体化。

第四节　本章小结

本章主要借鉴区域一体化的条件与可行性理论，分别从当前两岸经济制度性合作与一体化的经济条件角度、相关国际法与国内法的角度、当前两岸的政治意愿与共识层面，探讨了当前两岸经济制度性合作与一体化在经济、法律、政治层面的可行性问题，特别是阐明了 WTO 下两岸经济制度性合作与一体化的法律性质定位、法律依据与法律途径等问题。主要结论如下：

从经济合作与一体化所需的经济条件看，两岸当前在经济相互依存性、经济市场规模、经济技术发展水平、经贸政策可协调性等经济层面，已初步具备进行一定程度与形式的经济合作与一体化安排以实现预期经济效应所需的一些基本条件；但在当前不平衡的两岸经济基础条件的约束下，两岸经济制度性合作与一体化，应依循序渐进原则进行。为顺应经济全球化与 WTO 多边贸易自由化发展形势的需要，当前两岸经济体宜从包括两岸货物贸易自由化、两岸服务贸易开放、两岸经贸活动便利化乃至两岸生产要素流动自由化等方面的内容广泛的新型自由贸易区形式着手，进而迈向关税同盟、共同市场、经济与货币联盟等更为高级的合作与一体化形式。

从国际法与国内法的角度看，WTO 下两岸经贸关系既是作为 WTO 平等成员方之间的经贸关系，同时又是同一主权国家内部不同关税区之间的经贸关系；所谓“国内经贸关系论”与“泛国际化论”都是难以成立的；WTO 下两岸经济制度性合作与一体化，本质上是同一主权国家内部不同关税区作为 WTO 平等成员方之间的经济合作与一体化安排，或者说是同为 WTO 成员方的中国国家主体与其单独关税区之间的合作与一体化安排。WTO 下两岸之间可以进行经济合作与一体化安排，但须符合 WTO 有关规则；援引 WTO 的“一体化例外”规定，既是 WTO 下两岸经济制度性合作与一体化安排的法律依据，也是其现实选择。

从当前两岸的政治意愿与共识层面看，在对两岸政治关系的现实认知与发展方向定位、对发展两岸经贸关系与两岸经济制度性合作与一体化的政治效应的价值评判等方面缺乏基本的政治共识，在对对方的行为活动与政策主张方面尚缺乏起码的政治互信，加之当前两岸经济体在相互依存性方面的不足与局限，两岸经济制度性合作与一体化在当前尚欠缺足够的向心力和政治共识前提；另一方面，长期以来的两岸政治关系僵局还阻碍了两岸经贸关系的正常化，扭曲着两岸经济交流方式，制约着当前两岸经济的制度性合作与一体化。

综而言之，虽然当前两岸经济体都有着实现制度性合作与一体化的内在动力与外在压力，并初步具备进行一定程度与形式的经济合作与一体化安排以实现预期经济效应所需的一些基本经济条件，WTO 也为其提供了法律依据、空间与平台，但是，当前两岸政治关系僵局构成了两岸经济制度性合作与一体化的一个瓶颈，迫切需要寻求突破，需要探索能为两岸同时接受的、既符合 WTO 规范又能超越两岸政治关系约束的两岸经济交流与合作形式，特别是能促进两岸制度性合作与一体化进程的新形式与新途径。

第五章　两岸经济制度性合作与一体化的动力及路径研究

诚如区域一体化理论与实践所表明的，区域合作与一体化是一个艰难的渐进过程。而两岸关系的复杂性必将对两岸经济制度性合作与一体化的路径与前景打上深深的烙印。本章借鉴关于区域一体化的动力与路径的理论，探讨两岸经济制度性合作与一体化的路径与前景问题。第一节主要基于两岸各自内部利益主体之间以及两岸政治层面的互动关系，阐明两岸经济制度性合作与一体化的动力系统的构成及其运作问题；在此基础上，第二节综合此前关于当前两岸经济制度性合作与一体化的动因与必要性、条件与可行性的研究结论，进一步探讨在两岸政治经济关系与WTO多边贸易体制规则约束下的两岸经济制度性合作与一体化的实现路径问题。第三节进一步对两岸经济制度性合作与一体化的发展路径与前景进行展望；最后，在第四节对本章的研究做简要总结。

第一节　两岸经济制度性合作与一体化的动力系统考察

区域一体化的动力与路径理论指出，区域中的社会行为体、国家行为体、超国家行为体三个方面相互联系、相互作用不仅构成了区域合作与一体化的动力系统，而且正是这三方面力量的合力决定着合作与一体化实现与发展的现实路径。借此思路与框架，可以阐明两岸经济制度性合作与一体化的动力系统的构成及其运作问题。

一、两岸经济制度性合作与一体化动力系统的构成

理论与实践表明，区域合作与一体化的根本动因与目的在于实现包括经

济、安全、价值三方面内容的国家利益最大化，而国家利益代表的是国内竞争中获胜的优势集团的利益，是国内的各种利益主体之间的竞争与游说的结果，而且，植根于国际国内环境所提供的机会与制约中的国家利益的实现，有赖于国内各种利益主体特别是国家领导集团的认识与判断以及在此基础上的相应行动：各国政府在国家利益的驱动和国际政策外部性的压力下，在国际层面上通过国家间谈判直接决定一体化问题；追求自身利益的社会行为体（例如跨国利益集团）虽然一般不能直接参与国际谈判，但会在国内政治结构层面上通过游说与影响政府，从而间接对国家间谈判的结果、一体化的规则与进程等方面的内容产生影响。因此，区域合作与一体化既是国家间利益博弈的结果，又是国内利益主体间博弈的结果；国家政府与国内社会行为体乃是决定区域合作与一体化启动与发展进程的主要行为体。此外，在合作与一体化过程中形成的超国家行为体，因其在有关区域整体的信息以及合作与一体化观念方面通常比各成员方具有优势，并在一定程度上可以代表合作与一体化区域的共同利益，能够超越各成员方仅关注自身利益的局限性，协调成员之间的利益冲突，找到解决问题和促进合作与一体化深化发展的方法，并有助于增强国家间承诺的可信性以及合作与一体化制度安排的权威性，从而成为合作与一体化发展进程的重要推动者与催化剂。实践中，区域中的上述社会行为体、国家行为体、超国家行为体三个方面相互联系、相互作用不仅构成了区域合作与一体化的动力系统，而且正是这三方面力量的合力决定着合作与一体化实现与发展的现实路径。

WTO下两岸经济制度性合作与一体化，虽然本质上是同一主权国家内部不同关税区作为WTO平等成员方之间的经济合作与一体化安排，换言之，是同为WTO成员方的中国国家主体与其单独关税区之间的合作与一体化安排，而不是通常意义中的国家之间的经济合作与一体化安排，但是，鉴于作为WTO成员方的两岸经济体是相对独立的经济体系，各自拥有其WTO框架下的对外经贸政策自主权，因此，可以借鉴上述分析区域合作与一体化动力系统及其运作的思路与框架，来分析两岸经济制度性合作与一体化的类似问题。

就两岸经济制度性合作与一体化动力系统的构成而言，显然，在两岸经济制度性合作与一体化启动之前，两岸高层、政治团体以及包括两岸民众与企业特别是跨境民众与企业等在内的两岸内部社会行为体，无疑是决定两岸经济制度性合作与一体化是否启动与如何发展的主要行为体。更明确地说，两岸高层是依据两岸自身利益最大化原则决定两岸经济制度性合作与一体化是否启动与如何发展的宏观行为主体①；包括两岸政治团体、两岸民众与企业特别是跨境民众与企业等在内的两岸内部社会行为体，则是作为两岸经济制度性合作与一体化的微观行为主体，本着追求自身利益最大化的目的，在两岸各自的内部政治结构层面上通过游说两岸高层以影响其判断、意愿与决心，从而间接对两岸高层的谈判结果、合作与一体化的规则与进程等方面的内容产生影响。此外，一旦两岸之间建立了双边制度安排和负责两岸经济制度性合作与一体化问题的专门组织机构，两岸经济制度性合作与一体化的发展无疑还会一定程度地受到这种双边制度安排和专门组织机构的意愿与行为的影响。

二、两岸经济制度性合作与一体化动力系统的运作

两岸经济制度性合作与一体化的上述三个方面的动力因素在实践中呈现一定的互动关系，并以其合力作用方式决定着两岸经济制度性合作与一体化实现与发展的现实路径。这可以从两岸各自的内部政治过程与两岸高层的政治互动过程角度加以考察。

从两岸各自的内部政治过程角度看，两岸经济制度性合作与一体化是两岸各自内部利益主体间博弈的结果。通常而言，在微观层面上的以自利和规避风险为行动准则的各社会行为体，因其内在条件的不同会面临不同的机会与威胁，对合作与一体化有着不同的甚至相反的态度与偏好。两岸竞争力较强的企业与流动能力较强的民众会希望和欢迎两岸经济制度性合作与一体化，而竞争力较弱的企业与流动能力较弱的民众则主要希望执政者提供保护和扶植，可能对合作与一体化持消极与反对态度。两岸的不同的政治团体也因其不同的政治理念而可能对两岸经济制度性合作与一体化持不同甚至相反的态度。它们的这种不同的态度与偏好会淋漓尽致地体现在游说执政者的内

① 这里的收益与成本概念亦如前述的国家利益概念，包括经济、安全、价值三方面内容，并需要进行权衡与综合考虑，甚至交换与取舍。

部政治过程中，即各社会行为体会竭力使自身的利益与偏好上升成为公共的利益与偏好，使执政者在关于合作与一体化的两岸谈判中采取有利于自己的态度与行动，从而间接使得合作与一体化的规则与进程等方面的安排有利于自身的利益最大化。在这一过程中，代表公共利益的执政者显然是内部各种力量的平衡者，执政者在关于合作与一体化的谈判中的态度与行动以及谈判达成的有关规则与进程安排，首先就是在与执政者互动中的内部各种力量相互竞争与妥协的产物。因此，从内部政治过程看，两岸经济制度性合作与一体化必将是在内部赞成力量与反对力量的较量与妥协中、在与各种社会力量有着互动关系的执政者的平衡下逐步进行的。实践中，只有在执政者认识到赞成力量比反对力量强大，或者执政者保证反对力量能够得到利益上的补偿的情况下，合作与一体化才能启动或向前发展。事实上，近20多年来两岸经贸关系发展演变的历史表明，尽管海峡两岸存在着政治和外交方面的紧张以及长期根深蒂固的猜疑与不信任，政策和经贸活动之间也仍然有着一种互动关系：一方面台湾的大陆经贸政策服从其政治斗争需要被高度政治化，使得两岸经贸关系一直在两岸政治对抗中被抑制发展，并不断被撕裂；另一方面，作为根本驱动力的经济因素与市场力量，不断促使双方不得不调整有关政策，放松管制，以容忍所出现的经济关系，并为其进一步发展提供机会。

从两岸的政治互动过程角度看，两岸经济制度性合作与一体化是两岸间利益博弈的结果。通常说来，在全球化与相互依赖的现实世界中，两岸大体上也可谓是理性的、自利的行为体，面对内部社会行为体的利益诉求与外部环境的制约，两岸会采取最适宜的方式来实现其目标。当两岸认识到采取合作行动比单边行动更能实现包括执政者自身利益的公共利益（包括经济、安全、价值三方面内容的综合利益）时，就会选择通过两岸谈判进行两岸合作。上述两岸各自内部利益主体间竞争形成的公共利益与偏好限定了达成潜在可行协议的空间，基于不对称的相互依赖而形成的两岸间谈判相对实力则决定了最终的谈判结果（利益分配）。因此，从两岸的政治互动过程看，两岸经济制度性合作与一体化又可以说是两岸理性选择和相互交易的结果。即便两岸之间如上所述建立了双边制度安排或组织机构来执行所达成的协议，以增强两岸间承诺的可信性，但是，双边制度安排或组织机构虽然可在两岸合作与一体化中发挥一定作用，但对合作与一体化谈判的最终结果的影响是有限的。事实上，从过去到现在的合作与一体化都主要是一种政府间机制，执政者仍然是合作与一体化活动中的主角，自身利益而非一体化共同利益是成员方的首要考虑，自主自愿的区域合作与一体化只有在各成员看来是符合自身利益的条件下才能获得推动。两岸经济制度性合作与一体化的启动与发展进程也必将如此。

综上可见，两岸高层以及包括两岸政治团体、两岸民众与企业在内的两岸内部社会行为体乃是两岸经济制度性合作与一体化动力系统中的两种主要力量，合作与一体化中两岸之间建立的双边制度安排或组织机构也将是合作与一体化进程的一个影响因素。实践中，这三方面力量有着一定的互动关系。两岸经济制度性合作与一体化的启动与发展正是在两岸政治层面主导与控制下的上述三方面力量的合力作用决定的。从两岸各自的内部政治过程角度看，两岸经济制度性合作与一体化是两岸各自内部利益主体间博弈的结果，必将是在内部赞成力量与反对力量的较量与妥协中、在与各种社会力量有着互动关系的执政者的平衡下逐步进行的。只有在执政者认识到赞成力量比反对力量强大，或者执政者保证反对力量能够得到利益上的补偿的情况下，合作与一体化才能启动或向前发展。从两岸的政治互动过程角度看，两岸经济制度性合作与一体化又是两岸之间利益博弈的结果，是两岸理性选择和相互交易的结果。自主自愿的两岸经济制度性合作与一体化只有在两岸看来是符合自身利益的条件下才能获得推动。

就当前两岸的政治经济互动格局而言，正如关于条件与可行性研究表明的，虽然当前两岸经济体都有着实现制度性合作与一体化的内在动力与外在压力，并初步具备进行一定程度与形式的经济合作与一体化安排以实现预期经济效应所需的一些基本经济条件，WTO 也为其提供了法律依据、空间与平台，但是，当前两岸政治关系僵局构成了两岸经济制度性合作与一体化的一个瓶颈，迫切需要寻求突破，需要探索能为两岸同时接受的、既符合 WTO 规范又能超越两岸政治关系约束的两岸经济交流与合作形式，特别是能促进制度性合作与一体化进程的新形式与新途径。

第二节　两岸经济制度性合作与一体化的实现路径探讨

上节主要基于两岸各自内部利益主体之间以及两岸政治层面的互动关系，阐明了两岸经济制度性合作与一体化的动力系统的构成及其运作问题；在此基础上，本节综合此前关于当前两岸经济制度性合作与一体化的动因与必要性、条件与可行性的研究结论，探讨在当前两岸政治经济关系与WTO多边贸易体制规则约束下的两岸经济制度性合作与一体化的实现路径问题。

一、两岸经济制度性合作与一体化宜先行区域试点

事实上，近年来，包括笔者在内的一些学者在探讨当前两岸经济制度性合作与倡议建立“两岸共同市场”或“两岸自由贸易区”的一体化安排时已注意到这一问题，并提出了一些初步的想法和建议。例如，林媛媛（2003b）指出，构建海峡两岸自由贸易区的目标模式应是在淡化政治的前提下，分步骤、有重点地一步一步向前推进；争取在两岸在试点直航和金马直航的基础上，实现两岸特定区域之间全面、直接、双向的经济交流，在条件成熟时，通过签订促进区域经济合作的临时协议做出贸易优惠安排，为自由贸易区过渡期创造条件；可尝试先在厦门、金门建立区域性自由贸易区，然后进一步建立台湾与闽东南地区自由贸易区，最后形成海峡两岸自由贸易区。黄绍臻（2005）也提出，根据目前的情况，两岸暂时还无法签订“更紧密经贸关系安排”，可以考虑局部突破，待条件成熟时再考虑“更紧密经贸关系安排”；可以采用“点、线、面”结合的方式，在目前存在的台商投资区、保税区、经济特区、出口加工区的基础上，建立带有“自由港”性质的自由贸易区，并与台湾的加工出口区、科学园区等进行对接，赋予更加多样、更加灵活、更加实用的功能；通过不断扩大业务和地域范围，加强试点的作用，在两岸交流与合作条件成熟时，通过祖国大陆与台湾商谈单独关税区之间的“更紧密经贸关系安排”。李非（2005）认为，从地域关系、人文关系、经济条件、政策优势看，海峡西岸经济区应是“两岸共同市场”的首推试行区域，在条件成熟时逐步扩大到其他区域。庄宗明、张启宇

(2005）也基于类似的理由提出以“闽台共同市场”为“两岸共同市场”试验区的一种设想。彭莉（2005）则从国际经贸规则角度探讨了建立海峡两岸次级自由贸易区的法律问题，认为构建海峡两岸次级自由贸易区与世贸组织实现贸易全面和高度自由化的宗旨是相吻合的，是两岸特殊政经形势下成立全方位的海峡两岸自由贸易区的特殊要求，具有限时性、示范性等法律性质。近年来，笔者则曾先后从不同角度撰文探讨了这一问题（参见唐永红，2005b、2005c、2006a、2007a；唐永红、邓利娟，2005a、b；赵玉榕、唐永红，2005)，认为借鉴近年国际上次区域经济合作的成功经验，先行在两岸次区域层面共建开放性的厦－金、厦－高等跨关境自由经贸区，应是当前两岸经济制度性合作与一体化的一个现实路径。之所以提出两岸制度性合作与一体化宜先行区域试点，是基于以下之考虑。

（一）两岸经济制度性合作与一体化自身条件限制的需要

如前所述，近30年来的两岸交流合作，是在有限制的经贸政策环境空间的约束下，由市场机制主导进行的，呈现出单向、间接、民间的状态，不仅本身未能实现其可能的发展规模，而且远未充分发挥其对两岸政治经济关系发展的促进作用；当前，两岸经济体在基于互补性的交流交往中呈现了竞争性态势，在相互依存性的发展中呈现了不对称性特征，需要制度性的协调与合作；而另一方面，同为WTO成员的两岸经济体又都面临着如何在WTO约束下进一步增强交流合作，如何在经济全球化与区域一体化深化发展中进一步谋求各自最大化利益，增强国际竞争力，防止边缘化，并有效应对不确定性与风险的问题。因此，变革与创新两岸交流合作方式，进一步破除交流合作的障碍与壁垒，增强交流合作，成为当前两岸经济体进一步参与全球化进程和实现再发展的客观要求。一个可以选择的方式就是两岸经济体在遵守WTO关于一体化的例外规定基础上实行某种程度及形式的制度性合作与一体化安排。

虽然，随着参与全球化进程的深化以及两岸民间交流合作的发展，当前两岸都有着实现制度性经济合作与一体化的内在动力与外在压力，而且新形势下两岸关系正在迈向和平发展的轨道，两岸交流合作与和平发展正在成为两岸关系的趋势与主题，但与此同时，两岸不同的社会经济发展水平、不同的社会政治制度与社会意识形态、并不完全相似的社会文化、观念与思维方式，以及两岸政治关系上的结构性矛盾与台湾分离主义问题依然存在，两岸之间的猜忌与误解多而互信与共识少。这些必将对两岸整体层面的制度性合作与一体化的步伐形成相当程度的制约，使其呈现一个循序渐进的过程，并仍然构成两岸和平发展与和平统一的重大挑战，并可能在新形势下更加突显。

因此，在启动整体层面的制度性合作与一体化之前，两岸需要有一个彼此磨合与相互适应的过程。一个可行途径与方式就是在有条件的两岸次区域层面构建“两岸经济制度性合作与一体化先行区”，先行先试制度性合作与一体化。建立这种次区域层面的合作机制，既可顺应经济全球化与一体化以及两岸政治经济关系发展的需要，也可作为在“两岸自由贸易区”、“两岸共同市场”等全面性两岸合作与一体化机制建立之前对台湾新当局领导人之有关呼吁的回应，有助于两岸政治互信与共识的建立与累积，为两岸将来更大范围、更高层次的制度性合作与一体化探索经验，并构筑必要的经济、社会和政治基础与动力。

（二）两岸政经互动关系下实践以经促政、以经促统的需要

实践表明，两岸政治关系与经济关系一直以来都存在政经互动关系与格局，两岸各方对发展彼此经贸关系的战略安排也具有互动博弈关系。自祖国大陆对台工作确立和平统一方针并实施相关政策以来，两岸经贸关系发展战略基本上较好地遵循了“以经促政”、“以经促统”的方针。两岸关系取得今天的成就是与大陆一贯坚持一个中国原则并采取“以经促政”、“以经促统”的做法紧密相关的。新形势下，在建立两岸经济机制实现制度性合作与一体化过程中我们仍须坚持这一原则与做法。这是因为两岸双方至今仍然没有形成“两岸同属一个主权国家”的基本共识，更不用说“两岸同属一个中国”国家主权架构。如前所述，这充分体现在马英九（2008）的就职演说关于两岸关系的主张中。

因此，新形势下大陆不宜对马英九抱有不切实际的期待，还得将两岸关系发展的主导权牢牢掌控在自己手中。为此，新形势下两岸制度性合作与一体化仍有必要坚持一个中国原则并采取“以经促政”、“以经促统”的做法，促使台湾方面明确承认与接受两岸同属一个中国的政治主张，或者至少明确承认与接受两岸同属一个主权国家的政治主张。实践中应把这一政治主张作为两岸共识正式写入两岸经济制度性合作与一体化协议之中，并应尽量迫使台湾按照加入 WTO 时所采用的单独关税区角色与身份与大陆方面签订有关协议。这样，既可以达到“以经促政”、“以经促统”的目的，避免陷入“两个中国”或“一边一国”的政治陷阱，防止被“台独”势力滥用而成为台湾取得独立国体资格的证据，又可以在台湾政党轮替时是否继续执行这种协议问题上保持主动性。而在这一政治主张成为两岸共识之前，两岸经济制度性合作与一体化则可采用“两岸经济制度性合作与一体化先行区”的模式逐步推进，以有助于达成“以经促政”、“以经促统”的目的。

事实上，新形势下大陆在两岸经济制度性合作与一体化安排中可以而且有条件实践“以经促政”、“以经促统”的做法。一方面，制度性经济合作与一体化并非作为 WTO 成员的应尽义务，而是成员方之间自主自愿的行为。因此在启动两岸经济制度性合作与一体化过程中，大陆可以和台湾讨价还价，实践“以经促政”、“以经促统”的做法。二是两岸经济体在发展层面形成的众所周知的不对称性依赖：台湾经济体对两岸经贸往来的依赖程度明显高于大陆经济体，为大陆实践“以经促政”、“以经促统”奠定了经济基础和条件。

二、两岸经济制度性合作与一体化实现路径之构想

（一）以两岸次区域自由经贸区导向全面性的两岸经济一体化

鉴于两岸在当前难以就“两岸同属一个中国”问题达成共识，两岸经济体间的全面性的制度性合作与一体化在短期内难以实现，为在坚持“以经促政”、“以经促统”原则同时，灵活应对台湾当局对制度性经济合作与一体化的可能呼吁，并有利于我们做好对台工作，笔者认为，当前的两岸经济制度性合作与一体化安排可以在遵守 WTO 的法律原则和有关规定基础上，在次区域层面上从局部突破开始，以渐进方式进行。即两岸可以借鉴近年来国际上以“增长三角”为代表的次区域经济合作方式的成功经验，在有条件的局部临近区域率先进行经济合作与一体化安排，以开放性的次区域自由经贸区导向全面性的两岸经济一体化。事实上，当在各经济体之间由于存在较大差异，在整个区域层面建立一体化组织较为困难时，次区域合作方式是一种现实的选择。而且，两岸经济体在渐进的交往与合作中获益的增进

与功能性一体化程度的提高，将会有助于两岸政治互信与共识的建立与累积，为两岸全面性的制度性一体化构筑必要的经济、社会和政治基础与动力。

具体而言，可以利用闽台地缘优势、港口物流条件与经济区位优势，在福建沿海地区（如厦门）与台湾离岛地区（如金门）及自由贸易港区之间，在遵守 WTO 有关特殊经济区的规范要求的基础上，建立可对接的单边自由经贸区，进而共建开放性的厦－金、厦－高等次区域跨关境自由经贸区。两岸共同在这些局部区域中率先以 WTO 无歧视原则消除经贸活动壁垒，实行商品与要素的自由流动，并率先以开放性方式实现这些小范围的、低协调水平的制度性经济一体化，从而超越 WTO 谈判内容框架和当前两岸政治关系约束，以局部、渐进的方式启动两岸经济制度性合作与一体化进程，为将来更大范围、更高层次的制度性一体化探索经验和奠定基础。

首先，当前大陆方面的厦门经济特区可在现有的发展基础上转型为一个遵循 WTO 无歧视原则的、境内关外的，集国际投资、研发制造、国际贸易、物流分拨、仓储展示、过境转运、国际金融、休闲旅游等多项功能于一身的综合型世界自由经贸区；台湾方面可把金门地区规划建设成为一个自由经贸区，并与目前实施中的高雄自由贸易港区等一起也遵循 WTO 无歧视原则，在特区内给予作为 WTO 成员的大陆方面应有的待遇。如此，两岸各自的经济特区可在 WTO 无歧视原则基础上实现对接。

进而，两岸可以在单边自由经贸区的基础上，共建开放性的多功能综合型厦－金、厦－高等次区域跨关境自由贸易区，整合并充分发挥厦门、金门、高雄等地的海港、空港优势以及其他经济发展资源与条件，使之成为海峡两岸的国际贸易中心、物流分拨中心和以高科技产品为主导的加工制造中心，成为海峡两岸与国际物流链的重要环节。在此基础上，进一步建立开放性的厦－金、厦－高等次区域跨关境自由经济区，实现生产要素的自由流动与优化配置，成为国际化的区域性资金流、物流和信息流的汇集区，最终发展成为国际化区域经济中心。如此，可在两岸特区之间率先实质性地启动两岸经济制度性合作与一体化进程。

（二）建立开放性次区域自由经贸区的意义与作用

显然，上述次区域自由经贸区中所谓的开放性，意指两岸在厦－金、厦－高等跨关境自由经贸区中实行的经贸活动自由化与便利化措施，不仅适用于厦、金、高等当地的经济主体，也适用于在这些区域中开展经贸活动的两岸其他地区的经济主体，更以 WTO 无歧视原则适用于在这些区域中开展经贸活动的其他国家或地区的经济主体。之所以强调这种开放性，不仅是为了符合 WTO 的有关规范和要求，而且从进一步参与全球化、促进两岸经济一体化与两岸政治经济关系发展以及这些区域自身再发展角度看，当前，建立开放性的、无歧视性的、更加自由化与便利化的厦－金、厦－高等次区域跨关境自由经贸区，有着重大的现实意义和作用。

1. 发挥两岸经济制度性合作与一体化先行试验区作用

上述思路与构想可以作为两岸经济体制度性合作与一体化的一个先行区与试验区。两岸共同在这些局部区域中率先以 WTO 无歧视原则消除经贸活动壁垒，实行商品与要素的自由流动，并率先以自由经贸区对接方式实现这些小范围的、低协调水平的两岸经济制度性合作与一体化，是基于两岸经济发展现实条件的一个现实选择，可顺应两岸功能性经济一体化深化发展趋势与要求，并可为将来两岸间全面性的、更深层次的制度性经济合作与一体化探索经验，奠定基础①。

2. 发挥经贸自由化与便利化试验田与先行区作用

上述思路与构想有助于构建起两岸经济体参与经济全球化进程的一个新平台，在贸易自由化、金融全球化、投资全球化、生产要素流动全球化等方面进一步率先发展，从而可以顺应全球化深化发展趋势与要求，积极稳妥地在更高层次上和更大范围内参与全球化进程，发挥经贸自由化与便利化试验田与先行区作用；也可作为两岸经济体对 WTO 承诺的对外开放义务（包括加入 WTO 时承诺的和今后参与 WTO 多边谈判承诺的义务）的率先试验区，从而可在多边开放过程中优先促进两岸经贸交流与合作的进一步发展，更好地实现与保障两岸经济利益。

3. 发挥台湾海峡区域经济的增长极与辐射源作用

上述思路与构想不仅可以整合海峡两岸的海港、空港优势以及其他经济

① 即便在两岸整体层面签署了 CECA 或 ECFA 等两岸自由贸易协议，也依然可以在两岸次区域层面先行先试要素、人员流动等方面更加自由化与便利化的安排，毕竟经济一体化是一个一体化（自由化与便利化）程度与领域不断深化发展的长期过程。

发展资源与条件，吸引国际经济资源与要素的流入，从而在克服闽、厦、金、高、台等地自身经济发展面临的各种瓶颈约束的同时，使经贸自由化先行区成为两岸人员往来、货物中转、经贸交流的重要枢纽，促进海峡西岸经济区与海峡经济区内部的分工、合作与协调发展，而且有助于整合两岸四地彼此的经济互补性优势特别是港口区位优势与运输能力，在促进海峡经济区深化发展的同时，有利于加强两岸四地中华经济区内部的承接与合作，从而在更大范围、更高层次上发挥区域经济的增长极与辐射源作用。

4. 发挥对台工作前沿平台与两岸全面整合先行试验区作用

上述思路与构想还可以促进闽、厦、金、高、台等地经济、文化（社会）、政治一体化，形成两岸经济、文化（社会）、政治全面整合的一个先行试验区，为两岸将来更大范围、更高层次的制度性合作与一体化以及两岸和平统一探索经验，累积互信，并构筑必要的经济、社会和政治基础与动力，更好地发挥厦门在两岸交流、合作与整合中的优势和作用。

（三）建立开放性次区域自由经贸区的可行性

上述先行在两岸次区域层面建立开放性的跨关境自由经贸区的思路与构想，不仅现实意义突出，而且从自由经贸区一般经济条件、WTO有关规范、两岸关系发展态势等层面看还具有较大的可行性。

1. 自由经贸区一般经济条件上的可行性

从自由经贸区理论与国际实践看（邓力平、唐永红，2003），建立自由经贸区，一般除了要在法律制度、经济政策与管理体制等方面营造适宜开展国际或地区间经济活动的良好软环境条件之外，还在地理区位与基础条件等硬环境方面有着较高的要求，主要包括：有利于开展国际或地区间经济活动与发挥集散功能的优越的地理区位特别是良好的位置接触性与广阔的服务区域①、完善的基础设施特别是优良的港口与便捷的国际国内通道、良好的发

① 所谓位置接触性是指自由经贸区所在位置都是国际航运的必经之路，对国际贸易活动起着桥梁作用。所谓服务区域（Area Served）是指自由经贸区所能服务的区域，既包括自由经贸区背后的内陆地区即所谓腹地（Hinterland），也包括构成自由经贸区主要物流网络的海外区域。自由经贸区与其内陆腹地、海外服务区域在社会、政治、经济等方面的制度与政策差异性被称为服务区域的异质性。一般地，位置接触性越良好、服务区域越广阔、异质性越明显，自由经贸区的经贸创造与扩大效应就越明显。

展基础与环境等等。实践中，需要运用成本－效益分析法并综合考虑与权衡各种因素，来判定特定地点建立自由经贸区的可行性。

厦门、金门、高雄地处东南亚国家与中国大陆、台湾联系的中心位置，是东北亚和东南亚国际主航线的海上交通要冲，显然具有建立厦－金、厦－高自由经贸区所需的区位与服务区域条件、港口与物流条件。从成本－效益角度看，以建立开放性厦－金自由经贸区为例。在成本方面，金门与厦门特区不仅远离两岸各自的政治中心，而且又都是海岛地形，因而隔离成本较低①；特殊的海岛地形使金门与厦门特区内的现有企业和人口规模相对比较确定，加之经济以外向型为主且国际竞争力较强，因而关税减免损失②与经贸转向效应③也不会过大。在效益方面，基于其区位优势与港口条件，在两岸当前的关税水平条件下，自由经贸区经贸活动的自由化与便利化必将进一步吸引国际经贸活动的进入，产生较大的经贸创造与扩大效应；特别是鉴于两岸目前在社会政治经济制度与政策上存在较大的差异，在相互关系方面存在较大的对立与分歧，通过自由经贸区对接或共建开放性次区域自由经贸区的形式，不仅在两岸次区域层面上实现了制度性合作与一体化，推进两岸经济一体化进程，而且较大程度地便利了两岸经济交流与合作，可以在两岸经贸方面产生较大的创造与扩大效应。

2. WTO 有关特殊经济区规范上的可行性

WTO 下两岸经济体的行为措施应遵循 WTO 的有关规范。从 WTO 对世界特殊经济区的有关规范看，WTO 以“原则中有例外，例外中有原则”的现实主义精神容许其成员方在其特殊经济区实施特殊制度、优惠政策，但条件是不得有违透明度原则和非歧视原则，即这些特殊制度、优惠政策引致的特区的贸易自由化与市场准入水平不得低于其对 WTO 承诺的约束义务水平

① 所谓隔离成本是指为防止设立自由经贸区对本国其他地区社会经济冲击而付出的费用和为防止走私而建立与维持隔离设施所付出的费用，其大小取决于自由经贸区的地形和自由经贸区与本国政治经济中心的远离性。

② 所谓关税减免损失是根据机会成本原理按照没有设立自由经贸区条件下的进口额计算减免关税后的财政损失。

③ 所谓经贸转向效应是指由于减免关税使得本地和本国货物与服务的竞争力在自由经贸区内不敌外国货物与服务而被外国替代从而对设区国造成的经济损失。本地、本国货物与服务的国际竞争力越弱，在自由经贸区内的销售额越大，经贸转向效应就越大。

(即不得低于在其他地区实施的贸易自由化与市场准入水平)，并且必须以透明的方式同时对所有的 WTO 成员提供（邓力平、唐永红，2003；唐永红，2005d)。显然，一个开放性的、无歧视性的、更加自由化与便利化的可对接单边自由经贸区或次区域性跨关境自由经贸区符合 WTO 有关要求。

事实上，特殊经济区的存在与发展已有很长的历史了，其在各国经济与世界经济中的地位及作用日益受到重视，建立和发展特殊经济区已是当今国际性的潮流。随着世界经济的发展，特殊经济区的内涵与外延均发生了深刻的变化，特别地，近年来世界特殊经济区出现了由单边的一国内部型向双边或多边的跨国（跨关境）型发展的新趋势，即几个主权国家或单独关税区把各自的彼此相邻的部分领土结成一个一体化的经济区域（唐永红，2005d)。世界上的各种“增长三角”就是这种次区域性的跨国（跨关境）特殊经济区的典型形式。在各国或各地之间由于存在较大差异，在整个区域层面建立经济一体化组织较为困难时，次区域经济合作方式是一种现实的选择。

3. 两岸关系发展态势下的现实可能性

从台湾岛内局势与两岸关系发展态势看。2008 年 3 月台湾地区领导人选举底定，主张两岸交流合作与和平发展的“泛蓝”阵营，继“县市长”、“立法委员”选举大胜后又重新夺回执政权。这表明台湾同胞求和平、安定与发展的意愿日益增强，两岸和平发展正在成为现阶段两岸关系发展的趋势和主题。事实上，对面临着连任压力的台湾新当局而言，推动两岸关系和平发展也是其必然的选择：一是因为岛内主流民意要求改善和发展两岸关系；二是因为台湾经济越来越离不开大陆，加强两岸经济交流合作是台湾经济发展的内在要求。

然而，整体性的两岸经济制度性合作与一体化如前所述仍然受制于当前的两岸社会政治经济文化条件，“两岸共同市场”这种一体化程度较高的制度性经济一体化形式，更超越了当前两岸经济发展的现实水平和客观条件。而次区域层面局部地区的可对接的单边自由经贸区和次区域性的跨关境自由经贸区在经济运作机制上主要是市场调节性的，一般只需要参与方的地方政府间的低水平低层次的松散性、随机性协调。因此，为因应经济全球化与两岸政治经济关系深化发展的需要与约束，并在一定程度上舒缓国际区域经济一体化发展带来的竞争与边缘化压力，两岸可以在次区域层面实行两岸商品与要素的自由流动，以局部渐进方式推进两岸经济制度性合作与一体化。这也符合从局部到整体、由量变到质变的发展规律，有利于以渐进方式推进更高层次的制度性合作与一体化。

事实上，台湾目前正在推动以自由贸易港区为代表的经贸特区计划，这为两岸单边自由经贸区的对接和次区域跨关境自由经贸区的形成提供了可能。而且，高雄自由贸易港区经过一段时间筹备后已于2005年初正式营运，目前急需拓展发展空间，台湾当局有可能在对大陆开放方面让其先行一步；而金门作为一个离岛，对台湾的政治重要性及其影响有限，加之金门本身有着良好的港口和区位优势，在金门地区的强烈要求下，台湾当局也有可能将其作为向世界特别是大陆开放的一个前沿与窗口。事实上，2005年6月12日台湾“立法院院长”王金平就提出将金门打造成“一网三区”的“新金门”构想：“两岸客货航线网”、“两岸台商信息交流区”、“金门和平观光特区”、“金厦共荣经济特区”（参见火山，2005）。金门县长李炷峰也曾多次倡议建立“金厦生活圈”、“金厦一国两制试验区”。[①] 2008年8月24日，马英九以“从杀戮战场到和平广场”为题发表金门炮战五十周年的讲话，更为上述构想的实现提供了想象的空间[②]。

从大陆方面看，进一步发展海峡西岸及其经济特区，进一步发挥其在改革开放与现代化建设中的带动与示范作用，特别是进一步发挥其对台独特优势和作用，促进两岸的交流、合作、整合与发展，是既定的发展方略。在当前形势下，建立可对接的单边自由经贸区或跨关境自由经贸区，可以进一步发挥海峡西岸及其经济特区的独特对台优势与试验探索作用，可以在实现海峡西岸及其经济特区自身再发展的同时实现两岸经贸关系的再发展。因此，各级政府应予以大力支持。

综上可见，当前，借鉴近年来国际上次区域经济合作的成功经验，两岸先行在有条件的次区域层面共建更加自由化与便利化的开放性厦-金、厦-

① 参见金门县长李炷烽2006年11月6日下午在金门县“议会”第二次定期会议中的演说：《21世纪新台湾的出路——金门作为“一国两制试验区”之刍议》。

② 参见“马英九就金门炮战50周年讲话”，http：//news. sina. com. cn/c/2008-08-24/160214350524s. shtml。

高等跨关境自由经贸区，既是顺应经济全球化与一体化深化发展的趋势与要求，更是当前两岸经济制度性合作与一体化的一个现实路径。

第三节　两岸经济制度性合作与一体化的发展进程展望

区域合作与一体化理论与实践表明，区域社会行为体、国家行为体、超国家行为体之间的互动关系，使得自主自愿的区域合作与一体化过程既是一个一定程度上的功能自主的过程，又是一个有意识地寻求合作与一体化的行动过程，在当前的实践中集中体现为一种在政府控制下的循序渐进的外溢过程。区域经济一体化也有着从自由贸易区到完全一体化的程度与领域不同的一体化形式，并因新功能主义一体化理论所强调的外溢发展的客观逻辑和政府希望掌控一体化进程的主观偏好而呈现循序渐进的过程。而关于条件与可行性研究部分（第四章第一节）的研究曾指出，当前两岸经济基础条件的不平衡性，对当前两岸经济制度性合作与一体化可能实现的程度和形式形成了现实的约束。由此可以预期，两岸经济制度性合作与一体化的发展路径也将呈现渐进发展的过程。加之两岸政治关系的现实约束，目前两岸经贸关系尚未正常化，两岸经济制度性合作与一体化的发展进程可能将会大致包括以下几个阶段：

第一阶段，两岸经贸关系正常化与部分领域自由化阶段。

在两岸经贸关系正常化之前，一方面，应积极推进两岸经贸关系正常化，实现WTO框架下的两岸经济体之间的制度性交流。具体内容包括两岸商品（货物与服务）贸易的正常化、两岸资本投资的正常化、两岸金融开放的正常化、两岸货币兑换与清算的正常化，并就两岸产品标准、知识产权保护、投资保护、避免双重课税与争端解决机制等达成共识与协议。另一方面，如前所述，还可以在两岸有条件的次区域层面建立可对接的单边自由贸易区或共建厦－金、厦－高等次区域跨关境自由贸易区，进行次区域经济合作与一体化，为全面性的两岸经济合作与一体化以及常态性官方合作机制的建立积累互信、奠定基础、探索经验。此外，也可以在两岸有需要有条件的部分货物与服务的贸易中先行减免关税与开放市场，即先行自由化。

第二阶段，“两岸自由贸易区”阶段。

在两岸经贸关系正常化之后，两岸将商谈实行两岸贸易自由化的有关政策，相互之间取消关税和进口数量限制，以实现两岸货物贸易、服务贸易的自由化以及贸易投资活动的便利化。但是在这一阶段，两岸对“两岸自由贸易区”外的其他贸易伙伴则仍保留各自自主的关税与贸易政策，并对它们实行 WTO 多边贸易体制所要求的市场准入与贸易自由化水平。实践中，建立“两岸自由贸易区”，可以借鉴内地分别与香港、澳门的 CEPA 方式（参见安民，2004）通过签署“两岸自由贸易区安排”来实现，也可视两岸四地各方的意愿通过建立“两岸四地自由贸易区”来实现两岸自由贸易。实践中究竟如何启动“两岸自由贸易区”这种全面性的两岸经济制度性合作与一体化，应由两岸协商决定。

第三阶段，“两岸关税同盟”阶段。

随着两岸经济的国际竞争力的增强与贸易自由化水平的提升，当两岸经济体在关税水平上的差距以及关税工具对两岸经济体的重要性差异基本消除条件下，两岸经济体可在“两岸自由贸易区”的基础上进一步建立“两岸关税同盟”，不仅取消彼此之间的关税及其他贸易壁垒外，还协调与统一彼此的对外贸易政策，对区外贸易伙伴采取统一的并符合 WTO 要求的关税税率与贸易措施。

第四阶段，“两岸共同市场”阶段。

在“两岸关税同盟”的基础上，两岸经济体可进一步建立“两岸共同市场”，不仅取消彼此之间的关税及其它贸易壁垒，实现两岸商品的自由流动，而且消除两岸劳动力、资本等各种生产要素在两岸间流动的障碍和壁垒，实现两岸人员、企业、生产要素的自由流动；不仅协调与统一彼此的对外贸易政策，而且协调或采行共同的对外经济政策。

第五阶段，“两岸经济与货币联盟”阶段。

随着两岸经济的异质性基本消除，两岸经济体可在“两岸共同市场”的基础上结成“两岸经济与货币联盟”，对两岸经济结构调整与区域发展采取共同的政策，协调与统一包括财政预算、货币政策和收入分配政策在内的宏观经济政策，以及包括就业与劳工政策、人员自由流动与移民待遇政策、教育与职业培训政策、卫生医疗保健政策等在内某些社会政策，并在同盟内实行单一货币，建立共同的中央银行。

最后，“完全的两岸经济一体化”阶段。

它是两岸经济制度性合作与一体化的最高形式，是指在“两岸经济与货币联盟”的基础上，不仅开展经济与货币联盟所进行的各种政策协调与统一，而且相应建立协调与统一两岸各自经济政策的“超国家性的”经济机构，以制定和实施这些政策，从而实现两岸对内对外的各种经济政策的完全统一。同时，在两岸经济融合的基础上可能进行两岸政治整合，最终实现两岸经济社会的全面统一，完成祖国统一大业。

需要指出的是，上述外溢发展过程仅是一体化运动本身所具有的内在动力与发展趋势的体现，它虽然可能成为两岸决策时面临的一种客观情况，可能会迫使两岸选择进一步的合作与一体化，但它毕竟只是可供选择的方案之一，因为如前所述，实践中的合作与一体化进程和方向总是在两岸政治层面的主导与控制下，通过两岸各自的内部政治博弈过程与两岸政治层面的政治互动博弈过程而决定的。只有当两岸各方在既有的合作与一体化中实现了预期获益，并认识到进一步获益所受到的限制需要进一步的合作与一体化才能克服，而且愿意进一步让出对有关问题的自主权，一体化外溢发展的客观逻辑才能得到两岸政治层面的充分尊重，一体化实践进程才能得以深化发展。

值得注意的是，通常而言，自由化与便利化应在正常化完成的基础上推进，但实践中，鉴于台湾方面的急迫需求，上述第一、二阶段的内容也可通过协商谈判签订类似台湾方面提出的 ECFA 之类的协议同时加以推进。另外，在两岸整体层面进行合作与一体化安排（如商品的自由贸易）的同时，两岸次区域合作与一体化也可在更宽领域与更深层次的自由化与便利化方面（如人员、要素的自由流动）加以推进。

第四节　本章小结

本章借鉴关于区域一体化的动力与路径的理论，探讨两岸经济制度性合作与一体化的路径与前景问题。首先，主要基于两岸各自内部利益主体之间以及两岸政治层面的互动关系，阐明了两岸经济制度性合作与一体化的动力系统的构成及其运作问题；在此基础上，并综合此前关于当前两岸经济制度性合作与一体化的动因与必要性、条件与可行性的研究结论，进一步探讨在两岸政治经济关系与WTO多边贸易体制规则约束下的两岸经济制度性合作与一体化的实现路径与发展进程问题。主要的研究结论如下：

就两岸经济制度性合作与一体化的动力系统的构成及其运作而言，两岸高层以及包括两岸政治团体、两岸民众与企业在内的两岸内部社会行为体乃是两岸经济制度性合作与一体化动力系统中的两种主要力量，合作与一体化中两岸之间建立的双边制度安排或组织机构也将是合作与一体化进程的一个影响因素。实践中，这三方面力量有着一定的互动关系。两岸经济制度性合作与一体化的启动与发展正是在两岸政治层面主导与控制下上述三方面力量的合力作用决定的。从两岸各自的内部政治过程角度看，两岸经济制度性合作与一体化是两岸各自内部利益主体间博弈的结果，必将是在内部赞成力量与反对力量的较量与妥协中、在与各种社会力量有着互动关系的执政者的平衡下逐步进行的。只有在执政者认识到赞成力量比反对力量强大，或者执政者保证反对力量能够得到利益上的补偿的情况下，合作与一体化才能启动或向前发展。从两岸的政治互动过程角度看，两岸经济制度性合作与一体化又是两岸之间利益博弈的结果，是两岸理性选择和相互交易的结果。自主自愿的两岸经济制度性合作与一体化只有在两岸看来是符合自身利益的条件下才能获得推动。

就当前两岸的政治经济互动格局而言，虽然当前两岸经济体都有着创新交流与合作方式，实现制度性合作与一体化的内在动力与外在压力，WTO也为其提供了法律依据、空间与平台，但是，当前两岸不同的社会经济发展水平、不同的社会政治制度与社会意识形态、并不完全相似的社会文化、观念与思维方式，特别是依然存在的两岸政治关系上的结构性矛盾与台湾分离主义问题，必将对两岸整体层面的制度性合作与一体化的步伐形成相当程度的制约，需要探索能为两岸同时接受的、既符合WTO规范又能超越两岸政治关系约束的两岸经济交流与合作形式，特别是能促进两岸经济制度性合作与一体化进程的新形式与新途径。

当前，可借鉴国际上次区域经济合作的成功经验，两岸先行在有条件的次区域层面共建更加自由化与便利化的开放性厦－金、厦－高等跨关境自由经贸区，既是顺应经济全球化与一体化以及两岸政治经济关系深化发展的趋势与要求，更是在当前两岸社会政治经济文化条件约束下的当前两岸经济制度性合作与一体化的一个现实路径，也可作为在“两岸自由贸易区”、“两岸共同市场”等全面性两岸合作与一体化机制建立之前对台湾新当局领导人之有关呼吁的回应，有助于达成“以经促政”、“以经促统”的目的。如此，还可以超越当前两岸政治关系的约束，整合闽、厦、金、高、台等地乃至两岸四地的区位优势与条件，成为两岸参与经济全球化进程的一个新平台、两岸经济制度性合作与一体化的一个先行区、两岸全面整合的一个先行试验区；不仅有助于闽、厦、金、高、台等地在进一步的发展中更好地发挥经贸自由化的试验田与先行区作用，区域经济的增长极与辐射源作用，以及在两岸交流、合作与整合中的优势和作用，而且有助于两岸政治互信与共识的建立与累积，为两岸全面性的制度性经济合作与一体化构筑必要的经济、社会和政治基础与动力。事实上，以两岸次区域自由经贸区导向全面性的两岸经济一体化的思路与构想，不仅有着自由贸易区一般经济条件上的可行性，符合 WTO 对世界特殊经济区的有关规范与要求，而且也具有两岸关系发展态势下的现实可能性与可操作性。

综合一体化外溢发展的客观逻辑、执政者掌控一体化进程的主观偏好以及两岸政治关系的现实约束等因素，笔者预期，两岸经济制度性合作与一体化将呈现循序渐进的发展进程，在经过探索试验阶段实现两岸经贸关系正常化与部分领域自由化之后，大致会经历“两岸自由贸易区”、“两岸关税同盟”、“两岸共同市场”、“两岸经济与货币联盟”等发展阶段，最终可能以“完全的两岸经济一体化”形式走向两岸经济社会的全面统一。

第六章　两岸经济制度性合作与一体化的机制和模式研究

区域一体化的机制与模式是指在一体化过程中所建立起来的管理一体化活动的各种组织机构、规范一体化活动的各种规则章程，以及处理一体化问题（反映、议决、执行）的各种程序体制，甚至包括在一体化进程中形成的各种习惯、观念和认同（陈玉刚，2001）。两岸经济制度性合作与一体化因两岸关系的特殊性需要探讨其适宜的机制与模式安排。本章借鉴区域合作与一体化机制和模式的理论思想与实践经验，并主要基于两岸特殊的政治经济关系、合作与一体化的法律性质定位和可能的发展进程，探讨两岸经济制度性合作与一体化的原则与模式问题。第一节根据 WTO 下两岸经济制度性合作与一体化的法律性质定位，并借鉴实践中国际区域合作与一体化机制与模式安排的一般原则，探讨两岸经济制度性合作与一体化应遵循的基本原则；在此基础上，第二节着眼于两岸经济制度性合作与一体化的特殊性与阶段性，对国际区域合作与一体化实践中的各种法律机制与模式的适应性与适用性进行比较分析，进而，基于两岸经济制度性合作与一体化的可能进程，提出两岸经济制度性合作与一体化的机制与模式安排建议；最后，在第三节对本章的研究做简要总结。

第一节　两岸经济制度性合作与一体化机制及模式安排的原则探讨

实践中的区域合作与一体化是依据一定法律准则或原则而建立和运行的。也就是说，区域合作与一体化机制与模式安排需要遵循一定的基本原则。因此，在探讨两岸经济制度性合作与一体化机制与模式安排之前，有必要阐明建立两岸经济制度性合作与一体化机制与模式应遵循的基本原则问题①。

一、确立两岸经济制度性合作与一体化机制与模式原则的依据

两岸经济制度性合作与一体化倡议提出以来，两岸经济制度性合作与一体化的机制与模式问题，就因两岸关系问题的特殊性成为了一个广为关注的议题，并处在了广泛的争论之中。总体上主要有三种主张：

其一是以台湾方面人士为代表的国际区域合作与一体化模式论者，主张两岸经济制度性合作与一体化的机制与模式效法欧洲联盟的精神，体现主权对等原则，在从模式的设定到发展的目标，都企图将两岸关系纳入实质的“两个中国”或“一边一国”框架内，达到从经济合作、经济主权的共享扩大到政治主权的共享的目的（参见邓利娟，2001）。

其二是关于条件与可行性研究部分（第四章第二节）中提及的“国内经贸关系论”者希望以所谓国内经贸关系规范两岸经济制度性合作与一体化安排的主张，完全排除在两岸间建立任何形式的由两岸政治层面共同参与的组织管理机构（参见朱兆敏，2003）。

其三是包括笔者在内的一些学者认为，WTO下两岸经济制度性合作与一体化机制与模式安排，一方面应遵守WTO的有关规范，而另一方面，由于特殊的两岸政治关系而不能全盘照搬国际区域经济合作与一体化的现成机制与模式，而只能在有所借鉴的基础上，考虑WTO框架的相关要求与特殊的两岸政治关系，基于两岸经济制度性合作与一体化发展进程的需要，建立一套适合海峡两岸特定情况的机制与模式（参见曹小衡、2001；陈向聪，2002；莫世健，2002；李非，2004、2005；唐永红，2004、2005a、2006b）。

区域合作与一体化机制与模式安排选择，一方面取决于特定的合作与一体化发展程度，另一方面也取决于合作与一体化各成员之间的特定关系。明确地说，笔者认为，特定的合作与一体化发展程度仍然是实践中两岸经济制度性合作与一体化机制与模式性质的一个主要决定因素，而WTO下两岸经济制度性合作与一体化的法律性质定位，乃是确立实践中两岸经济制度性合

① 本节的研究成果已在学术刊物与研讨会上正式发表，参见唐永红（2006b）。

作与一体化机制与模式原则的根本依据；较之于国际区域经济合作与一体化，两岸经济制度性合作与一体化机制与模式安排既应有其共性的一面，也应有其特殊的一面。

首先，WTO下两岸经济制度性合作与一体化的法律性质定位，乃是确立实践中两岸经济制度性合作与一体化机制与模式原则的根本依据。

关于条件与可行性研究部分（第四章第二节）研究表明，由于两岸加入WTO的身份资格不同，大陆是以中国这一主权国家的身份资格、台湾是以作为中国的一个单独关税区的资格加入WTO的，WTO下两岸经济制度性合作与一体化，本质上是同一主权国家内部不同关税区作为WTO平等成员方之间的经济合作与一体化安排，换言之，是同为WTO成员方的中国国家主体与其单独关税区之间的合作与一体化安排，而不是通常意义中的主权国家之间的经济合作与一体化安排。WTO下两岸经济制度性合作与一体化的这一法律性质定位，对确立WTO下两岸经济制度性合作与一体化机制与模式安排的原则有着明确的含义，或者说，对WTO下两岸经济制度性合作与一体化机制与模式安排有着明确的规范：既要体现两岸经济体作为WTO平等成员方之间的经贸关系，又不得突破两岸同属一个中国的国家主权架构。显然，这既排除了“国内经贸关系论”者希望以所谓国内经贸关系规范两岸经济制度性合作与一体化安排的可能性，也从根本上否定了“泛国际化论”者以所谓国际区域合作与一体化模式规范两岸经济制度性合作与一体化的主张。前者显然意味着两岸经济制度性合作与一体化机制与模式安排应遵守WTO相关规则，而后者则意味着两岸经济制度性合作与一体化机制与模式安排需要防止任何过分强调主权对等原则以图将两岸在WTO下的平等经贸主体关系上升到国际社会的平等政治主体关系、将两岸关系纳入实质的“两个中国”或“一边一国”框架内的做法。

其次，特定的合作与一体化发展程度仍然是实践中两岸经济制度性合作与一体化机制与模式性质的一个主要决定因素。

区域合作与一体化理论与实践表明，尽管实践中合作与一体化的机制与模式从本质上看仍然是政府间性质的，受成员方利益所决定，作为成员方利益的最小公分母，是主导与控制合作与一体化进程的成员方政府之间讨价还价的结果，但合作与一体化的机制与模式可以是政府间性质的，也可以是超国家性质的，或者是两者兼聚的，这主要取决于特定的合作与一体化发展程度，并且本身就是合作与一体化发展程度的一种体现。WTO 下两岸经济制度性合作与一体化虽有其如上所述的特殊性一面，但在合作与一体化的发展进程方面也仍会体现作为合作与一体化深化发展规律的共性。相应地，实践中两岸经济制度性合作与一体化机制与模式也有随着合作与一体化发展程度的深化适时调整的内在要求。当然，如上所述，实践中两岸经济制度性合作与一体化机制与模式的这种调整与安排无疑应受到两岸同属一个中国的国家主权架构的约束。

显然，探讨在一个中国的国家主权架构约束下的、适应合作与一体化深化发展要求的并符合 WTO 规则的两岸经济制度性合作与一体化机制与模式安排选择的空间，正是研究工作需要努力的方向。这里先提出并阐明在这三者构成的约束空间中进行机制与模式安排选择时应遵循的一套基本原则。下一节进一步探讨实践中遵循这些基本原则的两岸经济制度性合作与一体化机制与模式的具体安排选择问题。

二、两岸经济制度性合作与一体化机制与模式安排的基本原则

根据上述 WTO 下两岸经济制度性合作与一体化的法律性质定位及其对两岸经济制度性合作与一体化机制与模式安排的明确规范，并借鉴实践中国际区域合作与一体化法律机制与模式安排的一般原则，笔者认为，建立两岸经济制度性合作与一体化机制与模式应遵循以下基本原则：

其一，一个中国原则。

两岸经济制度性合作与一体化本质上是同一主权国家内部不同关税区之间的经济合作与一体化安排，是中国国家主体与台湾单独关税区之间的合作与一体化安排，而不是通常意义中的主权国家之间的经济合作与一体化安排。而台湾方面至今尚未明确承认大陆与台湾同属一个主权国家（更不要说一个中国）。经济一体化也并不必然导致国家统一。因此，两岸经济制度性合作与一体化的机制与模式安排首先必须坚持“两岸同属一个国家”（简称“两岸一国”）甚至“两岸同属一个中国”（简称“两岸一中”）的原则，必须在“两岸一国”甚至“两岸一中”的国家主权架构下进行。实践中，

这一原则的具体含义有四：一是虑及经济一体化政治效应的有限性①及其在“以经促政”、“以经促统”方面的政治筹码作用②，只有在“两岸一中”或至少“两岸一国”成为两岸的共识的前提下，才能通过两岸平等协商谈判，启动全面性的两岸经济制度性合作与一体化。二是实践中应将一个中国原则作为两岸经济制度性合作与一体化的政治共识与前提写进有关协议中，并迫使台湾按照加入WTO时所采用的单独关税区角色与身份与大陆方面签订有关协议。三是至少在“两岸一中”或至少“两岸一国”成为两岸共识之前，在两岸经济制度性合作与一体化的机制与模式安排中，必须排除由两岸首脑会议作为合作与一体化的最高决策机构、由两岸最高领导人直接谈判解决问题的可能性。但这并不排除在“两岸一中”（或至少“两岸一国”）与和平统一成为两岸共识之后，根据合作与一体化发展进程的客观要求与两岸政治关系向国家统一目标发展的现实需要，建立两岸首脑会议机制甚至某种“超国家性”机构的可能性。四是没有作为主权国家代表的中国中央政府的授权或许可，台湾不能够与任何WTO成员建立经济合作与一体化安排和相

---

① 根据新功能主义与新自由主义理论，经济一体化及紧密的经贸联系的确会有助于成员间的和平发展，并推进一定位阶层面的政治一体化。但基于国际现实主义观点与一体化国际实践观察，那种认为两岸经济一体化必然导致两岸统一的观点显然是出于理想主义者简单化思维逻辑，是幼稚且错误的。毕竟一体化的内在的外溢逻辑与进程，深深地受制于作为推动一体化的宏观主体主权让渡与共享的意愿与可能性。欧洲联盟可谓是目前国际一体化实践中一体化程度最高的区域组织，但其联邦制性质的“超国家”机构不仅其建立本身是其成员方授权的结果，而且其目前所起的作用相对于其成员主权作用而言是相当微弱的，各成员国家主权不仅依然存在，而且在国际社会中发挥着绝对权威与强势的作用。

② 鉴于两岸关系的现实与特殊性，考虑到经济关系与政治关系的互动性、经济关系促进政治关系特别是国家统一作用的有限性，新形势下大陆的两岸经贸关系战略安排，不仅应以两岸和平发展而且还应以两岸和平统一为目标与宗旨，应继续实践“以经促政”、“以经促统”的做法，促进两岸通过和平发展导向和平统一。在两岸经济制度性合作与一体化安排方面，鉴于台湾经济发展更需要此一安排，而台湾方面目前又尚未明确承认大陆与台湾同属一个主权国家，又鉴于这种制度性安排并非作为WTO成员之义务，而是双方自主自愿的合作行为，更鉴于经济一体化并不必然导致国家统一，大陆应继续采取“以经促政”、“以经促统”的做法。即：只有在台湾方面承认“两岸一中”（或至少“两岸一国”）的政治前提，并同意将其写进制度性经济合作与一体化协议之中的条件下，才可签订并实施这种协议。这样，既可以达到“以经促政”、“以经促统”的目的，又可以在台湾政党轮替时是否继续执行这种协议问题上保持主动性。事实上，新形势下大陆在对台经贸工作中可以而且有条件实践“以经促政”、“以经促统”的做法。两岸经济体在发展层面形成的众所周知的不对称性依赖：台湾经济体对两岸经贸往来的依赖程度明显高于大陆经济体，为大陆实践“以经促政”、“以经促统”奠定了经济基础与筹码条件。

应的经济组织。这样，既可以避免陷入“两个中国”或“一边一国”的政治陷阱，防止被“台独”势力滥用而成为台湾取得“独立国体”资格的证据，又可以达到“以经促政”、“以经促统”的目的，还可以在台湾政党轮替时是否继续执行这种协议问题上保持主动性。

其二，平等互利原则。

在上述一个中国原则下，具有各自关税领土、同是 WTO 成员方的两岸经济体在合作与一体化过程中的关贸地位应是平等的，两岸经济交流、合作与一体化安排应是互利的。两岸经济交流、合作与一体化安排本身不决定两岸之间的政治地位问题。在合作与一体化过程中，两岸都以 WTO 成员身份平等互利地进行经贸合作。上述一个中国原则与平等互利原则显然是决定两岸经济制度性合作与一体化的机制与模式设置的两个主要因素。根据一个中国原则与平等互利原则，可以由各方参加 WTO 会议的部长级首脑组成的“部长会议”作为两岸经济制度性合作与一体化安排的最高决策机构，以协商一致方式决定两岸经济交流、合作与一体化安排。

其三，政经暂时分离最终结合原则。

虽然政治与经济之间、政治关系与经济关系之间具有相互作用的互动关系，但经济活动有着自身内在规律，并在长期上对政治关系问题起着决定性作用。而进一步发展两岸经贸关系是客观趋势所致，海峡两岸有关方面应就建立两岸经济合作机制问题积极地交换意见。鉴于即便在“两岸一中”或“两岸一国”成为两岸共识的条件下两岸在短期内也难以就两岸统一问题达成共识，两岸经济制度性合作与一体化安排可以在两岸都坚持“两岸一中”（或至少“两岸一国”）与和平统一的立场下，采用经济合作与政治合作暂时分离最终结合的原则。虽然两岸经济制度性合作与一体化未必一定导致两岸统一，但两岸之间经济交流与联系的不断加强，特别是两岸在渐进的交流与合作中获益的增进与经济合作与一体化程度的不断提高，将会有助于两岸政治互信与共识的建立与累积，为消减两岸之间的政治分歧、最终实现两岸和平统一构筑必要的经济、社会和政治基础与动力。在“两岸一中”（或至少“两岸一国”）与和平统一共识立场下，坚持政经暂时分离最终结合原则，意味着两岸经济制度性合作与一体化的机制与模式可以根据合作与一体化发展进程的需要有着从“政府间性质的”到“超国家性质的”较大的选择空间。

其四，灵活简便与循序渐进原则。

理论上，区域合作与一体化的机制与模式可以是政府间性质的，也可以是超国家性质的，或者是两者兼聚的，这主要取决于特定的合作与一体化发展程度，并且本身就是合作与一体化发展程度的一种体现。实践中，区域合作与一体化是一个在政府控制下的循序渐进的外溢过程，具有一定的路径依赖性；基于现实的和可以预期的两岸政治经济关系发展态势，两岸经济制度性合作与一体化也必将呈现为一个渐进发展的过程。两岸经济制度性合作与一体化机制与模式的选择与定位，应坚持灵活简便与循序渐进原则，根据不同的阶段选择相应的机制与模式。鉴于两岸在当前缺乏足够的政治互信基础，难以就“两岸一中”问题达成共识；预计在可预见的将来也难以就两岸如何统一问题达成共识，两岸经济制度性合作与一体化的机制性安排，在坚持上述政经暂时分离最终结合的原则基础上，应当基于两岸政治经济关系发展的形势、需要与可能，采取灵活简便的方式，自解决紧迫问题着手，可以从易到难，从简到繁，由民间到官方，由非正式到正式，从松散到紧密，循序渐进地进行。

其五，符合 WTO 规则原则。

两岸经济体都已是 WTO 成员方，WTO 下两岸经济交流、合作与一体化方式安排自然应遵守 WTO 的法律原则和有关规定。多年来，台湾当局禁止或限制两岸进行直接的贸易、投资与航运，并对与大陆交往设立种种限制，拒绝给予大陆最惠国待遇和国民待遇，从而造成对大陆公司和居民的歧视，并使两岸经贸交流长期处于局部、间接、单向状态，严重阻碍了两岸经济互补性优势的充分发挥。WTO 下两岸经济制度性合作与一体化过程中，台湾当局更有义务遵守 WTO 非歧视规则，调整其大陆经贸政策，按照对 WTO 的承诺开放市场，给予大陆最惠国待遇和国民待遇。此外，坚持符合 WTO 规则原则还要求遵照 WTO 的“一体化例外”规定建立两岸经济制度性合作与一体化协定，并对之进行组织管理。例如，根据 WTO 关于区域贸易协议的规定，向 WTO 的“区域贸易协定委员会”提交相关的文件，履行通知义务，接受相关审议。

综上所述，WTO 下两岸经济制度性合作与一体化的法律定位与依据对两岸经济制度性合作与一体化机制与模式安排有着明确的规范性意义，实践中两岸经济制度性合作与一体化机制与模式安排选择，应在WTO规则、一个中国的国家主权架构、合作与一体化深化发展要求三者构成的约束空间中进行，并应遵循一套基本原则。

第二节 两岸经济制度性合作与一体化机制及模式实践的选择探讨

上节阐明了建立两岸经济制度性合作与一体化机制与模式应遵循的基本原则。在此基础上，本节着眼于两岸经济制度性合作与一体化的特殊性与阶段性，比较研究国际区域经济合作与一体化实践中的各种法律机制与模式的适应性与适用性，进而，基于合作与一体化的可能进程，提出遵循上述基本原则的两岸经济制度性合作与一体化的机制与模式安排建议。

一、区域经济制度性合作与一体化法律机制与模式实践的比较

区域合作与一体化组织是依据一定法律准则或原则而建立和运行的。由于具体情形的差异，特别是合作与一体化发展程度的不同，区域经济合作与一体化国际实践中的法律机制与模式安排也各不相同。这些有着各自特点的不同的机制与模式，显然不能照搬于同样有其自身特殊性的两岸经济制度性合作与一体化安排，但无疑有着一定的借鉴意义。

（一）欧洲联盟法律机制与模式及其借鉴意义

1. 欧洲联盟法律机制与模式

众所周知，目前的欧洲联盟（European Union，EU）是由创立于1958年的欧洲经济共同体发展演变而来的，经由关税同盟、共同市场、经济与货币联盟，现在已经发展成为有着25个成员国的具有一定联邦性质的经济、政治、军事组织。根据1991年12月签订的旨在欧洲共同体基础上建立欧洲经济与货币联盟与欧洲政治联盟（统称为欧洲联盟）的《欧洲联盟条约》（又称《马斯特里赫特条约》），"共同外交与安全政策"、"司法与国内事务领域的合作"与欧洲共同体一起成为欧盟的三大支柱。现在的欧盟已不仅限于成员之间的经济合作与一体化，还包括成员之间政治和军事上的部分合

作。在加强司法与内政合作方面，不仅制定了共同移民与避难政策，决定建立“欧盟边境事务管理署”，而且积极推进机构改革，签署了首部《欧盟宪法条约》，为欧盟的有效运作与欧洲一体化深化发展奠定了基础，使得欧盟政治体系极有可能成为未来欧洲联邦的中央系统。在共同外交与安全方面也取得了突破性进展，出台了欧盟历史上首份《欧洲安全战略》，初步建成欧洲快速反应部队和欧洲警察部队。在对外关系方面，欧盟不仅在许多国际经济贸易场合以其自身名义进行活动，而且与世界大多数国家建立了外交关系，并缔结了贸易协定、经贸合作协定、伙伴合作协定或联系协定，并与一些地区性组织建立了比较密切的联系。可以说，现在的欧盟已经成为一个行使有限国家权力、拥有部分国家特征的经济与政治联合体，并将继续以渐进的方式趋向建立一个经济、政治高度整合的联邦，实现其政治联盟的目标。

从管理机制与模式看，欧盟是一个典型的机制化的国际区域合作与一体化组织，是在一系列机构的管理下运行的。欧盟的法律模式的主要特点就是建立了类似联邦制的超国家机构。欧盟的主要机构包括欧盟理事会（决策机构）、欧洲委员会（常设执行机构）、欧洲议会（监督、咨询机构）、欧洲法院（司法仲裁机构）、欧洲审计院、经社委员会和地区委员会（咨询机构）以及欧洲中央银行等机构①。这些机构的权力由欧盟成员签订的《欧洲联盟条约》和《欧洲共同体条约》赋予和限定。由于这类凌驾在欧盟成员国之上的联邦性机构的存在，一方面使得一些关于成员国共同利益的特定事项可以在欧盟层面以民主方式决定，另一方面，使得欧盟在许多国际事务特别是国际经贸事务中取得了国际法所承认的“主体资格”。因此，欧盟可以被视为一种联邦式的一体化机制与模式安排。

值得关注的是，欧盟25个成员国的领导人2004年10月29日在罗马签署的虽尚未生效的《欧盟宪法条约》对于欧盟法律机制与模式的改革及其影响。《欧盟宪法条约》提出：①设立欧洲理事会主席和欧盟外交部长，组建欧盟外交部，以保持欧盟工作的连续性。欧洲理事会主席的主要职能是为欧盟首脑会议做准备，并主持首脑会议。主席由欧洲理事会（由各成员国国家元首或政府首脑、欧洲理事会主席、欧盟委员会主席和欧盟外长组成，

---

① 关于欧洲联盟的详细情况参见其欧盟官方网站 http：//europa. eu/index _ en. htm。

后三者没有表决权）以有效多数表决方式选举产生，任期为两年半，可连选连任一次，主席不能同时在成员国任职。欧盟外交部长由欧洲理事会以有效多数表决方式选举产生，主要负责欧盟共同外交与安全政策，同时也是欧盟委员会副主席。②改革欧盟委员会，扩大欧洲议会的权力。宪法条约规定，条约生效后产生的第一届欧盟委员会仍然实行现行的一个成员国一名委员的制度。从第二届起，欧盟委员会委员的人数将是欧盟成员国数目的三分之二，由各成员国轮流提名。宪法条约增加了欧洲议会同欧盟部长理事会在立法和预算方面进行“共同决策”的领域，赋予欧洲议会在欧洲理事会提名的前提下选举欧盟委员会主席的权力。为保障人口少的成员国的权益，条约规定欧洲议会的议员人数不能超过 750 名，每个成员国至少拥有 6 个名额，最多不能超过 96 个名额。③改革欧盟理事会和欧盟部长理事会的表决机制。除特别规定外，欧盟理事会和欧盟部长理事会均以“有效多数表决机制”进行决策，即通过决定只需得到 55% 的理事会成员（这些成员须来自至少 15 个成员国并代表 65% 以上的欧盟人口）的赞同。但是，如果要否决欧盟委员会或欧盟外交部长的提案，则需要有 72% 的理事会成员（代表 65% 以上的欧盟人口）的反对。④要求欧盟成员国必须尽其所有的军事和民用能力用于欧盟共同防务政策的实施，最终目标是发展欧盟共同防务。条约规定，一旦某一个成员国受到外来侵略或恐怖袭击，其他成员国必须提供一切资源进行援助，包括军事资源。《欧盟宪法条约》的上述主要内容表明，欧盟正在积极推进机构改革，以保证欧盟的有效运作与欧洲一体化深化发展，使得欧盟政治体系极有可能成为未来欧洲联邦的中央系统。

2. 欧洲联盟法律机制与模式的借鉴意义

欧洲联盟的发展历程不仅表明区域合作与一体化的渐进性质，而且显示了经济一体化的政治效应以及从经济合作与一体化迈向政治合作与一体化的可能性。这显然对两岸关系问题的和平解决以及两岸经济制度性合作与一体化安排与发展有着一定的启示意义。

总体而言，由于在“两岸一中”（或至少“两岸一国”）与和平统一成为两岸共识之前，两岸没有进行政治性谈判的基础，为防止台湾当局利用这种机制与模式作为取得独立国体资格的证明，欧盟这种高度一体化、具有联邦性质的法律机制与模式，特别是其首脑会议与欧洲议会，在“两岸一中”

（或至少“两岸一国”）与和平统一成为两岸共识之前显然不适合也无法应用于两岸经济制度性合作与一体化问题；而且，即便在“两岸一中”（或至少“两岸一国”）与和平统一成为两岸共识之后，从经济层面看，在两岸经济制度性合作与一体化达到经济与货币联盟之前，这种机制与模式安排也没有多大的必要性。欧洲法院可以对涉及欧盟条约与法规的案件直接审判，有凌驾于成员国法院之上的态势。因两岸合作与一体化的初期发展阶段（如自由贸易区）的一体化程度将远远低于欧盟，欧洲法院体制不适合初期发展阶段的两岸经济制度性合作与一体化的性质。

但是，另一方面，欧盟法律机制与模式也有其借鉴价值。欧盟的部长会议机制是WTO多边贸易体制与所有区域经济合作与一体化安排所共有的机制，两岸经济制度性合作与一体化也应当根据平等互利原则，设立类似的部长会议机制，并以协商一致方式决定合作与一体化的各项基本法律与政策。作为执行机构的欧洲委员会机制也可借鉴于两岸经济制度性合作与一体化的相应安排，但也应遵循平等互利原则，双方以同等数量的委员组成委员会，并以协商一致方式进行集体决策。两岸合作与一体化即便不需要审计院、经济与社会委员会、地区委员会这些机构，但却需要类似的功能与机制安排。一个结合欧洲中央银行与欧洲投资银行两者的部分特点的独立金融机构，显然有利于促进两岸经济制度性合作与一体化的深化发展与货币联盟的形成。此外，随着两岸合作与一体化程度的增强，建立类似欧洲法院体制的两岸一体化法院将有其必要性。特别地，当“两岸一中”（或至少“两岸一国”）与和平统一成为两岸共识，根据合作与一体化发展进程的客观要求与两岸政治关系向国家统一目标发展的现实需要，有着建立两岸首脑会议机制甚至某种“超国家性”机构的可能性的时候，欧盟的整套法律机制与模式无疑将会贡献其更大的启示意义与借鉴价值。

（二）北美自由贸易区法律机制与模式及其借鉴意义

1. 北美自由贸易区法律机制与模式

由美国、加拿大和墨西哥三国于1994年建立的北美自由贸易区（NAFTA）①，

① 关于北美自由贸易区的详细情况参见其秘书处官方网站 http：//www. nafta-sec-alena. org/DefaultSite/index _ e. aspx。

采取了与欧盟完全不同的法律机制与模式。如上所述，欧盟是一个有着严密机构的组织，设立有议会、法院和联邦式的行政机关，具有国际法主体资格，可以从事国际活动。而北美自由贸易区主要凭借一套为建立和管理自由贸易区而达成的法律规则，不能作为国际经贸活动或国际经济法的主体。实际上，北美自由贸易区不是一个传统概念式的“区域经济组织”，而是一种由条约规定的政府间合作方式，在它之上没有一个行使一定国家权利、拥有部分国家特征的经济和政治的实体。许多与自由贸易区有关的事务及各方义务都已经由《北美自由贸易协定》作出详细规定。在北美自由贸易区中只有北美自由贸易委员会和北美自由贸易区秘书处两个行政管理机构。

按照《北美自由贸易协定》第2001条规定建立的三边自由贸易委员会是北美自由贸易区的最高权力机构。委员会由美国、加拿大、墨西哥三方部长代表或由部长授权的代表组成，每年至少举行一次会议。委员会的主要职责是解释、执行《北美自由贸易协定》，建立和监督秘书处的工作，监督自由贸易区内各种功能性委员会的工作，定期评审三国之间的贸易关系，讨论与《北美自由贸易协定》有关的任何问题。可见，北美自由贸易委员会与欧盟的部长会议性质相似，在自由贸易区内拥有最高权力。

作为常设机构的北美自由贸易区秘书处，实际上是北美自由贸易委员会负责建立和监督的三个分处美国、加拿大、墨西哥三国的单边性质的国家级秘书处。北美自由贸易区三个单边性质的秘书处，基于《北美自由贸易协定》的严密性，虽然分处三国，却有着对应一致的组织结构，并能按照《北美自由贸易协定》的有关条款规定，协调一致地履行《北美自由贸易协定》赋予的职责。根据《北美自由贸易协定》，秘书处的职责是协助北美自由贸易委员会及各种功能性委员会执行《北美自由贸易协定》的条款，特别是负责管理与执行《北美自由贸易协定》的争端解决规则，解决《北美自由贸易协定》有关的争议。

事实上，《北美自由贸易协定》第20章规定了北美自由贸易区的争端解决机制。这一争端解决机制用于避免和解决缔约方之间就协定的解释和适用产生的争端和一缔约方认为另一缔约方已经或拟采取的措施违背了其在协定项下的义务，或导致协定无效或协定项下的利益受到侵害所产生的争端，但因反倾销税和反补贴税引起的争端和协定其他章节规定的争端除外。原则上，就《北美自由贸易协定》、《WTO 协定》及其随后的协定以及由此签订的任何协定引起的争端，缔约方可自行选择《WTO 协定》的争端解决机制和《北美自由贸易协定》的争端解决机制。如果双方不能就此达成一致意见，通常应采用《北美自由贸易协定》的争端解决机制。如果两种争端解决程序都已经开始，缔约方应协商选择最终适用何种程序，除非被诉缔约方提出按照《北美自由贸易协定》的争端解决程序解决争端的要求。

2. 北美自由贸易区法律机制与模式的借鉴意义

北美自由贸易区委员会是自由贸易区阶段的两岸经济制度性合作与一体化可以考虑借鉴的机制与模式，因为双方派遣的代表层次较低，可以避免一些政治上的不便，尤其是使台湾当局无法利用这一机制与模式来凸显其所谓“国家地位”，从而有利于维护一个中国的原则。但是，当合作与一体化进程超越自由贸易或关税同盟后，固守北美自由贸易区委员会这种机制与模式显然将难以应对合作与一体化进程中的各种问题，难以适应合作与一体化发展的需要。

北美自由贸易区秘书处实质上没有总部，这种分处三国的单边性质的秘书处不适合两岸情形，因为北美自由贸易区这种较为松散的行政执行机制是以它拥有一系列的严密的条约和协定为基础的，而反观两岸情形，政治对话至今不能开启，经济协商仍局限在民间层次或半官方层次上，而两岸法规政策差异较大，一旦要筹划建立自由贸易区，各方面的工作非常繁杂，要克服的障碍也很多，如果没有统一的秘书处来解决障碍与纠纷，两岸自由贸易区的建立和运行显然难以进行。

（三）东盟一体化法律机制与模式及其借鉴意义

1. 东盟一体化法律机制与模式

东南亚国家联盟（ASEAN）简称东盟①，最初是由印度尼西亚、马来西亚、泰国、新加坡和菲律宾 5 国根据《东南亚国家联盟宣言》于 1967 年建立的。维护地区稳定与和平是其设立主要目的之一。随着国际政治经济形势的变化发展和文莱、越南、老挝、缅甸、柬埔寨先后加入，经过 30 多年的发展，现在的东盟已发展成为一个包括东南亚地区 10 国在内的地区性国

① 关于东盟的详细情况参见东盟秘书处官方网站 http：//www. aseansec. org/。

际组织，成为当今世界多极化进程中一支十分重要的力量，在维护地区稳定与安全，促进区域政治、经济、文化、社会和军事合作，推动亚太地区一体化等方面发挥着越来越重要的作用。近年来，特别是在 WTO 建立后，东盟国家间开始加强经济合作与一体化进程，期望能够如欧盟般形成地区性的经济联盟或力量。作为应对世界经济形势变化与成员国实际情况的一种手段，经过10 年准备的东盟自由贸易区（ASEAN Free Trade Area，AFTA）于2002 年元旦正式启动，象征着东南亚经济发展的一个里程碑，成为东盟发展进程中的重要分水岭。

东盟自由贸易区在其酝酿发展过程中，基于各国在民族、文化、宗教、意识形态的多元化，在发展道路、政治经济体制、经济发展水平等方面的差异性，以及东盟自身市场规模相对狭小的现实，形成了自己独特的发展模式：不干涉内政、协商一致的松散机制和地区开放主义的统一市场。与欧盟相比，东盟自由贸易区甚至东盟本身没有建立起欧盟那种具有准联邦性质的组织机制，不存在一个独立的、超国家的机构，而只是一种松散的地区性国际组织，强调成员国之间就各种互相关心的问题进行积极广泛的协商，并为成员国就相关问题进行协商提供一个机制性的平台。由于缺乏强有力的执行机制，东盟国家间的合作，在很大程度上依靠各成员国的配合和对义务的自觉履行。

具体说来，东盟的主要组织机构包括东盟首脑会议、外长会议、常务委员会、各种类型的部长会议、各种功能性委员会和东盟秘书处。东盟首脑会议是东盟的最高决策机构，是东盟各国商讨区域合作大计的最主要机制，2001 年以来每年举行一次，主席由成员国轮流担任。各国首脑有权代表各成员国讨论和决定任何与东盟有关的问题，或签订新的宣言和协议。东盟外长会议是制定东盟基本政策的机构，由东盟成员国外长组成，每年轮流在成员国举行。东盟常务委员会是东盟最高一级的执行机构（常设职能委员会、特别委员会、东盟秘书处名义上都要接受它的领导，而且常务委员会的主席还要充当东盟的政治发言人），负责讨论东盟外交政策及落实具体合作项目，负责处理外长会议休会期间的日常工作及每年外长会议的议程，并有权解决那些不能留待外长会议来解决的问题。常务委员会由主办国外长（任常务委员会主席）、其他成员国驻东道国的大使及东盟秘书处秘书长组成，一年内大约召开 6 次会议，向外长会议提交年度工作报告，供外长会议审查，负责收集下级机构的报告和建议，转交外长会议讨论和研究。东盟部长会议是协调东盟各国在特定领域合作的重要机制。其中主要的是财长会议、农业部长会议、能源部长会议和环保部长会议等。这些各式各样的部长会议每年举行一次。东盟秘书处是常设的行政管理机构，负责东盟的日常事务工作，并协调各种会议和功能性组织的活动。此外，东盟还有许多功能性的委员会和组织。

就东盟自由贸易区的建立和管理而言，根据 1993 年生效的《共同有效优惠关税协定》实施共同有效优惠关税（CEPT）计划是主要的保障机制。其他推动机制包括东盟产业合作的关税优惠、对知识权保护的框架协定和有关服务贸易的补充框架协定等。具体实施机构是东盟自由贸易区理事会（AFTA Council），该理事会由东盟成员国的经济部长和东盟秘书长组成，其任务在于监督、协调及审核 CEPT 等计划和协定的实施。在东盟自由贸易区，不仅不存在一个独立的、超国家的机构，而且没有设立专门负责审议和处理法律问题和通过司法手段解决成员国争端的司法机构，也没有经过正式任命的专家小组。自由贸易区的决议由各国首脑在年度会议上作出。争端的解决主要靠双边的谈判，“高级经济官员会议”是解决谈判僵局的一个途径。东盟成员的经济部长会议是最终的仲裁者。

2. 东盟一体化法律机制与模式的借鉴意义

东盟国家首脑会议模式至少在“两岸一中”（或至少“两岸一国”）与和平统一成为两岸共识之前显然不适合也无法应用于两岸合作与一体化问题，因为中国中央政府首脑不可能与任何谋求“台独”的台湾当局的地方首脑进行所谓“对等”协商，签订宣言和协议。但东盟的协商一致原则和部长级会议协商机制是可以为两岸一体化机制与模式所借鉴的。在“两岸一中”（或至少“两岸一国”）与和平统一成为两岸共识之后，视两岸合作与一体化进程的需要，可根据政经暂时分离最终结合原则对首脑会议模式加以改造后运用（例如可以考虑以两岸执政党首脑会议代替之）。但东盟那种繁杂的部长会议从效率和实用角度看对合作与一体化程度不同的各个发展阶段未必完全必要。例如，在两岸自由贸易区阶段，就不应当建立东盟或欧盟那样的过于复杂庞大的管理体制。事实上，如前所述，合作与一体化的机制与模式应随合作与一体化发展进程适时调整，以适应合作与一体化的深化发展需要。此外，东盟秘书处性质的日常行政管理机制对两岸合作与一体化显然也有其借鉴价值。

(四) 亚太经济合作组织法律机制与模式及其借鉴意义

1. 亚太经济合作组织法律机制与模式

亚太经济合作组织（APEC）是继欧洲联盟和北美自由贸易区之后出现的又一大区域经济组织①。但亚太经济合作组织采用一种有别于国际上任何区域经济集团的独特的运作方式，在组织形式、磋商机制和合作内容等方面，与欧洲联盟和北美自由贸易区以及东盟自由贸易区等传统的区域经济合作组织有着很大的不同。亚太经济合作组织作为一种新型的区域经济合作的组织形式，其特点在于：承认多样性，强调灵活性、渐进性和开放性；遵循相互尊重、平等互利、协商一致、自主自愿的原则；单边行动和集体行动相结合，在集体制定的共同目标指引下，亚太经济合作组织各成员根据各自不同的情况，做出自己的承诺与努力。这些原则和做法既符合时代潮流，也符合亚太地区实际，照顾了合作伙伴不同的经济发展水平和承受能力，使它们不同的权益和要求得到较好的平衡。

在协商与运作机制模式方面，亚太经济合作组织为实现贸易和投资自由化目标，采取了四个不同层次的而且独特的协商机制：亚太经济合作组织领导人非正式会议、部长级会议、高官会、各委员会和工作组。领导人非正式会议是亚太经济合作组织最高层次的会议，由主权国家或政府的首脑、地区经济体（如中国香港、中国台湾）主管经济的官员参加，每年举行一次会议。会议以领导人的“承诺”方式通过宣言，而不需签署正式协定。部长级会议由各成员的外交部长和经贸部长参加，每年举行一次并发表联合声明。会议的主要内容是确定亚太经济合作组织发展方向和合作内容框架。高官会作为常设机构，是负责亚太经济合作组织日常活动的最高机构，每年举行3~4次会议。各委员会和工作组负责亚太经济合作组织具体领域的工作。

在争端解决机制方面，亚太经济合作组织的争端解决机制是非强制性机制的组成部分，是一种建立在完全自愿基础上，以协商对话的方式解决贸易

① 关于亚太经济合作组织的详细情况参见其官方网站 http：//www.apec.org/。

和投资自由化的分歧，反对单方面的制裁和威胁的仲裁、调解和协商机制。在亚太经济合作组织的宣言中没有规定争端解决机制的设立、机构和运行方式，成员也并没有直接赋予亚太经济合作组织解决彼此之间的经济冲突的权力。

可见，亚太经济合作组织是一种比较松散的或者说是非正式的经济合作组织形式，有最终目标但没有严密的行动计划；成员自主承诺，自主执行，但没有完善有效的监督与约束机制，没有强制性的法律约束力。

2. 亚太经济合作组织法律机制与模式的借鉴意义

鉴于两岸同为亚太经济合作组织成员（1991 年中国以主权国家的身份资格加入，香港、台湾以地区经济体资格分别以中国香港、中国台北的名义加入），亚太经济合作组织的协商一致、自主自愿的基本原则及其协商机制安排，显然值得两岸经济制度性合作与一体化实践借鉴。但是，亚太经济合作组织的实践模式不仅如上所述没有完善有效的监督与约束机制，没有强制性的法律约束力，而且其符合 WTO 无歧视原则的开放性地区主义方式有其难以克服的内在缺陷或局限性，即成员间的经贸自由化步伐、合作与一体化程度不仅取决于成员自身经济条件，而且必须考虑非成员“搭便车”行为——非成员的商品与要素可以如同成员商品与要素进入区域内部市场分享成员间市场开放与一体化的成果——对成员承受力的影响，从而难免成员间经贸自由化、合作与一体化步伐缓慢的问题，当然也难以实现传统封闭性一体化方式能够实现的特殊目的与利益。因此，亚太经济合作组织方式主要较适用于两岸经贸关系正常化阶段和两岸经济制度性合作的初级阶段。

二、两岸经济制度性合作与一体化法律机制与模式实践的选择

如第一节所述，实践中，两岸经济制度性合作与一体化法律机制与模式安排，应在 WTO 规则、一个中国的国家主权架构、合作与一体化深化发展要求三者构成的约束空间中进行。进一步明确地说，就是要遵循第二节阐明的两岸经济制度性合作与一体化法律机制与模式安排应遵循的基本原则。在此基础上，两岸经济制度性合作与一体化法律机制与模式安排可以借鉴区域经济合作与一体化国际实践中的各种管理机制与模式的合理的因素，结合两岸的具体情况，根据合作与一体化发展进程的不同阶段，选择相应的机制与

模式安排，建立相应的协商、运行机制与组织机构。

综合一体化外溢发展的客观逻辑、执政者掌控合作与一体化进程的主观偏好以及两岸政治关系的现实约束等因素，预期两岸经济制度性合作与一体化将呈现循序渐进的发展进程，在经过探索试验阶段实现两岸经贸关系正常化与部分领域自由化之后，大致会经历“两岸自由贸易区”、“两岸关税同盟”、“两岸共同市场”、“两岸经济与货币联盟”等发展阶段，最终可能以“完全的两岸经济一体化”形式走向两岸经济社会的全面统一。结合上述对区域经济合作与一体化国际实践中各种法律机制与模式的适应性与适用性的比较分析，笔者预期，随着两岸政治关系的发展演变以及合作与一体化进程的深化发展，两岸经济制度性合作与一体化的法律机制与模式安排先后大致可能出现以下几种阶段性形态：

一是亚太经济合作组织式的法律机制与模式。如上所述，这种机制与模式主要适用于两岸经贸关系正常化阶段与两岸经济制度性合作的初级阶段。主要是借鉴 APEC 的较松散、非正式的组织模式和灵活简便的合作机制，以便在一个中国的国家主权架构下，以政经暂时分离原则超越当前两岸政治僵局的约束，建立起有效的协商机制，解决当前急需解决的两岸经贸问题，联手推动两岸经贸关系正常化与两岸经济制度性合作与一体化。在具体推动过程中，不仅要建立行业对行业、公司对公司、区域对区域、政府对政府的多层次的协商机制，而且可采取民间层面上的推动和政府层面上的推动有机结合的推动方式，即以民间层面的合作机制为纽带的政府层面的间接对话和协商机制。如此，一方面可以利用民间层面协商方式以跨越两岸之间的政治分野，回避“法律管辖权”这样的政治性质问题，另一方面，又可以有效克服民间层面的推动方式缺乏权威性和强制性、不能解决两岸合作机制所涉及的公权力的分配与政府政策的局限性。实践中，具体做法可以有两个：一是政府授权、民间磋商，即由政府授权特定的民间机构就相关问题进行磋商，达成共识和具体的操作规程；二是民间磋商、政府认可，即先由两岸民间机构（如行业协会）就相关问题进行磋商并达成共识后，再由政府部门认可并对相关法规及政策进行相应调整。

二是北美自由贸易区式的法律机制与模式。当两岸经贸易关系正常化后，为推动两岸贸易、投资的自由化与便利化，可借鉴北美自由贸易区模式，签署“两岸自由贸易协定”，成立“两岸自由贸易委员会”及其秘书处与相应专门领域的工作组，建立有效的执行和监督机制。当然，如前所述，因北美自由贸易区的单边性质秘书处可能不适合两岸自由贸易区的需要，可以采用东盟或WTO秘书处性质的机制，也可以建立介于北美自由贸易区秘书处与东盟秘书处之间的机制。例如，设立一个双边性质的总秘书处与两个分处两岸的单边性质的分秘书处，进行分工合作；或者在双边层面设立一个总秘书处，由其向两岸派出两个分处开展工作。实践中，“两岸自由贸易区”的机构安排与组织实施也可借鉴内地与香港、澳门的CEPA方式（参见安民，2004)：成立类似CEPA“联合指导委员会”的“两岸自由贸易委员会”（由双方主管对外经贸事务的部长级高层代表或指定的官员组成)，以协商一致的方式做出决定，并监督“两岸自由贸易协定”的执行，解释协定的规定，解决协定执行过程中可能产生的争端，拟订协定内容的增补及修正，指导其秘书处与工作组的工作，并处理与自由贸易协定执行有关的任何其他事宜；设立类似CEPA“联络办公室”的“两岸自由贸易委员会秘书处”，并根据需要在货物贸易、服务贸易和贸易投资便利化等各领域设立专门的“两岸自由贸易委员会工作组”，负责组织落实各项具体工作。此外，一个结合欧洲中央银行与欧洲投资银行两者的部分特点的独立金融机构，显然有利于促进两岸经济制度性合作与一体化的深化发展与货币联盟的形成。

三是东盟一体化式的法律机制与模式。当两岸合作与一体化进程超越自由贸易区、关税同盟进入了共同市场并迈向经济与货币联盟阶段，为适应两岸合作与一体化进程的需要，实现两岸商品与要素的自由流动、两岸财税与货币等经济政策以及一些社会政策的协调一致，两岸可以借鉴东盟一体化模式与机制，但应做适当的改造。一是根据一个中国原则下的政经暂时分离最终结合原则，对东盟首脑会议模式加以改造后运用于两岸问题。例如，实践中可以考虑以两岸执政党首脑会议行使东盟首脑会议的职能。二是根据两岸合作与一体化进程的实际需要设立相应领域的“部长会议”，以免除东盟部长会议的繁杂性，并提升其适用性。三是为了避免出现职能重叠、政出多门的情况，应当通过制定有关条约来规定各个机构的职能和管辖范围。四是应借鉴北美自由贸易区或WTO的经验建立和完善东盟一体化的争端解决机制。

四是欧洲联盟式的法律机制与模式。当两岸合作与一体化进程进入到经济与货币联盟、完全的经济一体化阶段，需要建立“超国家性”机构以制定和实施统一的经济与社会政策的时候，特别是当两岸愿意在经济一体化基础上以联邦制方式实现和平统一，迈向两岸经济社会全面统一的目标的时候，欧盟的整套法律机制与模式就可经过适当改造后运用于两岸一体化问题。主要是两岸一体化的“部长理事会”、“执行委员会”要根据平等互利原则以协商一致方式进行集体决策。

最后，需要指出的是，两岸经济制度性合作与一体化的目的在于促进两岸经济发展与和平统一，所以，应通过友好协商方式来解决合作与一体化组织内所发生的任何争端。鉴于合作与一体化组织成员相互负有超越 WTO 的特别约定义务，为保证这些特别义务的落实，合作与一体化组织应设有自己的争端解决机制。两岸可参考 WTO 经验建立专家审查制度，或参照欧盟经验设立专门法院，也可参考北美自由贸易区经验设立秘书处解决争端。实践中，应根据合作与一体化发展进程的需要设立相应的争端解决机制。对于初期的两岸经济制度性合作与一体化而言，由于仅限于经济上的合作，欧盟法院式的权力机构显得与目的不符；而合作与一体化组织内成员之间的特殊关系又使得 WTO 的争端解决机构显得有些繁琐。因此，一个结构简单并能确保中立的争端解决机制，如附属于秘书处的专家裁判庭或直接受“部长会议”管辖的专家裁判庭，对两岸经济制度性合作与一体化组织较为理想。至于合作与一体化组织争端解决机制适用的范围，应在两岸合作与一体化的基本文件中明确规定其排他性，即：合作与一体化中的有关争端只能诉诸合作与一体化组织的争端解决机制；或者至少明确规定其优先性，即：原则上除了归属 WTO 框架规范的两岸经贸事务争端可以选择 WTO 或合作与一体化组织的争端解决机制之外，两岸合作与一体化中的有关争端通常应采用合作与一体化组织的争端解决机制。

第三节　本章小结

区域合作与一体化的机制与模式是指在合作与一体化过程中所建立起来的管理合作与一体化活动的各种组织机构、规范合作与一体化活动的各种规则章程，以及处理合作与一体化问题（反映、议决、执行）的各种程序体制，甚至包括在合作与一体化进程中形成的各种习惯、观念和认同。本章借鉴区域合作与一体化机制与模式的理论思想与实践经验，并主要基于两岸特殊的政治经济关系、合作与一体化的法律性质定位和可能的发展进程，探讨了WTO下两岸经济制度性合作与一体化的机制与模式问题。首先根据WTO下两岸经济制度性合作与一体化的法律性质定位，并借鉴实践中国际区域经济合作与一体化机制与模式安排的一般原则，提出并阐明了两岸经济制度性合作与一体化机制与模式安排应遵循的基本原则；在此基础上，着眼于两岸经济制度性合作与一体化的特殊性与阶段性，对国际区域经济合作与一体化实践中的各种法律机制与模式的适应性与适用性进行了比较分析，进而，基于合作与一体化的可能进程，提出了两岸经济制度性合作与一体化的机制与模式安排建议。本章研究的主要结论如下：

实践中的区域合作与一体化组织是依据一定法律准则或原则而建立和运行的。区域合作与一体化机制与模式安排选择一方面取决于特定的合作与一体化发展程度，另一方面也取决于合作与一体化各成员之间的特定关系。较之于国际区域经济合作与一体化，两岸经济制度性合作与一体化机制与模式安排既应有其共性的一面，也应有其特殊的一面。特定的合作与一体化发展程度仍然是实践中两岸经济制度性合作与一体化机制与模式性质的一个主要决定因素。WTO下两岸经济制度性合作与一体化的法律性质定位，乃是确立实践中两岸经济制度性合作与一体化机制与模式原则的根本依据。WTO下两岸经济制度性合作与一体化，本质上是同一主权国家内部不同关税区作为WTO平等成员方之间的经济合作与一体化安排，或者说是同为WTO成员方的中国国家主体与其单独关税区之间的合作与一体化安排，而不是通常意义中的主权国家之间的经济合作与一体化安排。这一法律性质定位对WTO下两岸经济制度性合作与一体化机制与模式安排有着明确的规范：既要体现两岸经济体作为WTO平等成员方之间的经贸关系，又不得突破两岸同属一个中国的国家主权架构。这既排除了“国内经贸关系论”者希望以所谓国内经贸关系规范两岸经济制度性合作与一体化安排的可能性，也从根本上否定了“泛国际化论”者以所谓国际区域合作与一体化模式规范两岸经济制度性合作与一体化的主张。前者显然意味着两岸经济制度性合作与一体化机制与模式安排应遵守WTO相关规则，而后者则意味着两岸经济制度性合作与一体化机制与模式安排需要防止任何过分强调主权对等原则以图将两岸在WTO下的平等经贸主体关系上升到国际社会的平等政治主体关系、将两岸关系纳入实质的“两个中国”或“一边一国”框架内的做法。实践中，两岸经济制度性合作与一体化法律机制与模式安排，应在WTO规则、一个中国的国家主权架构、合作与一体化深化发展要求三者构成的约束空间中进行。

根据WTO下两岸经济制度性合作与一体化的法律性质定位及其对两岸经济制度性合作与一体化机制与模式安排的明确规范，并借鉴实践中国际区域合作与一体化法律机制与模式安排的一般原则，笔者认为，两岸经济制度性合作与一体化机制与模式安排，首先必须坚持一个中国的原则，即必须在两岸同属一个中国的国家主权架构下进行；其次，在一个中国原则下，两岸在合作与一体化过程中可以WTO成员身份平等互利地进行经贸合作；再者，为顺应客观形势发展需要并为累积互信与共识，两岸经济制度性合作与一体化安排可以在两岸都坚持“两岸一中”（或至少“两岸一国”）与和平统一的立场下，采用经济合作与政治合作暂时分离最终结合的原则；在此基础上，还应基于两岸政治经济关系发展的形势、需要与可能，采取灵活简便的方式，自解决紧迫问题着手，从易到难，从简到繁，由民间到官方，由非正式到正式，从松散到紧密，循序渐进地进行。此外，两岸都已是WTO成员方，WTO下两岸经济交流、合作与一体化方式安排自然应遵守WTO的法律原则和有关规定。

由于具体情形的差异，特别是合作与一体化发展程度的不同，区域经济合作与一体化国际实践中的法律机制与模式安排也各不相同。这些有着各自特点的不同的机制与模式，显然不能照搬于同样有其自身特殊性的两岸经济制度性合作与一体化安排，但无疑有着一定的借鉴意义。WTO下两岸经济制度性合作与一体化机制与模式安排，应在遵循上述基本原则的基础上，借鉴区域经济合作与一体化国际实践中的各种管理机制与模式的合理的因素，结合两岸的具体情况，根据合作与一体化发展进程的不同阶段，选择相应的机制与模式安排，建立相应的协商、运行机制与组织机构。笔者预期，随着两岸政治关系的发展演变以及合作与一体化进程的深化发展，两岸经济制度性合作与一体化的法律机制与模式安排先后大致可能出现这样几种阶段性形态：一是主要适用于两岸经贸关系正常化阶段与两岸经济制度性合作初级阶段的亚太经济合作组织模式与机制；二是在主要是推动贸易、投资自由化与便利化的两岸合作与一体化初级阶段，可借鉴北美自由贸易区及内地与港、澳的 CEPA 模式与机制；三是当两岸合作与一体化进程超越自由贸易区、关税同盟进入了共同市场并迈向经济与货币联盟阶段，两岸可以借鉴东盟一体化模式与机制，但应做适当的改造；四是当两岸合作与一体化进程进入到经济与货币联盟、完全的经济一体化阶段，需要建立“超国家性”机构以制定和实施统一的经济与社会政策的时候，特别是当两岸愿意在经济一体化基础上以联邦制方式实现和平统一，迈向两岸经济社会全面统一的目标的时候，欧盟的整套法律机制与模式可经过适当改造后运用于两岸一体化问题。

参考文献

（按作者姓氏拼音和英文字母顺序排列）

一、英文部分

[1] Allen, P. R. (1982), 'Increased Wage or Productivity Differentials in a Monetary Union', in M. T. Sumner and G. Zis (eds), *European Monetary Union: Progress and Prospects*, pp. 195 – 215, London: Macmillan.

[2] Allen, P. R. (1983), 'Cyclical imbalance in a Monetary Union', *Journal of Common Market Studies*, vol. 21, pp. 313 – 327.

[3] Amin, S. (1975), *Accumulation on a World Scale: A Critique of the Theory of Underdevelopment*, New York and London: Monthly Review Press.

[4] Arndt, S. W. (1973), 'Joint Balance: Capital Mobility and the Monetary System of a Currency Area', in H. G. Johnson and A. K. Swoboda (eds), *The Economics of Common Currency*, pp. 196 – 209.

[5] Balassa, B. (1962), *The Theory of Economic Integration*, London: Allen and Unwin.

[6] Balassa. B. (1975), *European Economic Integration*, North Holland Publishing Company.

[7] Baldwin, R. E. (1990), 'On the Microeconomics of the European Monetary Union', *European Economy*, Special Edition, 1.

[8] Berglas, E. (1979), 'Preferential Trading Theory: The n Commodity Case', *Journal of Political Economy*, vol. 87, pp. 315 – 331.

[9] Berglas, E. (1983), 'The Case for Unilateral Tariff Reductions: Foreign Tariff Rediscovered', *American Economic Review*, vol. 73, pp. 1141 – 1142.

[10] Cardoso, F. H. (1972), Dependent Capitalist Development in Latin

America', *New Left Review*, no. 6.

[11] Commission of the European Communities (1993), The Economics of Community Public Finance', *European Economy*, no. 5.

[12] Concil for Economic Planning and Development (2008), *Taiwan Statistical Data Book* 2008 [EB/OL]. http://www.cepd.gov.tw/m1.aspx?sNo=0000200&key=&ex=2&ic=0000153, 2008-07-15.

[13] Cooper, C. A. and Massell, B. F. (1965), Towards a General Theory of Customs Unions for Developing Countries', *Journal of Political Economy*, vol. 73, pp. 461-476.

[14] Corden, W. M. (1972a), Economies of Scale and Customs Union Theory', *Journal of Political Economy*, vol. 80, pp. 465-475.

[15] Corden, W. M. (1972b), Monetary Integration', *Essays in International Finance*, no. 93, Princeton, N. J.: International Finance Section, Princeton University Press.

[16] Deutsch, K. W. et al. (1957), *Political Community and the North Atlantic Area: International Organization in the Light of Historical Experience*, Princeton University Press.

[17] Deutsch, K. W. (1964), 'Communication Theory and Political Integration', in P. E. Jacob and J. V. Toscano (eds), *The Integration of Political Community*, Philadelphia: J. P. Lippencott and CO.

[18] Deutsch, K. W. (1981), 'On Nationalism, World Region, and the Nature of the West', in P. Torsvik (ed.), *Mobilization, Center-Periphery Structures and Nation-Building: A Volume in Commemoration of Stein Rokkan.* Bergen: Universitetsforlaget.

[19] Farmer, R. D. (2000), 'Costs of Economic Sanction to the Sender', *World Economy*, vol. 23, no. 1, pp. 105-109.

[20] Fawcett, L. (1995/1997), 'Regionalism in Historical Perspective', in L. Fawcett and A. Hurrell (eds), *Regionalism in World Politics: Regional Organization and International Order*, Oxford University Press, pp. 17-30.

[21] Fleming, J. M. (1971), 'On Exchange Rate Unification', *Economic*

Journal, vol. 81, pp. 467 –488.

[22] Frank, A. G. (1966), 'The Development of Underdevelopment', *Monthly Review*, vol. 18, No. 4, pp. 19 –47.

[23] Frank, A. G. (1967), *Capitalism and Underdevelopment in Latin America: Historical Studies of Chile and Baril*, New York: Monthly Review Press.

[24] Gatsios, K. and Seabright, P. (1989), 'Regulation in European Community', *Oxford Review of Economic Policy*, vol. 5, pp. 37 –60.

[25] Goodhart, C. A. E & Smith, S (1993), 'Stabilization', *European Economy*, no. 5, pp. 417 –455.

[26] Gros, D. and Thygesen, N. (1990), 'The Institutional Approach to Monetary Integration In Europe', *Economic Journal*, vol. 100, pp. 925 –935.

[27] Haas, E. (1958/1968), *The Uniting of Europe: Political, Social and Economics Forces*, 1950—1957, Stanford University Press (2"d edition).

[28] Haas, E. (1964), *Beyond the Nation-Slate: Functionalism and International Organization*, Stanford University Press.

[29] Harrison, R. (1974), *Europe in Question: Theories of Regional International Integration*, London: George Allen and Unwin Ltd.

[30] Helpman, E. and Krugman, P. R. (1985), *Market Structure and Foreign Trade*, Brighton: Wheatsheaf Press.

[31] Helpman, E. and Krugman, P. R. (1989), *Trade Policy and Market Structure*, Cambridge, MA: MIT Press.

[32] Hirsch, F. (1972), 'The Political Economics of European Monetary Integration', *World Today*, vol. 22, pp. 1377 –1379.

[33] Hoffmann, S. (1966), Obstinate or Obsolete? The Fate of the Nation State and the Case of Western Europe', *Daedalus*, vol. 95 (2), pp. 862 –915.

[34] Hurrell, A. (1995/1997), Regionalism in Theoretical Perspective', in L. Fawcett and A. Hurrell (eds), *Regionalism in World Politics: Regional Organization and International Order*, Oxford: Oxford University Press, pp. 37 –73.

[35] Ingram, J. C. (1962), *Regional Payments Mechanisms: The Case of Puerto Rico*, Carolina: University of Carolina Press.

[36] Ingram, J. C. (1969), 'Comment: The Currency Area Problem', in R. A. Mundell and A. K. Swoboda (eds), *Monetary Problems Of the International Economy*, pp. 95 - 100, Chicago: University of Chicago Press.

[37] Johnson, H. G. (1962), 'The Economic Theory of Customs Unions', *Pakistan Economic Journal*, vol. 10, pp. 14 - 32.

[38] Johnson, H. J. (1965), An Economic Theory of Protectionism, Tariff Bargaining and The Formation of Customs Unions', *Journal of Political Economy*, vol. 73, pp. 256 - 283.

[39] Johnson, H. G. (1971), Problems of European Monetary Union', *Journal of World Trade Law*, vol. 5 pp. 377 - 387.

[40] Kafka, A. (1969), Regional Monetary Integration of the Developing Countries', in R. A. Mundell and A. K. Swoboda (eds), *Monetary Problems Of the International Economy*, pp. 135 - 143, Chicago: University of Chicago Press.

[41] Kemp, M. and Wan, H. (1976), 'An Elementary Proposition Concerning the Formation of Customs Unions', in M. kemp (ed.), *Three Topics in the Theory of international Trade: Distribution, Welfare and Uncertainty Amsterdam*: North-Holland.

[42] Kenen, P. (1969), 'The Theory of Optimum Currency Areas: An Eclectic View', in R. A. Mundell and A. K. Swoboda (eds), *Monetary Problems Of the International Economy*, pp. 41 - 60, Chicago: University of Chicago Press.

[43] Keohane, R. (1989), *International Institutions and State Power: Essays in International Relations Theory*, Boulder, San Francisco & London: Westview Press.

[44] Krauss, M. B., (1972), 'Recent Development in Customs Union Theory: An Interpretative Survey', *Journal of Economic Literature*, vol. 10, pp. 413 - 436.

[45] Lindberg, L. (1963), *The political Dynamics of European Economic Integration*, Stanford University Press.

[46] Lipsey, R. (1960), 'The Theory of Customs Unions: A General Sur-

vey', *Economic Journal*, vol. 70, pp. 496 – 538.

[47] Lutz, F. A. (1972), 'Foreign Exchange Policy and European Economic integration', in American Enterprise Institute for Public Policy Research, Washington (ed.), *International Monetary Problems*, pp. 107 – 123.

[48] MacDougall, G. D. A. (1975), Discussion Paper', in *Report of the Study Group on Economic and Monetary Union in* 1980, *Annex* Ⅱ, pp. 97 – 103, Brussels: the Commission.

[49] Mackay, R. W. G. (1961), *Towards a United States of Europe: An Analysis of Britain' s Role in European Union*, London: Hutchinson.

[50] Mayes, D. J. (1978), 'The Effects of Economic Integration on Trade', *Journal of Common Market Studies*, vol. 17, pp. 1 – 25.

[51] Mayes, D. J. (1983), 'EC Trade Effects and Factor Mobility', in El-Agraa (ed.), *British within the European Community—The Way Forward*, London: MacMillan, pp. 88 – 121.

[52] Mckinnon, R. (1963), 'Optimum Currency Areas', *American Economic Review*, vol. 53, pp. 717 – 725.

[53] Meade, J. E. (1951), 'The Removal of Trade Barriers: The Regional versus the Universal Approach', *Economica*, (5), pp. 190 – 201.

[54] Meade, J. E. (1953), *Problems Of Economic Union*, London: Allen & Unwin.

[55] Meade, J. E. (1955), *The Theory of Customs Unions*, Amsterdam: North-Holland.

[56] Mitrany, D. (1943), *A Working Peace System: An Argument for the Functional Development of International Organization*, London: Royal Institute of International Affairs.

[57] Mitrany, D. (1948), 'The Functional Approach to World Organization', *International Affairs*, vol. 24 (3).

[58] Mitrany, D. (1975), *The Functional Theory of Politics*, London School of Economics and Political Science.

[59] Moravcsik, A. (1993a), 'Preferences and Power in the European

Community: A Liberal Intergovernmentalist Approach', *Journal of Common Market Studies*, vol. 31, No 4, pp. 472 –524.

[60] Moravcsik, A. (1993b), *Liberalism and International Relations Theory*, Paper No. 92 – 6, Harvard University Center for International Affairs, p. 7 –13.

[61] Moravcsik, A. (1998), *The Choice for Europe: Social Purpose and State Power from Messina to Maastricht*, Ithaca: Cornell University Press.

[62] Mundell, R. A. (1961), 'A Theory of Optimum Currency Areas', *American Economic Review*, vol. 53, pp. 657 –664.

[63] Musgrave, R. A. (1969), *Fiscal Systems*, New Haven, Conn., and London: Yale University Press.

[64] Mutimer, D. (1994), 'Theories of Political Integration', in H. J. Michelmann and P. Soldatos (eds), *European Integration: Theories and Approaches*, University Press of American, pp. 1 –21.

[65] Nugent, N. (1999), *The Government and Politics of the European Union*, 4th edition, Hampshire: Macmillan.

[66] Nye, J. S. (ed.) (1968), *International Regionalism: Readings*, Boston: Little Brown & Co.

[67] Oates, W. (1972), *Fiscal Federalism*, New York: Harcourt Brace Jovanovich.

[68] Oates, W. (1977), 'Fiscal Federalism in Theory and Practice: Applications to the European Community', in Commission of the European Communities (1977), *Report of the Study Group on the Role of Public Finance in European Integration*, vol. 2, pp. 279 –320.

[69] Palmer, N. D. (1991), *The New Regionalism in Asia and the Pacific*, Lexington Books.

[70] Pentland, C. (1975), 'Functionalism and Theories of International Political Integration', In A J R Groom and P. Taylor (eds), *Functionalism: Theory and Practice in International Relations*, N. Y.: Crane, Russak & Company, Inc.

[71] Robson, P. (1993), *Transnational Corporations and Regional Economic Integration*, London: Routledge.

[72] Robson, P. (1998), *The Economics of International Integration*, 4th edition, London: Routledge Limited.

[73] Sandholtz, W. and Sweet, A. S. (eds) (1998), *European Integration and Supranational Governance*, Oxford University Press.

[74] Schmitter, P. C. (1971), 'A Revised Theory of European Integration', in L. N. Lindberg and S. A. Scheingold (eds), *Regional Integration: Theory and Research*, Harvard University Press.

[75] Scitovsky, T. (1958), *Economic Theory and Western European Integration*, London: Allen & Unwin.

[76] Smith, A. and Venables, A. J. (1988a), 'Completing the Internal Market in the European Community: Some Industry Simulations', *European Economic Review*, vol. 32, pp. 1501 - 1525.

[77] Smith, A. and Venables, A. J. (1988b), 'The Costs of Non-Europe: An Assessment Based on A Formal Model of Imperfect Competition and Economies of Scale', in CEC, *Studies on the Economics of Integration* vol. 2, Luxembourg: CEC.

[78] Tinbergen, J. (1957), 'Customs Unions: Influence of Their Size on Their Effect', *Zeitschrift der gesamten Staatswissenschaft*, vol. 113, pp. 404 - 414.

[79] Tower, E. & Willett, T. D. (1970), 'The Concept of Optimum Currency Areas and the Choice between Fixed and Flexible Exchange Rates', in George N. Halm (ed.), *Approaches to Greater Flexibility of Exchange Rates The Bürgenstock Papers*, pp. 407 - 415, Princeton: Princeton University Press.

[80] Vaubel, R. (1978), Strategies for Currency Unification, Tübingen: Mohr.

[81] Viner, J. (1950), *The Customs Union Issues*, New York: Carnegie Endowment for International Peace.

[82] Wang, Z. (1997), 'The Impact of China and Taiwan Joining the

World Trade Organization on U. S. and World Agricultural Trade: A Computable General Equilibrium Analysis', *Technical Bulletin Number* 1858, pp. 12 – 24, Washington, D. C.: The United States Department of Agriculture.

[83] Wang, Z. and Schuh, G. E. (2000), Economic Integration Among Taiwan, Hong Kong and China: A Computable General Equilibrium Analysis', *Pacific Economic Review*, vol. 5, no. 2, pp. 243 – 260.

[84] Wendt, A. (1999), *Social Theory of International Politics*, Cambridge & New York: Cambridge University Press.

[85] Williamson, J. (1971), 'On Estimating the Income Effects of British Entry into the EEC', *Survey Papers in Economics*, 5.

[86] Wistrich, E. (1991), *After* 1992: *The United States of Europe*, London: George Allen and Unwin Ltd.

[87] Wonnacott, P. and Wonnacott, R. (1981), Is Unilateral Tariff Reduction Preferable to A Customs Union? The Curious Case of The Missing Foreign Tariffs'. *American Economic Review*, vol. 71, pp. 704 – 714.

[88] Wonnacott, P. and Wonnacott, R. (1984), How General Is the Case for Unilateral Tariff Reduction? ' *American Economic Review*, vol. 74, pp. 491 – 512.

[89] Wonnacott, P. and Wonnacott, R. (1992), The Customs Union Issue Reopened', *World Economy*, vol. 60, no. 2, pp. 19 – 135.

[90] Wooton, I. (1988), Towards a Common Market: Factor Mobility in a Customs Union', *Canadian Journal Economics*, vol. 21, pp. 525 – 538.

[91] Wyatt-Walter, A. (1995/1997), 'Regionalism, Globalization, and World Economic Order', in L. Fawcett and A. Hurrell (eds), *Regionalism in World Politics*: *Regional Organization and International Order*, pp. 77 – 97, Oxford University Press.

二、中文部分

[92] 安民主编（2004）．内地与香港、澳门更紧密经贸关系安排知识读本［M］．北京：中国商务出版社．

[93] 曹沛争、徐栩（2000）. 中国“入世”与“中国经济一体化”的发展［J］. 安徽大学学报（哲学社会科学版），（6）.

[94] 曹小衡（2001）. 东亚经济格局变动与两岸经济一体化研究［M］. 北京：中国对外经济贸易出版社.

[95] 曹小衡（2002）. 21世纪初期海峡两岸经济一体化趋势［A］. 李非（主编）. 21世纪初期海峡两岸经济关系走向与对策［C］. 北京：九州出版社. 93－143.

[96] 陈恩（2003）. 台湾地区经济结构分析——从产业结构角度切入［M］. 北京：经济科学出版社.

[97] 陈文俊、苏嘉宏、黄志呈（2005）. 台湾在海峡两岸关系中的“国家利益”［A］. 厦门大学台湾研究院、“985工程”台湾研究创新基地、厦门大学台湾研究中心（主编）. 台湾研究的基础与前沿学术研讨会论文集［C］. 241－248.

[98] 陈向聪（2002）. 两岸经济合作机制的选择及制度框架［J］. 现代台湾研究，（5）.

[99] 陈玉刚（2001）. 国家与超国家：欧洲一体化理论比较研究［M］. 上海：上海人民出版.

[100] 迟福林（2002）. 中国自由贸易区的构想［J］. 港口经济，（6）.

[101] 多尔蒂，詹姆斯、普法尔茨格拉夫，小罗伯特（1987）. 争论中的国际关系理论（邵文光译）［M］. 北京：世界知识出版社.

[102] 邓利娟（2001）. 评萧万长的“两岸共同市场”构想［J］. 台湾研究集刊，（3）.

[103] 邓力平、唐永红（2003）. 经济全球化、WTO与中国特殊经济区再发展［M］. 厦门：厦门大学出版社.

[104] 多斯桑托斯，特奥托尼奥（1999）. 帝国主义与依附（杨衍永等译）［M］. 北京：社会科学文献出版社.

[105] 多伊奇，卡尔（1992）. 国际关系分析［M］. 北京：世界知识出版社.

[106] 范宏云、余雄（2003）. 关于建立两岸自由贸易区的国际法思考

[J]. 湖北经济学院学报，(1).

［107］福建特色研究会课题组（1997）. 建立台湾海峡经济区的战略构想［J］. 福建学刊，(5).

［108］高长（1997）. 两岸经贸关系之探讨［M］. 台北：天一出版社. 128 - 145.

［109］高长（2003）. 从国际分工前晤两岸合组 FTA［N］.（台湾）联合报，2003 - 03 - 23.

［110］高希均（1988）. 中国人如何面对经济壁垒？建立“亚洲华人共同市场”的探讨［J］. 远见杂志，(29).

［111］高孔廉（2004）. WTO 架构下两岸经贸合作机制展望［N］.（台湾）国政分析，2004 - 12 - 03.

［112］国台办（2008）. 两岸“三通”大事记（1979 年—2000 年）、(2001 年—2008 年)［EB/OL］. http：//www. gwytb. gov. cn/lajm. asp，2008 - 12 - 23.

［113］国家统计局（2008a）. 中国统计年鉴 2007［EB/OL］. http：//www. stats. gov. cn/tjsj/ndsj/，2009 - 01 - 02.

［114］国家统计局（2008b）. 中华人民共和国 2007 年国民经济和社会发展统计公报［EB/OL］. http：//news. xinhuanet. com/newscenter/2008 - 02/28/content _ 7687416. htm，2008 - 02 - 28.

［115］国家统计局（2008c）. 国际统计数据 2007［EB/OL］. http：//www. stats. gov. cn/tjsj/qtsj/gjsj/2007/t20080701 _ 402489627. htm，2009 - 01 - 22.

［116］郭万达、冯苏宝（2002）. 在 WTO 框架内建立两岸四地自由贸易区［A］. 入世后的中国：两岸四地经济合作展望（2001 年年度研究报告）［C］. 综合开发研究院（中国·深圳）.

［117］哈丁，哈里（1993）. 脆弱的关系：1972 年以来的美国和中国［M］. 香港：三联书店.

［118］韩清海（2004）. 工业发展［A］. 邓利娟（主编）. 21 世纪以来的台湾经济：困境与转折［C］. 北京：九州出版社. 48 - 91.

［119］黄范章、常修泽、曹小衡、徐忠（1998）. 对海峡两岸经贸关系

的思考［A］．海峡两岸关系研究中心．合则两利——两岸经济关系研究论文集［C］．北京：九州图书出版社．76－91．

［120］黄梅波、郑莹（2005）“两岸共同市场”：两岸经济整合的最佳形式［J］．开放潮，（8）．

［121］黄绍臻（2005）．海峡两岸经济一体化的发展趋势和目标定位［J］．福建论坛（人文社会科学版），（10）．

［122］黄枝连（1980）．美国203年——对“美国体系”的历史学与未来学的分析（下卷）［M］．香港：中流出版社有限公司．

［123］洪子仲（1995）．两岸金融业务往来新进展［N］．（香港）信报，1995－06－30．

［124］火山（2005）．王金平倡议金门建“一网三区”打造稳健两岸关系［EB/OL］．http：//jczs. sina. com. cn/2005－06－13/1504296633. html，2005－06－13．

［125］贾庆林（2006）．进一步推动两岸经贸合作［EB/OL］．http：//www. chinataiwan. org/web/webportal/W5267095/Uyyping/A237093. html，2006－04－14．

［126］金泓汎（1991）．中国经济的一体化与“海峡两岸经济圈”设想［J］．台湾研究，（3）．

［127］李非（2000）．海峡两岸经济合作问题研究［M］．北京：九州出版社．

［128］李非（2001）．发展“中华经济区”，迈向“共同市场”［J］．投资中国，（2）．

［129］李非（2002）．21世纪初期海峡两岸经济关系走向与对策［M］．北京：九州出版社．

［130］李非（2003）．加入WTO与两岸经贸发展［M］．北京：九州出版社．

［131］李非（2004）．台湾经济发展通论［M］．北京：九州出版社．

［132］李非（2005）．建立“两岸共同市场”问题研究［J］．台湾研究，（3）．

［133］李顺德（1996）．政府大陆经贸政策急刹车［N］．（台湾）经济

日报，1996－08－15.

［134］廖福顺（1991）．台海两岸区域经济合作构想的新发展［N］．（台湾）新新闻（周刊），1991－01－20.

［135］梁国树（1998）．对中华经济圈构想之看法［A］．国际经贸政策建言［C］．台北：远流出版事业股份有限公司．147－159.

［136］林凌（2002）．东亚经济格局的变化与台湾经济的未来［J］．改革，(2).

［137］林秀姿、刘胜鸿（2001）．萧万长：经贸统合，有大格局，有前瞻性［N］．（台湾）新台湾新闻周刊，2001－01－06.

［138］林媛媛（2003a）．构建海峡两岸自由贸易区的可行性分析［J］．国际经贸探索，(6).

［139］林媛媛（2003b）．关于海峡两岸自由贸易区目标模式的研究［J］．国际贸易问题，(8).

［140］刘兵（2003）．加入WTO与海峡两岸经贸政策调整［A］．李非（主编）．加入WTO与两岸经贸发展［M］．厦门：厦门大学出版社．118－135.

［141］刘进庆（1999）．亚洲经济危机对两岸经济之影响和两岸经贸协作的新形势［J］．台湾研究集刊，(3).

［142］刘力、宋少华（2002）．发展中国家经济一体化新论［M］．北京：中国财政经济出版社．

［143］刘玉安、杨丽华（2002）．全球化、区域化与国家主义［J］．文史哲，(1).

［144］卢天娇（2004）．国务院批准厦门试点区港联动［EB/OL］．http：//www. xmdaily. com. cn/csnn0408/ca268815. htm，2004－08－24.

［145］马英九（2008）．人民奋起 台湾新生［EB/OL］．http：//www. chinareviewnews. com，2008－05－20.

［146］莫世健（2002）．论世贸组织内的大中国自由贸易区法律框架［A］．陈安（主编）．国际经济法论丛（第5卷）［C］．北京：法律出版社．118－142.

［147］南开大学台湾经济研究所（2005）．中华经济协作系统研讨会

（CSCE）历史［EB/OL］. http://202.113.23.113/guojijiaoliu/cscex_history.asp，2005-03-31.

［148］诺顿，巴里（1999）. 经济圈——中国大陆、香港、台湾的经济和科技［M］. 北京：新华出版社.

［149］潘文卿、李子奈（2000）. 台湾对祖国大陆经济的依存研究：一个基于联接模型的分析［J］. 世界经济，（12）.

［150］庞中英（1999）. 地区主义与民族主义［J］. 欧洲，（2）.

［151］彭莉（2004）. 经贸立法的调整［A］. 邓利娟（主编）. 21世纪以来的台湾经济困境与转折［M］. 北京：九州出版社. 303-333.

［152］彭莉（2005）建立海峡两岸次级自由贸易区的法律问题［J］. 国际贸易问题，（11）.

［153］普雷维什（1987）. 依附、发展和相互依存［A］. 发展经济学的新格局［C］. 北京：经济科学出版社.

［154］普雷维什（1988）. 我的思想发展的五个阶段［A］. 发展经济学的先驱［C］. 北京：经济科学出版社.

［155］商务部台港澳司（2006）. 2005年1-12月两岸贸易、投资情况［EB/OL］. http://tga.mofcom.gov.cn/aarticle/d/200601/20060101394665.html，2006-01-19.

［156］商务部台港澳司（2008）. 2007年1-12月大陆与台湾贸易、投资情况［EB/OL］. http://tga.mofcom.gov.cn/aarticle/d/200801/20080105354007.html，2008-01-25.

［157］盛夏（2000）. 简评一体化理论的发展［J］. 欧洲一体化研究，（3）.

［158］石广生主编（2002a）. 乌拉圭回合多边贸易谈判结果：法律文本［M］. 北京：人民出版社.

［159］石广生主编（2002b）. 中国加入世界贸易组织法律文件导读［M］. 北京：人民出版社.

［160］石正方（2003）. 台湾经济"全球布局战略"评析［J］. 台湾研究集刊，（3）.

［161］世界银行（1993）. 全球经济展望和发展中国家［R］. 世界银

行年度报告.

[162] 世界银行 (1994). 东亚贸易与投资 [R]. 世界银行研究报告.

[163] 台湾“经建会” (2008). Taiwan Statistical Data Book 2008 [EB/OL]. http://www.cepd.gov.tw/m1.aspx? sNo = 0000200&key = &ex = 2&ic = 0000153, 2008-07-15.

[164] 台湾“经济部统计处” (2009). 经济统计指标 [EB/OL]. http://2k3dmz2.moea.gov.tw/GNWEB/Indicator/indicator.aspx? menu = 3, 2009-01-22.

[165] 台湾“行政院陆委会” (2008). 两岸经济统计月报 (第181期) [EB/OL]. http://www.mac.gov.tw/, 2008-06-30.

[166] 台湾“经济部统计处” (2006). 经济统计指标 [EB/OL]. http://2k3dmz2.moea.gov.tw/GNWEB/Indicator/indicator.aspx? menu = 3, 2006-12-29.

[167] 唐永红 (2003). 经济全球化、WTO 与两岸直接“三通”——从经济与法律角度的分析 [J]. 特区经济, (9).

[168] 唐永红 (2004). 经济全球化、WTO 与两岸四地经济一体化 [J]. 台湾研究集刊, (1).

[169] 唐永红 (2005a). WTO 框架下海峡两岸经济交往及合作方式探讨 [J]. 国际经贸探索, (1).

[170] 唐永红 (2005b). 开放性厦-金自由经济区——两岸经济一体化的一个现实选择 [J]. 台湾研究集刊, (4).

[171] 唐永红 (2005c). 厦门经济特区转型发展与迈向厦-金自由经济区研究 [J]. 亚太经济, (3).

[172] 唐永红 (2005d). 经济全球化、WTO 与世界特殊经济区发展研究 [A]. 张汉林 (主编). WTO 与中国经济 (第二卷) [C]. 北京: 中国环境科学出版社. 360-366.

[173] 唐永红 (2006a). 从开放性次区域自由贸易区到全面性两岸经济一体化 [J]. 国际经贸探索, (2).

[174] 唐永红 (2006b). WTO 下两岸经济一体化的法律定位、依据与原则 [J]. 台湾研究集刊, (4).

[175] 唐永红（2007a）. 当前两岸制度性经济一体化实现路径探讨［J］. 厦门大学学报（哲学社会科学版），(6).

[176] 唐永红（2007b）. 当前两岸制度性经济一体化的经济可行性考察［J］. 台湾研究集刊，(1).

[177] 唐永红、邓利娟（2005a）. 共建厦门－高雄、厦门－金门跨关境自由贸易区［N］. 厦门日报，2005－07－16（8）.

[178] 唐永红、邓利娟（2005b）. 当前两岸经济合作机制创新的空间与路径［J］. 台湾研究，(6).

[179] 童振源（2002）. 海峡两岸经济分工与相互依赖［A］. 李非（主编）. 21 世纪初期海峡两岸经济关系走向与对策［M］. 北京：九州出版社. 18－38.

[180] 王浩昱（1997）. 欧洲合众国——欧洲政治统合理想之实践［M］. 台北：扬智文化.

[181] 王鹤（1994）. 欧洲自由贸易联盟与一体化理论［J］. 欧洲，(4).

[182] 王红霞（2003）. 建立中华自由贸易区的可行性及框架安排研究［D］. 北京：中国对外经济贸易大学.

[183] 王建民（1994a）. 国际经贸格局变化对台湾经济的影响及其对策［J］. 首都财贸，(1).

[184] 王建民（1994b）. 对台湾"西进"与"南进"经贸政策的比较与前景展望［J］. 当代亚太，(6).

[185] 王建民（1997）. 建立稳定而良好的两岸关系——台湾经济发展战略调整与两岸经贸发展［J］. 国际贸易，(8).

[186] 王建民（2004）. 两岸经贸关系发展的不对称性分析及思考［J］. 台湾研究，(5).

[187] 王丽萍（2000）. 联邦制与世界秩序［M］. 北京：北京大学出版社.

[188] 王铭义（2001）. 萧万长筹组两岸共同市场基金会成立［N］. 中国时报（台湾），2001－03－27（1）.

[189] 王逸舟（1998）. 西方国际政治学：历史与理论［M］. 上海：

上海人民出版社.

[190] 温特，亚历山大（2000）. 国际政治的社会理论［M］（秦亚青译）. 上海：上海人民出版社.

[191] 小岛清（1987）. 对外贸易论［M］. 天津：南开大学出版社.

[192] 肖欢容（2002）. 地区主义理论的历史演进［D］. 北京：中国社会科学院.

[193] 萧万长（2001）. 两岸共同市场，创造经济双赢［N］.（台湾）中国时报，2001－03－26（4）.

[194] 徐棣华（1994）. 发展海峡两岸经贸合作的展望和建议［J］. 开放时代，(6).

[195] 余瑛瑞、李凯（2006）. 萧万长：海峡西岸经济区可成为两岸共同市场的最佳实验区［EB/OL］. http：//news. sina. com. cn/c/2006－04－09/09198651570s. shtml，2006－04－09.

[196] 张冠华（2005）. 两岸经济关系发展及其政经影响［J］. 台湾研究，(2).

[197] 张雷声（1998）. 寻求独立、平等与发展［M］. 北京：中国人民大学出版社.

[198] 张世宏（2004）. 两岸贸易严重失衡原因分析及应对策略之探讨［J］. 台湾研究，(4).

[199] 赵玉榕、唐永红（2005）. 从厦门经济特区迈向厦－金自由经济区——WTO 下厦门经济特区转型发展研究［A］. 中共厦门市委政策研究室. 厦门市重点课题调研文稿汇编（2004）［R］. 93－144.

[200] 曾华群（2003）. 两岸四地建立更紧密经贸关系的法律思考［A］. 陈安（主编）. 国际经济法论丛（第7卷）［C］. 北京：法律出版社. 37－59.

[201] 曾令良（2003）. 论 WTO 体制下区域贸易安排的法律地位与发展趋势——兼论中国两岸四地建立自由贸易区的几个法律问题［A］. 陈安（主编）. 国际经济法论丛（第7卷）［C］. 北京：法律出版社. 1－16.

[202] 郑竹园（1988）. 大中华共同市场的构想［A］. 台湾经验与中国重建［C］. 台湾：联经出版公司. 513－525.

[203] 郑竹园（1994）．“大中华共同市场”的构想与实践［A］．海峡两岸经济发展与互动［C］．台北：联经出版事业公司．379－391.

[204] 中央政府门户网站（2006a）．“十五”期间我国的对外开放水平得到全面提高［EB/OL］．http：//www. gov. cn/jrzg/2006－01/16/content_160101. htm，2006－01－16.

[205] 中央政府门户网站（2006b）．经典中国 辉煌“十五”：我国对外开放进入新阶段［EB/OL］．http：//www. gov. cn/jrzg/2006－01/17/content_160997. htm，2006－01－17.

[206] 周添成（1995）．亚太地区经济整合之展望［A］．区域主义下的台湾经济［C］．台北：台湾正中书局．365－417.

[207] 周忠菲（2003）．WTO框架下“一国四席”的一体化关系研究［J］．世界经济研究，(12).

[208] 朱孟楠、陈硕（2004）．“中元区”的构建：现实可行性及前景展望［J］．厦门大学学报（哲学社会科学版），(4).

[209] 朱兆敏（2003）．论“入世”后中国各单独关税区间建立紧密经贸合作关系的法律基础和框架［A］．陈安（主编）．国际经济法论丛（第7卷）［C］．北京：法律出版社．17－36.

[210] 庄宗明、张启宇（2005）．建立“两岸共同市场”的可行性及其实施构想［J］．东南学术，(5).

后　记

本书是笔者承担的2007年度国家社会科学基金项目“两岸经济制度性合作与一体化发展研究”（项目批准号：07CJL024）的最终研究成果，也是在笔者早些时候出版的《两岸经济一体化问题研究——区域一体化理论视角》基础上进一步研究、修改而成的。在课题结题之际，两岸正式提出商签“两岸综合性经济合作协议（CECA）”或“两岸经济合作框架协议（ECFA）”的制度性合作与一体化议题，足见这一课题研究的理论价值和现实意义。

在研究与写作过程中，曾得到许多机构及人士的支持与帮助。在此深表感谢！特别向那些在国际区域合作与一体化理论、两岸经济合作与一体化问题研究领域做出了卓越贡献的国内外众多专家学者们致以崇高的敬意和谢意！本书的研究是建立在他们的相关研究成果基础之上的，书中一些地方引用了他们的真知灼见。对于所引内容，都在相应的地方进行了标注，并在参考文献中列明。

本书从收集资料、拟定提纲、酝酿写作到最终定稿，前后近两年之久。作为国家社科基金项目的最终研究成果，顺利通过验收结题。其中，部分阶段性研究成果（参见参考文献）已在学术性刊物和研讨会上发表，或作为内参报告提供给了有关政府部门参考。但限于笔者理论素养与学术水平，加之资料掌握的有限性，书中难免存在疏漏与不足，部分章节更有待进一步深入研究，敬请各位同行专家学者批评和指正。

唐永红

2010年3月于厦门大学